Carina Herrmann

FRAUEN REISEN SOLO

Der Ratgeber
für alleinreisende Frauen
und alle, die es werden wollen

Umschlagdesign: Carina Stöwe
(www.travelrunplay.de)

Lektorat: Manuela Bossart

Erstauflage 2014

ISBN: 978-1497314245

Für Pia

Inhaltsverzeichnis

Die wichtigste Frage zuerst:

Ist dieses Buch das richtige für Dich?

"Wenn Dich das Reisefieber einmal erwischt, gibt es kein halten mehr. Und Du wirst genau wissen, dass Du damit glücklich bis an Dein Lebensende leben kannst!"

Ich sitze gerade in einem gemütlichen Korbsessel, mit Wellenrauschen und Geplätscher in den Ohren. Meine Füße sind nur einen halben Meter vom Wasser des Sees entfernt, der gerade vor mir liegt.

Ich bin seit drei Tagen auf einer Vulkaninsel in Indonesien, Sumatra, um genauer zu sein. Auf einer Insel in einem See, der einmal ein aktiver Vulkan war. Im Halbschatten genieße ich die wärmenden Sonnenstrahlen, die auf mein Gesicht und meine nackten Füßen fallen. Nur kurz denke ich dabei an das kalte Deutschland, in dem gerade der Winter einbricht.

Seit drei Monaten reise ich nun schon wieder kreuz und quer durch die Welt. Ich habe Irland, Israel und Jordanien besucht und mich von den schottischen Highlands, dem Tempelberg in Jerusalem und der Felsenstadt Petra berauschen und beeindrucken lassen. Danach hat es mich weiter nach Südostasien gezogen, zunächst ins Land des Lächelns, nach Thailand. Danach in die wuseligen Städte Vietnams, gefüllt mit unzähligen Motorrollern und Mundschützern mit gefälschten Gucci-Logos.

Nun bin ich in Sumatra angekommen und habe noch einen Monat voller aufregender Ziele vor mir. Die Vulkaninsel war erst der Anfang und ich kann es kaum erwarten, nächste Woche die letzten freien Orang Utans der Welt im Dschungel zu besuchen.

Aber wie bin ich eigentlich hier her gekommen?

Es waren nicht Flugzeuge, Bahnen und Busse, die mich an diesem Punkt und an diesem Ort haben ankommen lassen. Auch wenn das die logische, die technische Erklärung wäre.

Es war ein Traum. Ein Traum und ein eiserner Wille, die Welt zu sehen!

Und ich weiß, in vielen Frauen schlummert dieser Traum von unbekannten Orten, die man immer nur auf Bildern bewundert. Der Traum, sie endlich einmal in der Realität sehen und bestaunen zu können.

Wie oft schaust Du in Magazinen, in Filmen und auf Plakaten auf Bilder von fernen Orten und bekommst dieses ganz bestimmte Ziehen im Bauch?

Das ist der Moment, in dem Dich das Fernweh mitreißt und Du Dich fragst, warum Du eigentlich immer noch hier bist und nicht dort.

Mir ging es einmal ganz genauso. Ich war unglücklich in meinem Job. Nicht, weil ich ihn nicht gerne gemacht habe, sondern einfach weil er mich an einem Ort festhielt.

Ich war unzufrieden mit meinem Leben, obwohl ich alles hatte, was ich brauchte. Einfach weil mir trotz allem noch irgendetwas fehlte.

Etwas, das sich nicht greifen oder beschreiben ließ. Da war einfach etwas in mir, das ausgefüllt werden wollte.

Ein Jahr später stand ich am weißesten Strand, den Du Dir vorstellen kannst, vor dem türkis farbigsten Meer, das ich je gesehen hatte.

Die Wasserperlen liefen noch an meinem Körper hinab und meine Hände hielten Taucherbrille, Schnorchel und Schwimmflossen fest umschlossen.

Ich hatte gerade zum ersten Mal eine Meeresschildkröte gesehen. Und nicht nur das, ich war mit ihr geschwommen, während sie direkt vor mir auftauchte, um Luft zu schnappen.

Australien und seine Westküste hatten mir dieses unglaubliche Erlebnis geschenkt. Und genau in diesem Moment merkte ich, dass die Lücke die vor einem Jahr noch in mir war, flehend und bettelnd nach Füllung, sich endlich geschlossen hatte.

Reisen macht glücklich.

Es füllt Dich, es erfüllt Dich und es lässt Dich weit über Deine Grenzen hinauswachsen.

Vielleicht steckst auch Du gerade in einem Job, der Dir zwar Spaß macht, aber

Dich nicht erfüllt. Vielleicht hast auch Du diese Sehnsucht nach all den unbekannten Orten und vielleicht geht es Dir gerade genauso wie mir, bevor ich meinen ersten Schritt gemacht habe:

Du fragst Dich, wie Du das ändern kannst!

Die Angst lähmt Dich und dämpft Dein Fernweh, hält Dich zurück. All die Fragen, die sich Dir stellen, zum ersten Schritt und allem, was danach kommt, lassen Dich allzu oft klein beigeben und doch wieder im Alltag versinken.

Wenn Du gerade an diesem Punkt stehst, vor der Entscheidung, endlich Deine Traumreise anzugehen, sei es Deine erste oder Deine nächste, seien es drei Wochen oder drei Monate, dann bist Du hier genau richtig!

Mein Buch soll Dir all das geben, was Du brauchst, um Deinen Traum und Dein Wunschziel endlich anzugehen. Und nicht nur das: Sondern es auch endlich zu erreichen!

Es nimmt Dich bei der Hand, gibt Dir all die Ratschläge, Hinweise und Tipps die Du brauchst und immer wieder auch die Motivation, die Du brauchst um endlich aktiv zu werden. Nichts spornt so sehr an, wie ein festes Ziel, einen Plan im Leben und die Vorfreude darauf.

Du kannst dieses Buch also für jeden Deiner Zwecke missbrauchen: als Leitfaden, der Dich vom ersten Tag Deiner Entscheidung, bis zur Abreise in die Welt und noch auf Deiner Reise begleitet und lenkt.

Als Inspiration und Fernweh-Schürer oder als Ratgeber, um Deine nächste Reise weiter und länger werden zu lassen als Deine letzte.

Denn letztendlich, egal was Dir deine Sorgen und Ängste immer wieder zuflüstern, brauchst Du neben diesem Buch nur eines: die feste Entscheidung endlich alles dafür zu tun, um Deinen Traum zu verwirklichen!

Wenn ich es geschafft habe, dann verspreche ich Dir, kannst Du es auch!

Warum Du mindestens einmal im Leben alleine reisen solltest!

„Dein Leben komplett zu verändern, ist ziemlich gruselig. Aber weißt Du, was noch viel gruseliger ist? Bedauern."

Gute Argumente für eine Solo-Reise

Drei Tage vor meiner ersten Fernreise suchte ich panisch nach einem Ausweg. Ich überlegte, ob mein Flug eigentlich noch stornierbar war. Ich fragte mich, was ich mir eigentlich bei dieser komplett dämlichen Idee gedacht hatte, 16.000km weit weg zu fliegen. Noch dazu ganz alleine!

Eine Woche später saß ich am Küchentisch eines Hostels in Sydney, Australien und wurde von einer weiteren Backpackerin angesprochen. Ob sie sich zu mir setzen dürfte, sie wäre auch eine Alleinreisende und würde sich ein wenig einsam fühlen.

Das erste Eis war gebrochen und ganz ohne mein Zutun war ich nicht mehr allein.

Einen Monat später waren meine Sorgen und Ängste in sich zusammengeschrumpft. Ich war auf einer 7-tägigen Tour durch Westaustralien, hatte endlich meine blasse, deutsche Haut abgelegt (leider auch wörtlich, denn ich hatte mit dem Sonnenschutz ein wenig geschludert) und kam langsam so richtig in Fahrt was das alleine Reisen anging.

Und nur kurze Zeit später war ich süchtig. Süchtig nach reisen, süchtig nach Abenteuer, süchtig nach mehr!

Für die meisten Frauen ist vor der ersten Reise der Gedanke alleine reisen zu müssen, ein echter Alptraum.

Es gibt einige, die sich sofort mutig in das Abenteuer stürzen, kein Problem damit haben, Kontakte zu knüpfen und sofort wissen, wie der Hase läuft. Aber ich möchte behaupten, die Angsthasen und Feiglinge, zu denen ich mich übrigens auch zählen darf, sind weit in der Überzahl!

Und weißt Du was? Das ist völlig in Ordnung!

Wir müssen nicht alle mutig, offen und kontaktfreudig sein, um zu reisen. Wir müssen einfach nur endlich lernen, unsere Angst so zu nehmen wie sie ist, sie zu akzeptieren und uns trotzdem unsere Träume zu erfüllen!

Warum aber solltest Du es Dir überhaupt antun, alleine auf Reisen zu gehen?

Warum nicht lieber darauf warten, bis der Freund oder die beste Freundin Zeit hat, um mitzukommen?

Wenn Du darauf warten möchtest und eine gute Chance darauf hast, bald Gesellschaft beim Reisen zu haben, dann mach das.

Aber zieh zumindest vorher folgende Argumente in Erwägung und frag Dich ganz ehrlich, ob einige nicht vielleicht auch auf Dich zutreffen…

Es wird noch eine ganze Weile dauern, bis sich eure verschiedenen Zeitpläne zusammenbasteln lassen!

Dein Freund bekommt zu einer anderen Zeit Urlaub als Du, deine Freundin kann nur in den Semesterferien reisen und das Geld ist bei beiden sowieso recht knapp. Allzu weit darf die Reise also nicht gehen.

Wenn Du planst, mit einer zweiten Person zu reisen, müssen viele Punkte abgeklärt und unter einen Hut gebracht werden.

Reisezeit, Reisebudget und nicht zuletzt die Dauer sind deutlich eingeschränkter, als wenn Du einfach Dein eigenes Ding machen würdest.

Willst Du wirklich so eingeschränkt werden?

Er will nach Spanien, Du lieber nach Island. Sie möchte am Strand faul ihre Bräune züchten, Du lieber durch den Dschungel hiken.

Einen gemeinsamen Nenner beim Reisestil zu finden, ist ungefähr so schwierig, wie den gemeinsamen Zeitpunkt zu finden.

Oft gehen wir Kompromisse ein, ohne es wirklich zu wollen, oder es uns allzu bewusst zu sein. Aber der wichtigste Punkt bei Deiner Traumreise sollte doch genau das sein: Dein Traum!

Stell Dir also ehrlich die Frage, wie viele Kompromisse es wert sind, eingegangen zu werden, bloß damit Du nicht alleine bist. Und ob Du damit nicht vielleicht viel zu viel Deines Traumes opferst.

Lass Dich nicht zu sehr von deiner Angst leiten, alleine zu sein. Denn Tatsache ist, auf Reisen bist Du eigentlich sehr selten alleine, wenn Du es nicht wirklich möchtest.

Vielleicht, ganz vielleicht, weißt Du tief in Deinem Inneren ja schon, dass es eigentlich Zeit ist, mal etwas alleine zu machen!

Du bist immer umgeben von Freunden, von Familie und von Kollegen und eigentlich weißt Du gar nicht so richtig, wer Du selber eigentlich bist?

Eine Reise alleine, und sei es noch so kurz, kann Dich unglaublich viel über Dich selbst lehren. Angefangen damit, tatsächlich auch einmal alleine sein zu können.

Nachdem der erste angstvolle Schritt getan ist, wirst Du feststellen, dass es gar nicht so schlimm ist, alleine zu sein und dass es (ausser dem anfänglichen Heimweh vielleicht) auch nicht wirklich weh tut!

Ich habe unzählige Frauen kennengelernt, die bestätigt haben, dass die erste Zeit ein harter Brocken ist.

Aber ich habe keine einzige getroffen, die nicht auch zugegeben hat, dass es nach einer Weile gar nicht so übel war. Und die nicht auch unglaublich viel über sich selbst in dieser Zeit gelernt hat.

Es ist eine sehr wertvolle Eigenschaft, mit sich selbst auskommen zu können. Eine, die sehr wenige Menschen in unserer heutigen Gesellschaft besitzen und es wird Zeit für Dich, sie zu erlernen!

Fakt ist doch, es gibt eigentlich mehr Gründe, die dafür sprechen, alleine los zu reisen und Deine Träume zu verwirklichen, als darauf zu warten und hinzuarbeiten, dass sich ein Gleichgesinnter findet.

Mehr Flexibilität, mehr Erfahrungsschatz und mehr von deinem eigenen Traum, statt dem der anderen! Denkst Du nicht auch?

Probe-Experiment: Alleine sein in Mini-Schritten

Ich möchte Dir ein kleines Projekt vorschlagen! Falls Du zu den Frauen gehörst, die immer noch unsicher sind, ob alleine reisen wirklich das Richtige für sie ist, solltest Du Dich selbst mal in kleinen Schritten testen.

Dieser Abschnitt ist besonders für die Angsthäsinnen unter uns gedacht und hat mir am Anfang selbst geholfen, mich an mein großes Abenteuer Solo-Reise heranzuwagen.

Es ist in etwa so, als würdest Du mit der Fußspitze in den See tauchen, um die Wassertemperatur zu testen.

Anfangs gibt es Dir vielleicht einen kleinen Schock und Du ziehst den Fuß zurück, aber nach dem zweiten und dritten Mal gewöhnst Du Dich an die Temperatur. Irgendwann findest Du Dich schwimmend wieder, ohne darüber nachzudenken.

Natürlich hast Du auch jederzeit die Möglichkeit, einfach ins kalte Wasser zu springen…

Schritt 1: Alleine shoppen gehen!

Mir war es anfangs selbst nicht bewusst, aber wie viele von uns gehen eigentlich regelmäßig alleine shoppen?

Und damit ist nicht das „Ich brauche das blaue Shirt von H&M, das ich letzte Woche gesehen habe, also ziehe ich schnell los und kaufe es“-Shopping gemeint.

Nein, so richtig mit allem drum und dran: Ein Samstag-Nachmittag nur für Dich alleine, mitten im Gewusel der Stadt. Geh bummeln, hak die Liste der

Dinge ab, die Du suchen, testen und anprobieren wolltest, trink Deinen Lieblingskaffee bei Starbucks und gönn Dir zwei Kugeln Eis bei Häagen Dazs.

Der Trick dabei ist, Dich ganz langsam an Dinge heranzuführen, die Du eigentlich immer nur zu zweit gemacht hast und diese mit einem Erfolgserlebnis und einem guten Gefühl zu verbinden.

Denn dann wird es Dir deutlich leichter fallen, auch unterwegs Dinge alleine zu unternehmen, ohne dabei wehmütig zu werden.

Schritt 2: Allein ins Kino

Ich möchte mein letztes Hemd verwetten, dass die wenigsten von uns schon einmal gewollt alleine im Kino waren.

Und dabei gibt es so viele Möglichkeiten dafür! Wie oft hast Du schon auf einen Film verzichten müssen, weil niemand sonst Interesse daran hatte oder es immer einen anderen aktuellen Film gab, den Deine Freunde gerade lieber sehen wollten?

Mach es! Such Dir einen tollen Film aus, kauf Dir Naschzeug, das Du heimlich ins Kino schmuggeln kannst, verwöhn Dich dann noch mit der unabdingbaren Portion Popcorn und schenk Dir einen Abend nur mit Dir und nur für Dich!

Wieso? Weil Du sehen wirst, dass es gar nicht so merkwürdig und fürchterlich ist, wie Du es Dir vielleicht gerade vorstellt und Du spätestens wenn der Film begonnen hat, ganz vergessen haben wirst, dass Du alleine bist.

Noch dazu erfüllt es Dich hinterher irgendwie mit einer seltsamen Art von Stolz, so selbständig und unabhängig zu sein! Und genau dieses Gefühl des Stolzes ist unersetzlich und wird Dir auf Reisen alleine noch oft begegnen.

Schritt 3: Alleine im Restaurant oder an der Bar

Ich gebe offen zu, das war auch für mich der schwierigste Schritt und der, der mich am meisten Überwindung gekostet hat.

Aber es ist wichtig, dass Du ihn noch in Deiner gewohnten Umgebung machst, bevor Du auf Reisen vielleicht häufiger dazu gezwungen bist, alleine zu essen oder in einem Café zu sitzen.

Ich gebe zu, ich schummele da selbst heute noch ein wenig. Wenn ich nicht gerade in einem Restaurant mit Meerblick sitze, habe ich meist meinen eBook Reader dabei, der mir Gesellschaft leistet.

Also such Dir für den Einstieg entweder ein Restaurant aus mit Blick auf vorbei strömende Menschen, oder nimm Dir wie ich, etwas mit dass Dich gut unterhält.

Vielleicht machst Du Dir Sorgen um all die mitleidigen Blicke, die Du ganz alleine zugeworfen bekommen könntest, aber ich verrate Dir nun ein Geheimnis: Wenn Du an den Punkt kommst, an dem es gar nicht mehr unangenehm ist, alleine zu essen und Du diese Gewissheit auch ausstrahlst, werden Dir die meisten eher heimliche Bewunderung entgegenbringen.

Alleine essen zu können ist keine Schwäche oder ein Manko, es ist eine Stärke, die die meisten Menschen nicht besitzen und um die sie Dich heimlich beneiden!

Wenn Du diese Schritte erfolgreich gemeistert hast, wirst Du eine Veränderung an Dir bemerken: Du wirst feststellen, dass alles, was anfangs furchtbar und angsteinflößend wirkt, ganz schnell seine Macht verliert.

Das ist die beste Lektion, die Du Dich selbst lehren kannst. Denn wenn Du es schaffst, alleine zu essen, alleine im Kino zu sitzen und Zeit mit Dir selbst zu verbringen, wer sagt dann, dass Du nicht auch lernen kannst, alleine zu reisen?

Die erste Zeit:
Wenn das Heimweh zuschlägt

Ich werde nicht lügen - die erste Zeit alleine unterwegs ist nicht immer einfach!

Besonders, wenn Du als Reisende Länder besuchst, deren Kultur, Menschen und Natur der unseren so fremd ist.

Als ich zum allerersten Mal in Asien angekommen bin, habe ich zwei ganze Tage nur im Guesthouse verbracht, weil ich einfach nicht vor die Tür wollte. Mir war da draußen einfach alles zu viel. Zu viele Eindrücke. Zu viele fremdartige Menschen.

Kurz nach dem Aufbruch in meine zweite Langzeitreise hatte ich lediglich zwei ganze Tage in Istanbul zur Verfügung und war insgeheim erleichtert, dass es am zweiten Tag Bindfäden geregnet hat.

Denn so musste ich mich dem Gewusel und den vielen neuen Eindrücken nicht noch einmal aussetzen und konnte mit gutem Gewissen ein wenig Zeit am Laptop verbringen.

In Tel Aviv ging es mir ähnlich. Kaum hatte ich mich ein wenig an Istanbul gewöhnt, kam die nächste Kulturumstellung.

Überall hebräisch, in meinen Ohren, auf allen Schildern und selbst meine liebste Landkarten-App, die mich bisher noch überall begleitet hatte, ließ mich dank hebräischer Schriftzeichen im Stich.

Da fand ich mich dann ganz schnell in einer leichten Schockstarre wieder. Zum Glück war das Meer direkt vor der Hosteltür und was gibt es beruhigenderes als Meeresrauschen?

Mir geht es eigentlich fast jedes Mal so, wenn ich eine neue Reise starte. Und ich vermute, das wird sich auch nie ändern.

Manchen Menschen fällt es ganz leicht, sich in neuen Umgebungen zurechtzufinden und alles aufzusaugen. Mir nicht.

Aber das ist in Ordnung, ich weiß mittlerweile damit umzugehen. Deshalb möchte ich auch Dir Tipps geben, wie Du einen sanfteren Einstieg ins Reisen und das Neuland da draußen finden kannst.

Plane großzügig!

Plan Dir genügend Zeit für Reiseziele ein, die neu und wahrscheinlich ungewohnt sein werden. Auch wenn Du vielleicht nur drei oder vier Wochen auf Reisen sein wirst und so viel wie möglich sehen möchtest, glaub mir, Du wirst es bereuen nur von A nach B gerannt zu sein.

Gib Dir zumindest am ersten Ort mindestens ein paar Tage Zeit um anzukommen.

Gönn Dir Pausen!

Dein Tag muss nicht mit 18 Stunden Aktivität gefüllt sein!

Deshalb plane locker und lass Dir zum einen die Möglichkeit, spontan zu sein und zum anderen auch die Chance, einfach mal zurück in Deine Unterkunft kommen zu können, um ein paar Stunden zu relaxen, wenn Dir alles zu viel wird.

Finde neue Freunde!

Ja, denkst Du jetzt. Aber wie??

Glaub mir, wenn ich Dir eines garantieren kann, dann dass die Welt voller Reisenden und Backpacker wie Dir ist!

Deshalb rate ich Dir, buche ein Hostel wo es möglich ist. Dort lernst Du in der Küche, im Aufenthaltsraum und sogar in Deinem eigenen Zimmer sofort neue Menschen kennen.

Und nicht selten findet sich gleich jemand für die ersten Unternehmungen zusammen.

Wenn Du Dich mit jemandem über die vielen neuen Eindrücke unterhalten kannst, fällt Dir die Anpassung schon viel leichter.

Sollte sich in Deiner Unterkunft niemand finden, versuche es mal mit einem Couchsurfing Meeting. Du kannst Couchsurfing auch ganz unabhängig von Übernachtungen nutzen!

In fast jeder Stadt gibt es regelmäßige Treffen, zu denen sich Reisende und Einheimische verabreden, um Unternehmungen oder einfach ein nettes Zusammenkommen zu planen.

Unterschätze den Jetlag nicht!

Schon bei wenigen Stunden Zeitverschiebung kann Dein Körper ganz schön durcheinander kommen. Und wenn Du übermüdet bist, sieht alles gleich viel grauer aus, als es wirklich ist.

Deshalb kalkuliere mit ein, dass Du die ersten Tage vielleicht nicht so fit sein wirst, wie Du es gerne wärst und schalte einen Gang runter. Wenn sich dann doch herausstellt, dass Du das gut wegsteckst, umso besser!

Informiere Dich gut!

Nichts ist so frustrierend, wie wenn Deine Reisekasse gleich in der ersten Woche dramatisch schrumpft. Das passiert nämlich gern in einer Umgebung, in der Du die gängigen Preise nicht kennst, üblicherweise gehandelt wird oder sogar Abzocken normal sind.

Lies vor Deiner Reise gründlich nach, wie es in Deinem Reiseland sein wird, welcher Wechselkurs herrscht und auf welche Abzocken Du nicht hereinfallen solltest!

Bist Du dann in Deiner Unterkunft angekommen, frag Mitarbeiter, Besitzer und andere Reisende nach den gängigsten Preisen für Transporte, Supermärkte und alles, was Du so brauchst.

Sei nicht zu streng mit Dir!

Wenn alles nicht ganz nach Plan verläuft, was soll's?! Geh nicht zu hart mit Dir um! Dann verbringst Du eben den ersten und vielleicht auch den zweiten Tag nur in Deiner Unterkunft. Mach Dir deswegen nicht so ein schlechtes Gewissen.

Du wirst sehen, nach kurzer Zeit gewöhnst Du Dich an Deine Umgebung, lernst Dich anzupassen und wirst noch genügend neue Eindrücke sammeln. Versprochen!

Gib. Dir. Zeit.

Das gilt als Fazit, das alle genannten Punkte einschließt. Die Zeit heilt alle Wunden. Und auch alle Anpassungsschwierigkeiten! Ein paar Tage Verlust sind nichts gegen die unglaubliche Zeit die Du während Deiner Reise haben wirst!

Also schraub einen Gang runter! Die Seele reist bekanntlich zu Fuß.

Wieso Du nicht mutig sein musst, um alleine zu reisen...

Wenn ich von meinen Reisen erzähle, bekomme ich vor allem folgenden Satz zu hören: "Mensch, bist Du mutig! Ich würde mich das nicht trauen!"

Ich bin nicht mutig. Nicht einmal ansatzweise. Ich vermute im Dunkeln immer noch Monster unter meinem Bett, habe schon Höhenangst, wenn ich auf einem Hocker stehe und esse keinen Joghurt mehr, der länger als 2 Stunden die Kühlkette unterbrochen hat, aus Angst vor Salmonellen.

Wie kann ich also alleine Reisen? Wie kann ich auf steile Tempel klettern, Essen von Straßenständen genießen und nachts alleine durch unbekannte Straßen streifen?

Wie kann ich eine Weltreise ganz alleine planen und wie kann ich völlig ohne Plan in fremde Länder ziehen?

Ganz einfach. Indem ich beschließe, dass mir die Erlebnisse, die mich locken, wichtig genug sind, um meine Ängste zu überwinden.

Indem ich mir immer wieder sage, dass all die Erinnerungen, die ich nach der nächsten Reise haben werde, tausendmal so stark sein werden, wie die Angst, die mich jetzt daran zu hindern versucht, endlich loszuziehen.

Indem ich mich jeder meiner Ängste stelle und mich frage, wovor genau ich eigentlich Angst habe.
Und Du kannst das auch!

Die Angst davor, einsam zu sein...

Glaub mir, eines kann ich Dir versichern: Du wirst auf Reisen nicht alleine sein!

Vor meiner ersten Reise nach Australien habe ich mich darauf gefreut, mal ein wenig für mich zu sein. Ich war des Socialisings müde, des Small Talks und der Menschen, die sich als Zeitfresser in mein Leben geschlichen und eingenistet hatten.

Also kam ich in Sydney mit der Erwartung an, alleine zu sein, sollte ich nicht aktiv etwas dagegen tun. Ganze 12 Stunden war ich damit erfolgreich. Und 10 davon habe ich meinen Jetlag ausgeschlafen.

Wenn Du in einem Hostel untergekommen bist, in dem noch andere Menschen übernachten außer Dir, Du Dich gut sichtbar in einen Aufenthaltsraum oder in die Küche setzt, dann kann ich Dir versichern, dass Du nicht lange alleine bleiben wirst.

Weder mein Buch, mein Laptop noch das "Lass mich in Ruhe"-Schild auf meiner Stirn schien Mitreisende davon abzuhalten, mich anzusprechen.

Weißt Du wieso nicht? Weil so gut wie alle Reisenden Anschluss suchen! Weil die wenigsten für sich bleiben möchten und jeder gern neue, interessante Menschen kennenlernt.

Also mach Dir keine Sorgen! Du. wirst. nicht. alleine. bleiben!

Die Angst davor, Dich nicht zurecht zu finden...

Was, wenn Du das Gate nicht findest? Was, wenn Du den Bus nicht findest? Was, wenn Du Dein Hostel nicht findest??

Dann gibt es immer Menschen, die Du nach dem Gate fragen kannst. Dann gibt es Taxis für den absoluten Notfall und Internet fast überall auf der Welt, um nachzuschauen, wo Dein Hostel genau liegt.

In Sydney hatte ich mein Hostel eine Woche im Voraus gebucht und war trotzdem am Tag meiner Ankunft schon wieder auf der Suche nach der folgenden Unterkunft.

Irgendwann, einige Monate später, war ich so entspannt, dass ich in einem komplett unbekannten Land nachts um halb zwei angekommen bin, ohne den konkreten Plan einer Unterkunft oder einer Reservierung.

Alles, was ich hatte, war mein Reiseführer und die Hoffnung, dass alles gut gehen würde.

Wenn Dir all das tatsächlich so viele Sorgen macht, dann recherchiere alles bis ins kleinste Detail, druck Dir Wegbeschreibungen aus und plane vor allem überall genügend Zeit ein.

Dann kann doch so gut wie gar nichts schief gehen!

Heutzutage kannst Du Dir im Internet sogar Lagepläne der Flughäfen anschauen, Busfahrpläne von (fast) jedem erdenklichen Ort herunterladen und Transporte teilweise schon vorab buchen. Alles planbar! Und definitiv kein Grund zur Panik!

Die Angst davor kein Geld mehr zu haben...

Diese Angst kann ich am allerbesten nachvollziehen.

Ich bin ein Kontrollfreak. Ich führe über alles Buch, habe eine Finanztabelle für das gesamte Jahr, einen Sparplan und immer, immer, immer ein finanzielles Polster für Eventualitäten oder schlechte Zeiten.

Wenn Du Dir also Sorgen machst, dass Dein Geld nicht ausreichen könnte, dann reise nie irgendwohin ohne ein Open End-Rückflugticket oder Rücklagen im Gegenwert.

Sieh zu, dass Du ein Notfallkonto parat hast und rechne Dir vorab aus, wie lange Du im worst case mit Deinem Budget reisen könntest. Alles, was Dir dann im schlimmsten Fall passieren könnte, wäre, zu genau dem berechneten Zeitpunkt wieder zu Hause anzukommen.

Für all diese Fälle und Befürchtungen gilt eigentlich das Gleiche:

Schließ Deine Augen und stell Dir vor, was Dir im allerschlimmsten Fall passieren könnte.

Du findest keine Unterkunft? Dann findest Du im schlimmsten Fall ein Hotel. Ist nicht billig und wahrscheinlich schmerzhaft für die Reisekasse, aber es gibt einen Platz zum Schlafen.

Du fühlst Dich alleine? Dann suchst Du Dir das belebteste Hostel in der größten Großstadt in der Nähe und setzt Dich den ganzen Tag in die Küche.

Dir geht das Geld aus? Dann nutzt Du eben Deinen Notfallvorrat und fliegst nach Hause.

Und wenn Du all diese Szenarien durchgespielt hast, wirst Du feststellen, dass Dir eigentlich gar nichts Schlimmes passieren kann, solange Du auf alles gut vorbereitet bist.

Und die Vorbereitung, die liegt ganz allein in Deiner Hand!

...und wieso jetzt der perfekte Zeitpunkt dafür ist!

Eine sehr liebe Freundin hat mir vor Kurzem einen ganz schlichten Rat gegeben:

Wir haben nur ein Leben. Nutze es!

Manchmal findet einen die Wahrheit in so simpler, offensichtlicher Form, dass man sich mit der Hand an die Stirn schlagen möchte und ausruft: Wieso bin ich darauf nicht selbst gekommen!

So ähnlich ging es mir mit ihrer Aussage.

Wir träumen jeden Tag. Jeder von uns seinen eigenen Traum. Und wir sagen uns jeden Tag: Morgen! Morgen werde ich meinen Traum angehen. Denn heute muss ich erst noch...

Die Sache ist nur, wer garantiert dir, dass du morgen dazu kommst? Wer sagt dir, dass du noch einmal die Möglichkeit dazu bekommst??

Es gibt immer genügend Gründe, einen Traum nicht zu verwirklichen. Eine Beziehung. Ein Job. Ein leeres Konto.

Tatsache aber ist, wenn du Gründe findest, deinen Traum jetzt nicht zu verwirklichen oder darauf hinzuarbeiten, dann ist er dir einfach nicht wichtig genug.

Denn all das, was dich jetzt daran hindert, es einfach anzupacken, sind ganz einfach Ausreden. Vor Anderen. Aber vor allem vor dir selbst.

In diesem Fall kannst Du dieses Buch nun beiseitelegen. Denn wenn Dir Dein Traum heute nicht wichtig genug ist, um ihn anzugehen, dann werden auch all meine Tipps, meine Ratschläge und mein Wissen Dir nicht bei der

Verwirklichung helfen können.

Wenn du aber einen Traum hast und er dir wirklich, wirklich wichtig ist, dann steh auf, schmeiß deinen inneren Schweinehund über Bord und pack ihn endlich an!

Ich habe noch nie davon gehört, dass es irgendwo an der Tür geklingelt hat und ein Paket geliefert wurde, in dem sämtliche Utensilien enthalten waren, um die eigenen Träume zu erfüllen. Und trotzdem scheinen wir alle insgeheim auf dieses Paket zu warten.

Wir erstellen uns am Anfang jeden Jahres eine brave Liste mit Dingen, die wir im neuen Jahr ändern wollen. Jedes Mal wird die Liste länger. Vieles wiederholt sich, weil wir es im Jahr davor schon nicht erreicht haben und bei manchen Punkten wissen wir insgeheim sowieso, dass wir sie innerhalb einer Woche bereits vergessen oder begraben werden.

Und nun setz Dich bitte vor Deine imaginäre Liste mit den Vorsätzen, die Du für dieses Jahr getroffen hast und geh sie mit offenen Augen durch. Frag Dich ernsthaft, ob sie tatsächlich die Träume und Wünsche Deines Lebens enthält. Deine Ziele, Deine Zukunftsvorstellungen.

Und nun fang noch einmal von vorne an.

Egal ob im Januar, März oder Oktober, der Zeitpunktspielt keine Rolle.
Was Du nun auf Deine Vorsatzliste setzt, sollte etwas sein, das Du Dir schon Dein ganzes Leben lang erträumt hast.

Denn Du weisst nicht, ob Du die Chance haben wirst, noch einmal eine Vorsatzliste anzugehen.
Und Du weißt vor allem nicht, ob dies nicht die Liste sein wird, auf die Du in 20, 30 oder 40 Jahren zurückblicken wirst und erkennen wirst, Du hast den Zeitpunkt verpasst, an dem Du Dein Leben hättest ändern und Dir Deinen Lebenstraum erfüllen können…

Finde Deine Art des Reisens

„Je mehr Du Deine eigenen Entscheidungen liebst,
desto weniger wird es wichtig sein, dass andere sie lieben."

- Trudy Symeonakis Vesotsky -

(Budget-)Backpacker, Flashpacker oder doch lieber etwas Luxus?

Eine der wichtigsten Fragen, die Du Dir vor Beginn einer Reise und vor allem beim Ansparen auf eine Reise beantworten solltest, ist die Frage nach Deinem Budget.

Wie viel Geld Du hast und wie viel Du ausgeben möchtest, bestimmt einen Großteil Deiner Reise. Es bestimmt, wohin Du reisen kannst, wie lange und wie viel Zeit Du benötigst, um Deine Reisekasse entsprechend zu füllen.

Um zu bestimmen, wie groß Dein Budget sein muss, solltest Du zu allererst herausfinden, wie Du reisen möchtest. Und welche Art von Reisende Du bist.

Im Großen und Ganzen kann man drei Gruppen von Reisenden unterscheiden, wobei der letzten Gruppe finanziell nach oben hin keine Grenzen gesetzt sind:

(Budget-)Backpacker

Das Backpacking ist seit den 80er Jahren wohl die beliebteste Reiseart für mittlerweile jedes Alter. Wer hat nicht schon einmal davon gehört, dass eine Bekannte oder jemand aus dem Freundeskreis „nur mit dem Rucksack losgezogen ist".

Als Backpackerin kannst Du mit wenig Budget sehr weit reisen und vor allem - je nachdem, wie gut Du planst - auch sehr lange!

Du reduzierst Dein Gepäck dabei auf eine wortwörtlich tragbare Menge. Du schläfst in günstigen Unterkünften, wie Hostels in westlichen Ländern und Gasthäusern und Homestays in Südostasien oder Südamerika.

Das Prinzip ist einfach: Du sparst, wo es möglich ist, um mehr von der Welt sehen zu können. Luxus und Komfort spielen da in den meisten Fällen eine sehr untergeordnete Rolle.

Das mag für Dich vielleicht nicht das Richtige sein. Daher ist es wichtig, vor dem Reisebeginn schon ungefähr zu wissen, ob Du mit wenig tatsächlich auskommen magst oder kannst.

Niemand verurteilt Dich, wenn Du lieber in Hotels schläfst und Taxis statt den lokalen Bussen bevorzugst, aber wichtig ist, dass Du Deine Reisekasse dann dementsprechend anpasst!

Flashpacker

Ein Flashpacker ist per Definition ein Mitt-Zwanziger bis Anfang-Dreißiger, der dem klassischen Backpacker-Dasein (günstigen Hostels und einem Minimum an Ausrüstung) entwachsen ist und ein wenig mehr Luxus und begleitende Technologie (Laptop, semi-Pro- bis DSLR-Kamera, iPads, Tablets, etc.) auf dem Weg genießen möchte.

Gehört habe ich den Begriff zum ersten Mal in Flashpacker Hostels in Queensland, Australien. Diese Hostels gingen in Luxus und Komfort ein wenig über den Hostelstandard hinaus, hatten einen großzügigen Pool, verliehen kostenlos Surfboards und hatten eine gemütliche Ecke mit Hängesitzkörben und BBQs.

Das beschreibt das Image ganz gut: Eben einfach „ein wenig mehr".

Die Technik-Packliste ist die wichtigste des klassischen Flashpackers.

Der Laptop und die externe Festplatte bilden das Homemedia-System, das den Flashpacker auch an langweiligen Abenden oder an einem verregneten Ort immer wieder vor dem Langeweile-Tod errettet.

Das Smartphone, das gleichzeitig den Mp3-Player bildet, ist da noch der ungewöhnlichste Besitz. Davon trägt heutzutage schließlich jeder zweite Backpacker eines mit sich herum.

Wenn Du als Flashpacker unterwegs bist, ist Dein Budget ein wenig höher als das eines Backpackers, aber trotzdem deutlich langlebiger, als jemand der in Hotels übernachtet. Eine Art gesunder Mittelweg also!

...doch lieber Luxus?

Wenn Du auf bereitgelegte Handtücher, regelmäßig frische Bettwäsche und ein eigenes Zimmer bei der Unterkunft nicht verzichten möchtest, dann wird Dein Budget wahrscheinlich deutlich schneller zuneige gehen, aber der Komfort steigt mit jedem Extra, für das Du es opferst!

Zugegeben, spätestens bei einer Langzeitreise von über einem Jahr, kann einem das Hostel-Leben schon manchmal auf den Geist gehen und die Gewissheit, in einem Bett ohne Schmutzflecken, Bettwanzen und mit Privatsphäre zu schlafen, wird plötzlich ziemlich verlockend.

Überleg Dir also zunächst gut, welche Art der Reise Dir vorschwebt, wie viel Du der Reisekasse zuliebe aufgeben kannst (und möchtest) und wo Deine Schmerzgrenzen liegen.

Eine Busfahrt über 12 Stunden und durch holpriges Niemandsland kann beim ersten Mal noch ein Abenteuer sein, beim fünften Mal kann es dann schon einfach nur noch Nerven kosten.

Das alles solltest Du vorab einbeziehen, damit Du unterwegs keine Enttäuschungen erlebst oder, im schlimmsten Fall, viel früher zurückkehren musst, als Du eigentlich geplant hattest.

Kurzurlaub vs. Langzeitreise vs. Dauerreise

Nachdem Du Dir über Deine Art des Budgets auf Reisen klar geworden bist, stellt sich die nächste entscheidende Frage: die der Dauer Deiner Reise.

Hierbei gibt es zwei Möglichkeiten: Entweder, Du lässt Deine Reisekasse den Zeitraum bestimmen oder Du bestimmst Dein Reiseland danach. 3000€ können Dich in einem asiatischen Land leicht und angenehm drei Monate reisen lassen, aber in Australien, mit vielen Abenteuern und Touren, gerade mal zwei.

Vielleicht ist Dir aber auch schon von vornherein eine Grenze gesetzt, durch die Anzahl Deiner Urlaubstage, der Auszeit, die Du nehmen darfst oder anderer Verpflichtungen, die Du einhalten möchtest oder musst.

Auch wenn all diese Faktoren in Deinem Fall keine Rolle spielen (Du Glückliche!), macht es durchaus Sinn, sich vorab schon grob zu überlegen, wie lange Du unterwegs sein möchtest.

Dabei kommt es bei einer Langzeitreise nicht auf den einen oder anderen Monat an, aber die Frage, ob Du zwei Wochen oder zwei Monate unterwegs bist, macht natürlich einen großen Unterschied! Und das nicht nur beim Gepäck!

Bedenke hierbei vor allem eines: Die Welt dreht sich auch ohne Dich weiter!

Was bei einem Urlaub von zwei oder drei Wochen nicht so sehr ins Gewicht fallen wird, kann schon bei zwei bis drei Monaten größere Auswirkungen haben. Spätestens bei einem Jahr wirst Du mindestens einen Geburtstag all Deiner Freunde und Familie verpassen und wer, weiß welche großen Ereignisse wie Hochzeiten, Schwangerschaften und Geburten noch.

Ich will Dich damit gar nicht verunsichern oder Dir von einer Langzeitreise abraten (nichts liegt mir ferner), aber es ist einfach etwas, auf das Du vorbereitet sein solltest und was vielen Reisenden unterwegs Heimweh beschert. Sie haben irgendwie in der Illusion gelebt, das Leben zu Hause steht still, während sie das Abenteuer ihres Lebens haben.

Ein weiterer Punkt, der bei der Gestaltung Deiner Traumreise nicht unbeachtet bleiben sollte, ist die Intensität und die Geschwindigkeit, mit der Du reisen möchtest.

In letzter Zeit bin ich immer mehr Reisenden begegnet, die es ein wenig bereut haben, so schnell von einer Stelle zur Nächsten gereist zu sein, obwohl sie ein ganzes Jahr zur Verfügung hatten.

Andere erzählen mir begeistert von ihren Reiseplänen, in denen sie in drei Wochen fünf verschiedene Länder packen.

Natürlich ist das durchaus möglich, aber im Nachhinein sind sie oft völlig erschöpft, haben von jedem Land nur einen Bruchteil gesehen und waren unterwegs oft zu genervt und zu beschäftigt, um die Reise auch tatsächlich genießen zu können. Und vor allem, das Erlebte auch tatsächlich aufzunehmen!

Überleg Dir daher vorher gut, was realistisch ist und dann rechne doppelt soviel Zeit dafür ein, als Du anfangs geplant hast!

Der Punkt ist, es ist immer einfacher, noch eine weitere Stadt, eine weitere Insel oder sogar ein zusätzliches Land unterwegs einzuplanen. Aber es wird Dir jedes Mal das Herz brechen, wenn Du etwas von Deiner Reiseroute streichen musst oder aus Zeitmangel nicht wirklich genießen kannst!

23 Lektionen, die Dich eine Langzeitreise lehrt

Jede von uns fährt in den Urlaub. Ob Kurzurlaub, 14 Tage oder drei Wochen. Manchmal schaffen wir es unter Umständen sogar, für sechs Wochen aus dem Hamsterrad auszubrechen.

Aber was Du meiner Meinung nach mindestens einmal im Leben gemacht haben solltest, ist eine wirklich lange Reise!

Weil sie Dir so unendlich viel beibringen wird…

Du wirst lernen, dass alleine sein nicht weh tut!

Ja, es wird vielleicht anfangs hart sein, ohne Deine Freunde oder Familie zu sein. Aber man gewöhnt sich an alles und vielleicht überraschst Du Dich ja selbst und... magst es!

Du wirst lernen, dass, egal wie fremd ein Land ist, es immer auch etwas Vertrautes haben wird!

Nutella, Tannenbäume und Backsteinhäuser. Ich habe mir unter Australien die absolute Fremde vorgestellt. Und nach kurzer Zeit festgestellt, dass auch die Fremde immer etwas von zu Hause hat.

Du wirst lernen, Dich auf Dich selbst zu verlassen!

Flug buchen? Pünktlich aufstehen? Den richtigen Zug erwischen? Vielleicht hattest Du sonst immer jemanden, der Dich erinnert, motiviert und manchmal auch in den Hintern getreten hat damit es läuft.

Nun bist Du die einzige Person, auf die Du vertrauen kannst und lernst, Dich selbst zu organisieren!

Du wirst lernen, dass Vorurteile oft genau das sind: Vorurteile!

Als ich das erste Mal nach Thailand gereist bin, habe ich Sextourismus und Touristenmassen erwartet, die sich an überfüllten Stränden tummeln.

Zugegeben, beides kommt auch in Hülle und Fülle vor. Womit ich aber nicht gerechnet habe, waren die freundlichen Menschen, die wunderschönen Tempelanlagen und das unglaublich leckere Essen.

Alles hat zwei Seiten und unterwegs lernst Du, erst beide Seiten zu betrachten, bevor Du Dir ein Urteil bildest.

Du wirst lernen, Dich nicht über jede Kleinigkeit aufzuregen!

Ein verpasster Zug, Dein eigentlich freies Hostelbett ist schon belegt und Du findest diesen blöden Geldautomaten nicht?

Was soll's!

Ich kann Dir nicht genau sagen, wann dieser Punkt kommt, an dem alles nicht mehr so wild ist. Aber letztendlich kommt die Erkenntnis, dass Du viel Zeit hast, um einen Geldautomaten suchen und auf den nächsten Zug zu warten.

Daher kann ich Dir versprechen: Irgendwann wird er kommen, der Tag, an dem Du das völlig entspannt sehen kannst!

Du wirst lernen, was vollkommene Entspannung eigentlich bedeutet!

Alles lockerer zu sehen, sich nicht mehr zu ärgern und Dir über Wochen einen ganz eigenen Schlafrhythmus ohne Wecker anzueignen, das ist pure

Entspannung!

Du wirst lernen, dass sich manche Erfahrungen nicht mit der Kamera festhalten lassen!

Im Urlaub neigen wir dazu, jeden Moment festhalten zu wollen. Am besten natürlich mit unserer Kamera. Je mehr Fotos es gibt, desto schöner war der Urlaub.

Aber niemand kann ein Foto von eine 48-stündigen Zugfahrt machen, auf der Du die meiste Zeit aus dem Fenster gestarrt und die unglaubliche Weite beobachtet hast. Und niemand kann davon ein Foto davon machen, wie sich das Glücksgefühl wirklich anfühlt, wenn Du an genau dem Ort stehst, von dem Du nun wochenlang geträumt hast.

Oder von dem Gefühl der Freiheit, das Dich am Abflugtag beseelt, wenn Du weißt, Du musst nicht in ein, zwei oder sechs Wochen zurück zur Arbeit!

Du wirst lernen, dass es nicht darum geht, wie viele Orte du besuchst!

Ganz ehrlich, ich habe keine Ahnung, an wie vielen Orten oder in wie vielen Ländern der Welt ich schon war. Und es interessiert mich auch gar nicht.

Auf Reisen zählt plötzlich nicht mehr die Anzahl der Länder, sondern nur noch die Anzahl der glücklichen Momente. Und die sind unendlich!

Du wirst lernen, ganz besondere Momente ganz alleine zu genießen!

Vor allem, wenn Du sonst immer mit einer weiteren oder mehreren Personen unterwegs warst, wirst Du plötzlich feststellen, wie viel intensiver Du alles wahrnimmst, wenn Du alleine bist.

Wenn Du es schaffst, Dich einfach mal darauf einzulassen (und ich hoffe sehr für Dich, dass Du das tust), dann wirst Du feststellen, dass Deine Sinne plötzlich viel intensiver werden.

Du hörst im Regenwald Vogelgeräusche, die Du noch nie vorher gehört hast, weil da niemand ist, der mit Dir redet und Dich ablenkt.

Du fängst an, die Mauern in Angkor Wat zu befühlen und zu betasten, weil da niemand ist, vor dem Du Dir komisch vorkommen musst.

Du nimmst die Schönheit von Gebäuden, Ausblicken und fremden Menschen deutlicher wahr, einfach weil dort niemand ist, der Dich von ihnen ablenkt.

Du wirst lernen, mit weniger Besitz auszukommen als Du Dir je vorstellen konntest!

Ein Rucksack. 15kg. Mehr brauchst Du nicht.

Glaubst Du nicht? Probier es aus!

Du wirst lernen, offen auf Menschen zuzugehen!

Selbst der schüchternste Mensch wird offener, wenn er alleine reist. Also hab keine Angst, wenn Du glaubst, Du bist für das alleine Reisen nicht offen genug, das ergibt sich mit der Zeit. Nicht aus Zwang, sondern einfach, weil es Deine Wahl ist.

So viele andere machen es Dir vor, indem sie sich beim Essen zu Dir setzen, Dich auf der Straße ansprechen oder Dich zu Unternehmungen einladen. Sodass Du es automatisch irgendwann übernehmen wirst. Einfach weil Du sehen wirst, wie einfach das ist.

Du wirst lernen, dass selbst Menschen aus völlig anderen Kulturen genauso sind wie Du!

Ich habe in Australien eine Reisende aus Korea kennengelernt, die den gleichen Beruf und das gleiche Alter hatte wie ich.

Was ich dabei am Erstaunlichsten fand, war, dass sie am anderen Ende der Welt gelebt hat, in einer völlig anderen Kultur als ich und sich unsere Gedanken und Sorgen doch fast aufs Wort geglichen haben.

Solche Erfahrungen sind unschätzbar wertvoll!

Du wirst lernen, dass alleine sein und einsam sein nicht dasselbe ist!

Vor kurzem habe ich von jemandem gelesen, der alleine reist und es folgendermaßen ausgedrückt hat: Nur weil ich alleine bin, bin ich noch lange nicht einsam. Denn all die Menschen, die mir wichtig sind, trage ich in mir.

Wenn Du diese Einstellung erreicht hast, bist Du selbst in der verlassensten Gegend niemals einsam!

Du wirst lernen, zu Deinen Fehlern zu stehen! (...weil da niemand sein wird, auf den Du sie schieben kannst!)

Auf Reisen, mit Zeit und ohne jemanden der Dich ablenkt, wirst Du Dich sehr gut kennenlernen. Und damit auch Deine Fehler!

Das Beste daran? Du wirst auch genug Zeit haben, um zu lernen, sie auch zu akzeptieren...

Du wirst lernen, Negatives einfach beim Weiterreisen hinter Dir zu lassen!

In unserem Alltag zieht uns vieles immer wieder runter. Menschen,

Gegebenheiten und Zustände. Wenn Du Dich auf die Reise machst, kannst Du alles und jeden hinter Dir lassen.

Manche mögen das abfällig als "davonlaufen" bezeichnen, aber Tatsache ist, dass sich viele Dinge mit Abstand sehr viel besser beurteilen und lösen lassen.

Du wirst lernen, loszulassen!

Deine Eltern, Dein Ex-Freund oder negative Freundschaften. Nichts hilft so sehr dabei, sich von jemandem zu lösen wie ein neues Land, neue Eindrücke und neue Erfahrungen. Du wirst daran wachsen und stärker werden.

Du wirst lernen, Momente mehr zu schätzen als Besitz!

Eines meiner Lieblingszitate lautet: Sammle Momente, keine Gegenstände! Und seit meiner letzten Reise versuche ich genau das auch zu leben. Ich brauche keine Deko mehr, um mich irgendwo wohlzufühlen.

Ich habe gelernt, ein Kleidungsstück danach auszuwählen, wie flexibel es ist und mit wie vielen Dingen ich es kombinieren kann.

Und ich sammle Erinnerungen statt Erinnerungsstücke. Probier es mal aus! Es macht glücklich(er)!

Du lernen wirst, dass Bildung nicht automatisch der Schlüssel zum Erfolg ist!

Wir bekommen von klein auf eingeredet, dass Schule und Studium das Beste sind, was Dir passieren kann. Weil es Dir einen festen Job, Sicherheit und Geld einbringen wird. Alles, was Du im Leben brauchst.

Und doch habe ich so viele Menschen auf Reisen getroffen, die brav dem Ruf gefolgt sind und trotzdem keinen Job gefunden haben.

Mindestens genauso viele habe ich getroffen, die nie etwas aus ihrem Studium gemacht haben und einen ganz anderen Weg eingeschlagen haben. Und wieder andere sind einfach nach dem Schulabschluss los gereist und leben glücklich und zufrieden.

Ich sage nicht, dass eines dieser Lebensmodelle besser ist als ein anderes. Ich sage nur, es gibt mehr als eins!

Du wirst lernen, was Dich wirklich glücklich macht!

Wir sind so stark beeinflusst von allem, was uns umgibt, dass wir manchmal gar nicht wissen, was wir selbst eigentlich wollen.

Will ich das, oder bilde ich mir das nur ein, weil ich es von allen Seiten höre? Mag ich diesen oder jenen Modetrend wirklich, oder habe ich mich einfach nur so sehr an den Anblick gewöhnt?

Will ich wirklich das klassische Modell von Hund, Haus, Hof oder wird mir nur kein anderes Vorbild gegeben?

Nirgendwo sonst kannst Du Dich selbst so gut kennenlernen und entdecken, wie allein auf einer Reise!

Du wirst lernen, auf Dich selbst aufzupassen!

Wenn Du Dich mal nicht mehr auf die gewohnte Umgebung und die beruhigende Gesellschaft Deiner Freunde verlassen kannst, wirst Du viel häufiger den Kopf einschalten, um Dich selbst in Sicherheit zu wissen.

Und glaub mir, es ist eine unglaublich wertvolle Erfahrung, zu wissen, dass Du auf Dich selbst aufpassen kannst!

Du wirst lernen, Freundschaften ganz neu zu betrachten!

Ich habe enge und tiefe Freundschaften auf Reisen geschlossen, von denen ich sicher bin, dass sie auf eine gewisse Art ewig halten werden. Nicht, weil ich diese Person jeden Tag sehe oder sie all meine Geheimnisse kennt. Sondern weil man auf Reisen eine ganz besonders intensive Zeit miteinander verbringt.

Du wirst manchen Menschen schon nach wenigen Stunden so sehr vertrauen wie zu Hause vielleicht erst nach vielen Wochen oder vielleicht gar nicht. Du wirst manche Mitreisenden nach wenigen Tagen schon so gut kennen wie manche Deiner Freunde zu Hause, die Du seit Jahren kennst.

Ich will nicht sagen, dass Freundschaften auf Reisen besser sind. Sie sind eben nur anders. Und ganz besonders.

Du wirst lernen, dass die "richtige" Art zu Reisen nicht existiert!

Oft liest Du, was die "beste" Art zu reisen ist! Aber niemand kann Dir vorgeben, was für Dich die ideale Weise ist zu reisen. Denn jeder Mensch ist unterschiedlich.

Die eine rast durch Städte und Länder und kann gar nicht genug bekommen. Die andere bleibt Monate an einem Ort und nimmt dafür in Kauf, vom Rest des Landes nicht viel zu sehen.

Lass Dir nicht vorschreiben, wie Du zu Reisen hast. Finde es selbst heraus!

Und reise, wie es Dich glücklich macht!

So bleibst Du unterwegs nicht alleine

Die größte Angst vor der ersten großen Reise alleine ist doch meist, dass wir auch alleine bleiben. Wir haben Angst davor, abends einsam in einer Ecke zu sitzen und tagsüber in einer Stadt voller Menschen alleine umherstreifen zu müssen. Wir haben Angst davor, irgendwann zu einem heulenden Elend zu mutieren, weil wir unsere Freunde so sehr vermissen.

Wenn ich Dir eines versprechen kann, dann dass diese Angst völlig unbegründet ist!

Ich bin mir damit sogar so sicher, dass ich Dir glatt eine Geld-zurück-Garantie auf dieses Buch geben würde!

Wenn Du es nicht darauf anlegst, alleine zu bleiben (und damit meine ich, dass Du Dich nicht 24 Stunden in Deinem Einzelzimmer verkriechst) wirst Du schneller Freunde und Kontakte finden, als Du denkst.

Aber wenn Du nicht einfach nur auf Dein Glück warten oder hoffen willst, gibt es ein paar Kniffe, die Du nutzen kannst, um dem Schicksal auf die Sprünge zu helfen und Deine Chancen etwas zu erhöhen:

Such Dir beliebte Unterkünfte

Je mehr Reisende Du um Dich hast, desto größer ist die Wahrscheinlichkeit, dass Du welche triffst, mit denen Du auf einer Wellenlänge liegst. Logisch, oder?

Deshalb such Dir im Internet beliebte Unterkünfte, die zum Beispiel eine sehr positive Bewertung haben oder Hostels, in deren Bewertungen vielleicht sogar schon beschrieben wird, dass es leicht ist dort Kontakte zu knüpfen.

Nutze die empfohlenen Highlights des Lonely Planet. Viele beschweren sich mittlerweile, dass diese Tipps schon total überlaufen sind. Nun, das ist doch für Deinen Zweck erstmal ideal, oder? Wo viele Menschen sind, sind viele potentielle neue Freunde!

Nutze Portale zum Kennenlernen

Gerade Seiten wie Couchsurfing.org oder WomenWelcomeWomen.org.uk sind nicht nur für kostenlose Unterkünfte ideal.

Auf Couchsurfing gibt es zu fast jeder Stadt und jedem Land eigene Gruppen, in denen Reisende und Einheimische Treffen und Unternehmungen planen. Schließ Dich an und triff Dich mit ein paar von ihnen. Da ihr in einer größeren Gruppe unterwegs seid, ist es sicher und eine tolle Art, viele neue Freunde zu finden.

Noch dazu können Dir viele von ihnen die Gegend besser zeigen, als es jeder Reiseführer kann!

Durchsuch Reiseforen nach anderen Reisenden

Such Dir im Internet Foren Deines Reiselandes und schreib dort einfach, dass Du alleine bist und Kontakte suchst. Du kannst ja auch gleich dazu schreiben, dass Du Dich nur mit Frauen oder Gruppen treffen möchtest, um Dir den Einstieg zu erleichtern.

Du wirst überrascht sein, wie viele darauf antworten, wenn Du in einer größeren Stadt oder einem beliebten Reiseziel bist.

Nimm an Events teil

Viele Hostels haben an verschiedenen Tagen besondere Events: Pizzaabend, Filmabend, Stadttouren oder Pubcrawls. Dort sind auf jeden Fall viele Reisende dabei und es ist noch einfacher, ins Gespräch zu kommen, wenn es schon einen gemeinsamen Anlass gibt.

Nimm an Touren teil

Auch wenn das oft nicht die günstigste Möglichkeit ist, Leute kennenzulernen, ist es wahrscheinlich eine der effektivsten!

Ich habe auf Touren schon so viele Freunde gefunden und bin mit manchen von ihnen anschließend weitergereist.

Such Dir eine Tour, die Dich sowieso interessiert und frag nach einer kleinen Gruppe. Auch wenn das widersprüchlich klingt, aber in einer großen Gruppe bist Du nur eine von vielen und gehst vielleicht unter, wenn Du ein wenig schüchtern bist.

In einer kleineren Gruppe ist es leichter aus Dir herauszugehen.

Wenn Dein Budget absolut keine Tour zulässt, mach eine der Free City Tours mit, die mittlerweile in fast jeder Großstadt angeboten werden. Frag einfach mal in Deiner Unterkunft danach.

Dort gibst Du am Ende ein Trinkgeld und findest im Austausch dafür vielleicht ein paar nette Menschen, die bestenfalls noch in Deinem Hostel wohnen!

Vor der Reise

„Gib niemals einen Traum auf, bloß weil es so viel Zeit kosten würde, ihn zu erreichen.
Die Zeit wird so oder so vergehen.“

- Earl Nightingale -

Der erste Schritt zur Reisekasse: Reduzier Deine laufenden Kosten!

Einer der größten Faktoren, wenn es um das Sparen auf eine Reise geht, sind die laufenden Kosten. Natürlich kannst Du im Alltag einiges sparen, aber letztendlich ist das, was am Anfang eines Monats von Deinem Einkommen abgezogen wird, bevor Du überhaupt etwas einsparen kannst, der größte Betrag.

Deshalb möchte ich mit Dir einmal durchgehen, welche Möglichkeiten Du ausschöpfen kannst, um mehr zum tatsächlichen Sparen übrig zu haben:

Wohnen

Solltest Du nicht in einer WG wohnen oder ein Zimmer bei Deinen Eltern haben, schau Dich einmal in Deinem Zuhause um und frag Dich ganz ehrlich, ob Du wirklich so viel Platz zum Leben benötigst.

Gemütlichkeit und Wohlbefinden in den eigenen vier Wänden wird nämlich ganz oft mit viel Platz verwechselt. Eine Drei-Zimmer-Wohnung da, wo auch eine Zwei-Zimmer-Wohnung ausreichen würde. Eine Wohnung ganz für Dich alleine, wenn es in einer Wohngemeinschaft mit letztendlich sogar mehr Wohnraum viel günstiger wäre.

Bevor Du nun in Vorurteilen oder schlechten Erinnerungen versinkst, wisch mal ganz schnell die grausige Vorstellung einer schmuddeligen Studentenbude aus Deinem Kopf, in der sich leere Bierflaschen aufreihen wie Orgelpfeifen in der Kirche.

Es gibt sehr viele Berufstätigen-WGs in traumhaften Wohnungen, die manchmal mehr Extras haben als die Wohnung, die Du Dir alleine leisten kannst.

Das große Plus? Mit den richtigen Mitbewohnern gewinnst Du auch noch Freunde dazu und hast Menschen, mit denen Du Dich abends austauschen kannst und am Wochenende ausgedehnte Frühstückszeremonien einführen kannst.

Es muss nicht immer Partyküche und Discobeschallung sein.

Schritt 1:

Überdenke Deine Wohnsituation! Wenn sie sich nicht ändern lässt, oder Du einen gewissen Luxus nicht aufgeben möchtest, ist das völlig in Ordnung. Aber überlege Dir einfach ehrlich, ob Du nicht gewillt bist, dem Reisen zuliebe Abstriche zu machen.

Unterhaltskosten Deiner Wohnung

Hast Du wirklich den günstigsten Stromanbieter gewählt? Lässt sich stromsparend einiges in Deiner Wohnung ändern? Brauchst Du die Hausratversicherung wirklich?

Vielleicht denkst Du nun, dass sich für diese Peanuts der Aufwand nicht lohnt, aber denk einmal so: Die 50€ die Du damit einsparen könntest, würden Dir schon drei weitere, sparsame Tage in Kambodscha oder Thailand ermöglichen.

Mein Tipp?

Denk nicht in „Ach, das sind ja nur ...€", sondern schaff Dir Vergleiche, was Dir dieses Geld auf Reisen ermöglichen könnte. Dann fällt es schon viel leichter, auch das "Kleingeld" wertzuschätzen.

Schritt 2:

Check Deinen Stromanbieter auf günstigere Alternativen (das ist auch leicht online machbar).

Benutz abschaltbare Mehrfachstecker für Deine elektronischen Geräte und schalte alles aus, was Du nicht gerade benutzt. Lüfte kurz und kräftig, anstatt dauerhaft bei aufgedrehter Heizung.

Achte beim Kauf Deiner größten Elektrogeräte auf die Energieeffizienz-Klasse. Das alles sind zusätzlich auch Ressourcen bezogene Faktoren, mit denen Du Rohstoffe sparst!

Und zu guter Letzt lies Dir die Bedingungen Deiner Hausratsversicherung durch und überlege dir, ob Du tatsächlich für die entsprechenden Fälle abgesichert sein musst.

Damit kommen wir auch gleich zu diesem geldfressenden Faktor:

Versicherungen

Wir leben in einem Land der Überversicherung! Mit unserem typisch deutschen Sicherheitsbedürfnis (Schweizer dürfen sich hier gleichermaßen angesprochen fühlen) haben es Versicherungshaie einfach mit uns.

Wir sind so gut wie gegen alles versichert. Außer die Dinge, die uns dann tatsächlich das Genick brechen, gegen die uns allerdings niemand versichern würde.

Alles andere kannst Du ruhig mal in Frage stellen. Mach Dir vor allem bewusst, für welchen Fall Du diese oder jene Versicherung eigentlich abgeschlossen hast.

Oft stellt sich dann nämlich heraus, dass genau dieser Fall gar nicht übernommen wird. Deine Rechtsschutzversicherung gilt nicht, wenn Du zu

Unrecht des illegalen Downloads bezichtigt wirst, die Auslandskrankenversicherung zahlt nicht für Impfungen unterwegs, die Mietwagenversicherung zahlt nicht für Schotterwege und und und.

Deshalb immer gut überlegen, ob der Kosten-Nutzen-Faktor Deiner Versicherungen stimmt.

Schritt 3:

Geh Deine Versicherungen eine nach der anderen durch, frag Dich, ob sie tatsächlich notwendig ist und falls nicht, kündige sie!

Von den übergebliebenen machst Du den gleichen Check wie mit dem Stromanbieter: Gibt es da draußen vielleicht gleichwertige, aber günstigere?

Die Stunden, die Du einmalig dafür opferst, können Dir ab diesem Moment dauerhaft eine Menge Geld sparen!

Handyvertrag, Telefon & Internet

Hier gilt im Prinzip das Gleiche: Notwendigkeit checken, Verträge vergleichen, kürzen und abmelden, was überflüssig ist!

Brauchst Du wirklich Telefon und Handy?

Brauchst Du wirklich soviel Datenvolumen für Dein Handy, wenn Du zu Hause sowieso WLAN hast?

Manchmal lohnt es sich sogar, auf Prepaid umzusteigen! Dafür gibt es mittlerweile tolle Pakete mit Datenvolumen, Freiminuten und SMS die immer noch günstiger sind als ein Handyvertrag.

Abonnements

Hast Du Zeitschriften abonniert, die Du sowieso kaum liest oder sogar welche, die Du eben nur noch liest, weil Du sie abonniert hast und zu bequem bist, sie zu kündigen?

Dann los jetzt, an den Laptop gesetzt, bei Google eine Kündigungsvorlage heruntergeladen und ab in die Post! 58ct für eine Briefmarke gegen monatliche Dauerkosten eingetauscht!

Vereine

Jetzt geht es ans Eingemachte. Wer von uns war nicht schon mal so naiv und hat sich vollmotiviert beim Fitnessstudio angemeldet, nur um dann nach drei Besuchen wortwörtlich das Handtuch zu werfen.

Nun hast Du den Vereinsbeitrag an der Backe und noch den kleinen Funken Resthoffnung, irgendwann den inneren Schweinehund zu überwinden und super sportlich zu werden.

Nix da! Vertrag kündigen, Laufschuhe kaufen und damit den Schweinehund überwältigen! Das macht im Sommer sowieso viel mehr Spaß!

Eigentlich kommen wir doch immer wieder zum gleichen Ergebnis: Nämlich dass Du Dir dringend Deine Kontoauszüge schnappen und ehrlich mit Dir selbst sein solltest: Welche dieser Abzüge sind reduzierbar? Wie viel Geld könntest Du monatlich stattdessen in Deine Reisekasse schieben? Ich verspreche Dir, Du wirst überrascht sein!

Werde zum Minimalist und mach Deinen Besitz zu Geld!

Nachdem Du Deine laufenden Kosten auf Dein persönliches Minimum reduziert hast, geht es an alles, was Du zu Geld in deiner Reisekasse machen kannst!

Dabei geht es aber nicht nur darum, Deine Reisekasse zu füllen. Sondern auch darum, gerade dann, wenn Du mehrere Monate unterwegs sein möchtest, Deinen Besitz vernünftig so weit zu reduzieren, dass er kein Ballast mehr ist. Dann musst Du Dich auch vor Deiner Abreise nicht mehr darum kümmern, wo Du ihn unterbringst oder wer sich darum kümmert.

Vernichte, was unnütz ist!

Der allererste Schritt sollte sein, Dein Hab und Gut zu sichten! Damit meine ich eine Art Inventur!

Sortiere aus, was kein anderer mehr gebrauchen könnte, was defekt ist, oder einfach nur noch ein Staubfänger.

Melde Sperrmüll an und werde endlich alles los, was sich in Ecken von Kellern, Speichern und Lagerräumen angesammelt hat.

Warte die nächste Leerung der Mülltonnen ab und fülle sie kurz davor bis zum Rand. So strapazierst Du nicht die Nerven Deiner Mitbewohner und wirst trotzdem unnützes, überflüssiges Zeug los. Alles, was sonst noch irgendwie brauchbar ist, wird dann verkauft oder verschenkt!

Verkaufe alles, was Du zu Geld machen kannst!

Da Du ja Deine Reisekasse füllen möchtest, sollte das Verkaufen von Dingen immer der bevorzugte Schritt sein. Nachdem Du geprüft hast, was überflüssig und einfach in keinem Zustand mehr ist, der zum Verkaufen einladen würde, wird alles, was diesen Rausschmiss überlebt hat, in die Verkaufen-Kategorie wandern!

Damit solltest Du lieber früher als später anfangen (ich würde Dir raten spätestens drei Monate vor Deinem Reisestart zu beginnen), um am Ende nicht auf Dingen sitzenzubleiben, die eigentlich noch ein wenig Geld eingebracht hätten.

Nun gibt es haufenweise Möglichkeiten:

Ebay.de

Mach gute Photos davon und stell rein, was noch eine gute Chance hat, ersteigert zu werden. Falls Du sichergehen möchtest, dass es nicht zu billig ersteigert wird, stell einen Mindestpreis ein. Den sieht der Bietende nicht, aber falls Deine Grenze nicht erreicht wird, wird der Artikel auch nicht versteigert.

Momox.de

Auf dieser Website, kannst Du alles Mögliche ankaufen lassen. Lade Dir die App von Momox auf Dein Handy, um es noch leichter zu haben und scanne Bücher, DVDs und Videospiele nach versteckten Schätzen. Momox kauft Dir alle gut erhalten Medien ab und manchmal zu überraschend guten Preisen!

Ebay Kleinanzeigen

Das hat nichts mehr mit Versteigern zu tun und ist einfach eine Seite, auf der Du kostenlose Kleinanzeigen schalten kannst.

Inserate

Frag Google mal nach kostenlosen Inserat Seiten im Internet, oder auch in Printmedien Deiner Stadt oder Umgebung und setz alles ein, was den

Aufwand lohnt. Besonders für Möbel sind diese Seiten sehr nützlich!

Mädchenflohmarkt.de & Kleiderkreisel.de

Alles an Kleidung, was noch gut erhalten ist, lässt sich auf diesen Internetportalen, die wie digitale Flohmärkte funktionieren, noch prima zu Geld machen! Und vielleicht findest Du dort sogar günstige Second Hand Reisekleidung, die Du Dir sonst teuer im Geschäft gekauft hättest?!

Aushänge

Schwarze Bretter am Arbeitsplatz, der Uni in Deiner Stadt oder in großen Supermärkten: Pflaster alles zu! Erstelle einfache Flyer mit all den all Dingen die Du verkaufen willst (wenn Du kannst, auch mit Fotos, dass funktioniert noch besser), kopiere sie in einem CopyShop und verteile sie. Ich habe meinen halben Hausrat so verkauft!

Facebook Gruppen

Fast jede Stadt hat ihre eigene Facebook-Gruppe und mittlerweile gibt es fast überall auch "Verkaufe" und "Verschenke" Gruppen. Besonders in Studentenstädten ein sehr effizienter Weg, sein Zeug loszuwerden!

Mundpropaganda

Erzähl Freunden und Bekannten davon, dass Du Deine Wohnung auflöst oder was Du verkaufen möchtest. Oftmals ergibt sich auch da die eine oder andere Möglichkeit, etwas loszuwerden! (Das gilt übrigens auch für auch für den Verschenken-Teil)

Verschenken

Was Du bis jetzt (und damit meine ich zwei bis drei Wochen vor dem Reisestart) noch nicht verkauft hast, wirst Du vermutlich auch nicht los.

Zumindest würde ich an Deiner Stelle nicht mehr darauf spekulieren.

Daher kommen wir nun zum großmütigsten Teil: Dem Verschenken!

Das ist auch der leichteste, denn einem geschenkten Gaul schaut so schnell keiner ins Maul! Sprich: Geschenktes wirst Du immer los.

Kleiderspende

Alles, woran Dein Herz nicht absolut hängt oder was Du nicht mitnehmen möchtest, kommt dort hinein. Der nächste Container ist mit Sicherheit nicht weit weg! Augen offenhalten, oft übersieht man sie einfach.

Bekannte, Verwandte, Familie

Da finden sich auch immer Abnehmer! E-Mail Rundschreiben oder Freunde einladen zur kostenlosen Flohmarkt-Party! Jeder darf sich aussuchen und mitnehmen, was ihm gefällt und vielleicht helfen sie Dir ja zum Dank beim Streichen, bevor Du ausziehst?!

Die Kiste vor dem Haus

Sofern Du keine nörgeligen Nachbarn hast, pack alles, was Du loswerden möchtest, in eine Kiste und stell sie mit dem Schild "Zu Verschenken" vor das Haus. Falls sich doch jemand daran stört, schreib noch ein Datum auf das Schild, wann Du die Reste entsorgst! Ähnlich wie beim Sperrmüll finden die Sachen so ganz schnell ihre Abnehmer.

Wohltätige Einrichtungen

Hast Du noch Möbel oder andere nützliche Dinge, die Du loswerden möchtest? Recherchiere ein wenig im Internet, oft holen gemeinnützige

Organisationen die Dinge kostenlos ab, um sie dann sinnvoll weiter zu verteilen!

Aushänge

Funktioniert für kostenlose Dinge noch viel besser als für Verkäufe. Keine Sorge! Spätestens hiermit wirst Du alles los!

Das richtige Reiseziel auswählen

Mal ehrlich: Jede von uns möchte doch vorab am liebsten eine hundert prozentige Garantie, den perfekten Urlaub oder die perfekte Reise geplant, erlebt und gemacht zu haben, oder nicht?

Deswegen setzen wir uns stundenlang vor den Computer, befragen Google, recherchieren und planen, was das Zeug hält. Wir fragen Freunde, wir lesen Blogs und wir gehen dafür manchmal sogar ins Reisebüro, um uns fachmännisch beraten zu lassen.

Ich muss Dir zwei Geständnisse machen (und ich vermute stark, dass sie Dich beide nicht überraschen werden...)

1. Die perfekte Reise gibt es nicht. Egal wie viel Du planst, es wird keinen nennenswerten Einfluss darauf haben. Stolpersteine wird es immer geben!

2. Solltest Du tatsächlich alles durchgeplant haben, wird es trotzdem anders kommen als geplant.

Jetzt nennst Du mich vermutlich gerade eine miesepetrige Pessimistin, die Dir den Spaß verderben will, aber halt! Ich bin noch nicht fertig:

Diese beiden Punkte sind nicht nur das, was Dich in Deiner Planung ein wenig bremsen sollte, es sind auch die besten Punkte, die Deiner Reise passieren können!

Ich habe schon im strömenden Regen auf einer Insel drei Tage in klatschnassen Zelten und Klamotten verbracht, bin im denkbar schlechtesten Wetter durch Sanddünen gewandert und hatte dabei eines der tollsten Wochenenden überhaupt!

Bereits nach einer Woche in Australien habe ich meine sorgfältig über Wochen geplante Reiseroute einmal komplett um 180° gedreht und habe von da an nie mehr weiter als zwei Wochen geplant. Es war eine der besten Entscheidungen, die ich während meiner Reise getroffen habe!

Was ich Dir damit nahe bringen will: Plane nicht zu viel, kalkuliere nicht zu viel und vor allem grübel nicht zu viel! Es gibt nur wenige Dinge, die Du vorab für Dich entscheiden solltest. Hier findest Du die Wichtigsten:

Warum?

Die Frage kommt Dir jetzt in diesem Zusammenhang vielleicht etwas merkwürdig vor, aber Du solltest sie Dir trotzdem stellen.

Ich will dabei auf einen entscheidenden Punkt hinaus: Du solltest gut überlegen, welcher Art Deine Reise sein soll. Sie grenzt das „Wohin" schon deutlich ein, falls Du noch zu viele Wunschziele auf Deiner Liste hast und hilft Dir bei der Entscheidungsfindung Deines Reiseortes.

Ist Deine Reise als reine Erholungszeit geplant? Brauchst Du Meer und Strand oder Berge und Regenwald? Willst Du unterwegs arbeiten? Freiwilligenarbeit leisten? Auf einer Farm arbeiten?

Für all diese Punkte gibt es bessere und schlechtere Orte. Wichtig ist aber vor allem dieser Punkt:

Willst Du arbeiten?

Falls ja, möchte ich Dir einen guten Rat geben: Versuche Deine Reiseroute so anzupassen, dass Du in entwicklungsstarken Ländern arbeiten kannst und in entwicklungsärmeren Ländern Deine Reisezeit verbringst. So holst Du für Deine Reisekasse, und damit auch die Länge Deiner Reise, das meiste heraus.

Arbeite zum Beispiel innerhalb eines Working Holiday Visums in Australien oder Neuseeland und reise anschließend weiter nach Südostasien. Oder nutze das kanadische Working Holiday Visum und bereise anschließend Mexico, Zentral- oder Südamerika. (Anmerkung: Diese Visums-Art sind derzeit leider nicht für Schweizer oder Österreicher offen)

Falls Dir schon vorher klar ist, dass Du unbedingt Freiwilligenarbeit leisten oder auf Farmen aushelfen möchtest, dann schau Dir vor Beginn Deiner Reiseplanung schon einmal die entsprechenden Websites an und finde für Dich heraus, wo Du die besten und interessantesten Möglichkeiten hast.

Letztendlich ist es ganz einfach: Finde heraus, was für eine Art Reise Du unternehmen möchtest und dann such Dir danach das entsprechende Ziel.

Wann?

Oftmals bist Du mit dem Zeitpunkt Deiner Reise an äussere Einflüsse gebunden (Job? Mitreisende?), deshalb steht dieser Punkt schon an zweiter Stelle. Er bestimmt, wie schon im vorherigen Kapitel besprochen, maßgeblich das „Wohin".

Solltest Du in der glücklichen Lage sein, selbst den Zeitpunkt Deines Abfluges und vielleicht sogar die Länge bestimmen zu können, rutscht diese Frage ein wenig nach unten. Dann sollten das Klima und die Reisezeit die höhere Priorität haben.

Wohin?

Die Welt ist so groß und Deine Wunschliste an Reisezielen so lang, dass Du Dich nicht entscheiden kannst? Kenne ich. Kenne ich nur zu gut.

Ich kann Dir daher nur die Ausschlussmethode empfehlen: Finde heraus, was Du tun möchtest (Warum?) und grenze den Zeitpunkt ein (Wann?), dann hast Du Deine Route oder Dein Ziel schon fast in die Ecke gedrängt.

Um nun noch einen Startpunkt festlegen zu können, empfehle ich Dir als letzten Schritt in der Planungsliste, die Klimazonen abzuwägen. In Monsun-Zeiten eine Inselkette zu besuchen ist einfach nicht wirklich ratsam. Genauso wenig wie ein Nordaustralien-Besuch inmitten der Regenzeit.

Allerdings solltest Du Dir überlegen, vielleicht wenigstens in der Nebensaison zu reisen. Kurz nach der Regenzeit sind die Preise in den meisten Unterkünften nämlich immer noch deutlich günstiger und das Wetter schon gar nicht mehr so schlecht und meist ziemlich berechenbar.

In Südostasien und Nordaustralien zum Beispiel regnet es gegen Ende der Regenzeit an den meisten Tagen nur nachmittags und nachts. So hast Du dort überhaupt keine Probleme, eine günstige Unterkunft zu finden und kannst den Großteil des Tages, oder mit guter Regenkleidung ausgestattet, noch viel unternehmen!

Wieviel Budget?

Wahrscheinlich die spannendste Frage, wir haben sie ja schon einmal angerissen. Fakt ist: Es ist überraschend unwichtig, wie viel Geld Du hast, denn selbst mit wenig Erspartem, kannst Du tolle und spannende Reiseziele ansteuern.

Du solltest eben nur darauf eingestellt sein, sparen zu müssen und Deine Orte Deinem Budget anzupassen, anstatt umgekehrt.

Hier halte ich mich nicht lange auf mit Tipps, die ich Dir vielleicht geben könnte (Südostasien kann ein absolutes Schnäppchen sein, während Australien Dir dann und wann das Wasser in die Augen treibt), sondern gebe gleich mein persönliches Highlight preis:

Das World Budget Travel Table auf dem Reiseblog My Funky Travel (http://www.myfunkytravel.com/budgettraveltable.html, Englisch).

Hier findest Du eine Auflistung von unzähligen Reiseländern und dem geschätzten, benötigten Budget pro Tag! Sie wird seit Jahren immer wieder aktualisiert und ist damit stetig auf dem neusten Stand.

Diese Seite ist bei all meinen Planungen, Reisen und Träumen meine absolute Go-To-Seite!

Manchmal ertappe ich mich sogar dabei, wie ich einfach so darin herum scrolle, weil sie mir immer wieder in Erinnerung ruft, wie günstig man reisen kann!

Ideale Reiseziele für Alleinreisende und Anfänger

Ich gestehe es lieber gleich, ich habe in der Überschrift ein wenig geschummelt. Ideale Reiseziele gibt es nicht. Aber es gibt durchaus Dein ideales Reiseziel!

Vor allem wenn ich von alleinreisenden Frauen oder Solo-Reise-Anfängern gefragt werde, welche Reiseziele ich für die besten und sichersten für Frauen halte, versuche ich erst einmal herauszufinden, wie erfahren sie eigentlich wirklich sind.

Vielleicht hältst Du Dich für einen absoluten Neuling, bist aber schon einmal ein Wochenende alleine weggefahren oder sogar in Europa herumgekommen.

Du hast vielleicht mit Freundinnen schon Asien bereist und bist nur neu darin, alleine zu reisen.

Oder es ist tatsächlich Deine erste Reise alleine, in einer komplett neuen Kultur.

All das spielt eine große Rolle bei der Frage, welches Reiseziel für Dich ideal ist!

Daher spielen wir hier mal ein paar Szenarien durch und Du wirst sehen, die Wahrscheinlichkeit ist groß, dass Du Dich in einem davon wiederfindest und so Dein Reiseziel schon gut bestimmen kannst!

Du willst zwar alleine los reisen und unabhängig sein, aber Du möchtest gern andere Reisende treffen und Kontakte knüpfen!

Länder, die vollgestopft sind mit Reisenden wie Dir, sodass es Dir leicht fallen wird, Menschen kennenzulernen, auch ohne super kontaktfreudig zu sein, sind zum Beispiel Australien, Neuseeland und die beliebten südostasiatischen Länder wie Thailand und Kambodscha.

Noch dazu sind das die beliebtesten Ziele für deutsche Backpacker, was auch die Sprachbarriere ein wenig abmildert.

Laos und Myanmar sind touristisch noch nicht allzu erschlossen, werden aber mit jedem Jahr beliebter. Auch in Vietnam und Indonesien sind viele Backpacker unterwegs und besonders in der Hauptreisezeit wirst Du Dich dort leicht tun, andere Reisende zu treffen.

Südamerika ist direkt nach Südostasien die beliebteste Backpacker-Region. Wenn Du dort in der Hauptsaison in Hostels unterwegs bist, sollte es Dir fast schwer fallen, alleine zu bleiben!

Du sprichst zwar das Schulenglisch, was noch hängengeblieben ist, aber für tiefe Diskussionen reicht es nicht. Das möchtest Du gern ändern!

Australien und Neuseeland sind Deine Reiseziele der Wahl! Zumindest wenn Du auch auf ein sommerliches Klima wie das in Australien, oder auf die unglaubliche Natur wie in Neuseeland nicht verzichten möchtest.

Bei beiden herrscht ein westlicher Standard, bei dem Du Dir nicht allzu große Sorgen um einen Kulturschock machen musst.

Natürlich kannst Du genauso gut Großbritannien und Irland in Deine Reiseroute einbinden, allerdings wirst Du es dort schwer haben, Temperaturen über 25 Grad und für eine längere Zeit zu finden.

Die USA bietet sich hier ebenfalls an, aber im Gegensatz zu Australien und Neuseeland, wo Du Deine Reisekasse mittels dem Working Holiday Visum wieder auffüllen könntest, solltest Du hier Dein Reisebudget vorab finanziert haben.

Kanada ist als Reiseziel ebenso beliebt. Hier könntest Du neben Deinem

Schulenglisch auch Dein Französisch aufpolieren. Um die Reisekasse zu schonen, gibt es auch hier für Deutsche die Möglichkeit, das Kanada Working Holiday Visum zu nutzen (sogar bis zu Deinem 35. Lebensjahr!). Allerdings ist es sehr begehrt und wird jedes Jahr nur in begrenzter Anzahl vergeben.

Ich möchte mich mir nicht ständig Sorgen darüber machen wie ich mich kleide, um keine unerwünschte Aufmerksamkeit von Männern zu bekommen!

Das schließt Südamerika leider zu großen Teilen aus. Männer sind dort oft sehr forsch, direkt und das Gegenteil von zurückhaltend.

Auch islamische Länder, oder Länder mit einer starken Religionskultur wie Marokko, Israel (vor allem der palästinensische Teil) oder der mittlere Osten ganz generell können da schon anstrengender sein als Länder in Südostasien zum Beispiel, wo Du zwar auch aus Höflichkeit auf Freizügigkeit verzichten solltest, aber es einer Touristin nicht ganz so übel genommen wird, wenn sie auch mal ein Träger-Top trägt.

Ich bin schon alleine gereist, aber noch nie ausserhalb von Europa und habe ein wenig Angst vor dem, was mich in einer ganz anderen Kultur erwartet.

Dabei ist es am sinnvollsten, sich ganz langsam heranzutasten. Auch wenn große Städte überwältigend sein können, ist es dennoch sinnvoll, dort zu starten.

Denn wenn Dich dort die Panik überkommt, bist Du zum einen in einer Stadt voller Menschen und vor allem Reisenden, mit denen Du Dich austauschen kannst. Und zum anderen bist Du nicht weit entfernt von etwas Gewohntem wie Starbucks oder McDonalds. Es mag albern klingen, aber ein wenig gewohnte Umgebung kann beim schlimmsten Kulturschock Wunder wirken.

Wenn Du gerne Asien erobern möchtest, fang in den touristisch am stärksten ausgeprägten Ländern an, wie Thailand oder Bali in Indonesien. Dort spürst Du die westlichen Einflüsse und die Menschen sind auf Dich eingestellt. Das macht die Kommunikation und die Eingewöhnung leichter.

Auch in Südamerika sind große Städte wie Rio de Janeiro oder Mexiko Stadt gute Startpunkte. Hier triffst Du unter Garantie andere Backpacker und fühlst Dich anfangs nicht ganz so verloren.

Nach und nach kannst Du dann, etwas an das Neue gewöhnt, in abgelegenere Regionen oder anspruchsvollere Länder weiterziehen.

Die richtige Reisezeit! Gibt es die überhaupt?!

Eine der häufigsten Fragen, die sich Reisende bei der Planung stellen, ist die nach der richtigen Reisezeit.

Ist es während der Hauptreisezeit nicht überall viel zu voll? Kannst Du ein Land auch trotz der Regenzeit bereisen oder ist das zu umständlich? Und muss ich an Silvester und Weihnachten immer im Voraus buchen?

Die Antwort ist ein klares „Jein" und kommt ganz auf Dich an!

Haupt- oder Nebensaison

Beides hat seine Vor- und Nachteile. Während Du in der Hauptsaison sicher sein kannst, von vielen Reisenden umgeben und so nicht einsam zu sein, ist es eben auch in den meisten Unterkünften voll und die Wahrscheinlichkeit steigt, dass Deine Wunsch-Unterkunft schon ausgebucht ist.

Die Nebensaison kann dann schon deutlich entspannter für Dich sein, aber Du solltest bedenken, dass in manch abgelegeneren Gegenden tatsächlich auch vieles schließt. Gerade Touren können dann eventuell nicht möglich sein, oder nur unter der Bedingung, dass es genügend Anmeldungen gibt.

Es kommt also stark darauf an, wo Du reist und was Du vorhast. Entspanntes und vor allem günstigeres Reisen ist definitiv in der Nebensaison möglich!

Regen- oder Trockenzeit

Selbst in großen Ländern wie in Australien macht es durchaus Sinn, wenn Du Dir mal genau anschaust, wann Du wo sein wirst und ob es zum Beispiel wirklich Sinn macht, in der Regenzeit in Darwin zu sein, wo es

Überschwemmungen bis zu einem Meter hoch geben kann.

Auch mitten in der heißen Sommerhitze in Sydney zu sein, kann ganz schön anstrengend sein. Wir reden hier schließlich von Temperaturen über 40°C! Das ist so, als würdest Du den ganzen Tag gegen einen eingeschalteten Fön laufen.

Aber gerade in den südostasiatischen Ländern kann es, wie schon gesagt, von Vorteil sein, in der Nebensaison zu reisen.

Dort ist die Regenzeit nicht immer das, was man sich unter dem Wort klassisch vorstellt: Dauerregen gibt es hier kaum und meist regnet es nur für wenige Stunden am Tag, wenn überhaupt. Die Temperaturen sind viel angenehmer und über Vorausbuchungen brauchst Du Dir auch nicht viele Gedanken machen!

Vorausplanen an besonderen Feiertagen

Hier gibt es nur eine einzige Antwort, die ich Dir guten Gewissens geben kann: Ja! Definitiv.

Vor allem aber solltest Du neben Weihnachten und Silvester auch auf besondere Feste und Feiertage achten, die nicht in Deinem Kalender stehen, sondern ortsgebunden sind oder den verschiedenen Kulturen zugrunde liegen.

Hier ist es immer sinnvoll, sich mal vorab anzuschauen, welche Feste oder Feiertage in Deinem Reiseland anstehen, während Du dort bist.

Ob das Laternenfest in Thailand, Chinese New Year oder auch einfach nur ein Festival in Edinburgh, Du kannst sicher sein, dass die spontane Unterkunftssuche in diesen Zeiten einiges an Nerven kosten wird! Spar Dir das lieber und buche vorab.

Den Job kündigen um zu reisen

Bereits zum zweiten Mal habe ich nun meinen festen Arbeitsplatz aufgegeben um reisen zu können.

Ich hatte kein Interesse an einem Sabbatical oder unbezahltem Urlaub, denn ich wollte frei und unabhängig entscheiden können, wann ich zurückkomme. Oder ob.

Trotzdem wollte ich meinen Job mit einem guten Gefühl verlassen können und ich finde, das solltest Du auch!

Gute Gründe dafür, nicht alle Brücken hinter Dir abzubrechen:

- Der doppelte Boden! Der gute alte Spruch "man sieht sich immer zweimal im Leben“ bewahrheitet sich häufiger, als Du denkst. Und vielleicht auch als Dir lieb ist.

  Ich hätte nach meiner ersten Reise und der Rückkehr sofort wieder an meiner alten Arbeitsstelle anfangen können.

  Es geht nun gar nicht so sehr darum, ob Du das von heute aus gesehen möchtest. Aber Du weißt nie in welche Notlage Du einmal gerätst und vielleicht bist Du irgendwann doch wieder auf ein sicheres Gehalt angewiesen. Dieses Sicherheitsnetz im Hinterkopf ist unbezahlbar!

- Dein Ego! Es tut doch gut, zu wissen, dass Dich Dein Chef und Deine Kollegen vermissen werden, oder? Richtig. Und niemand vermisst Dich, wenn Du sie eiskalt hängen gelassen und Dich auf unschöne Art verdünnt hast!

- Der Anstand! Der ist leider oft nicht mehr viel wert, aber ich gebe viel darauf. Es gehört sich einfach so, alles in Deinem Möglichen zu tun, Deinem Chef und Deinen Kollegen nicht noch unnötig das Leben schwer zu machen. Auch wenn es nur ein Job ist, sei fair!

- Der Weg zum Ziel! Die restliche Arbeitszeit wird sich ziehen wie Kaugummi und in angespannter negativer Stimmung wird sie Dir gleich doppelt so lang erscheinen. Wenn Du alle fair behandelst, kannst Du die restliche Zeit mit Deinen Kollegen noch richtig genießen.

Tipps für die "richtige" Kündigung

- Gib Deinem Chef soviel Vorlaufzeit wie möglich! Es sei denn Du hast Angst schlecht behandelt zu werden. Sonst schadet es überhaupt nicht Deinem Chef schon von Deiner Entscheidung zu erzählen, selbst wenn die Kündigungsfrist noch lange nicht ansteht.

  Es zeugt von Ehrlichkeit und gibt ihm so die Möglichkeit, Deine Stelle in Ruhe und mit Sorgfalt neu zu besetzen. Nicht für jede Stelle findet man auf die Schnelle Ersatz!

- Sorge um jeden Preis dafür, dass Dein Chef nicht über Gerüchte und von einer anderen Person als Dir davon erfährt, dass Du kündigen möchtest! Nichts wirft ein schlechteres Bild auf Dich und hinterlässt einen sehr bitteren Nachgeschmack, wenn Du gehst.

- Informiere Dich rechtzeitig über Deine Kündigungsfrist, sodass Du am Ende nicht zu krummen Lösungen gezwungen bist. Vermerke sie Dir im Kalender, sodass Du sie auf keinen Fall verpasst!

- Überstürze es nicht! Auch wenn das Reisefieber groß ist, schmeiß Deinen Job nicht früher hin, als Deine Reisekasse es eigentlich zulässt. Spar Dir ein gutes Polster an, werde schuldenfrei und denk an die Rücklagen!

  Dann kannst Du mit einem deutlich besseren Gefühl los reisen und Du musst Dir Deine Reise nicht schon nach wenigen Wochen mit Sorgen um Geld verderben.

- Gib Deinen Kollegen rechtzeitig von Deinen Absichten Bescheid und sorge auch hier dafür, dass die Menschen, mit denen Du eng zusammengearbeitet hast, es nicht über Dritte oder über schon ausgeschriebene Stellenanzeige erfahren. Das lässt sie sich unwichtig fühlen und wenn Du nette Kollegen hattest, verdienen sie es, auch nett behandelt zu werden!

- Fang nicht an, davon zu prahlen, was Du alles tun und erleben wirst, während der Rest der Kollegen im Büro und unter den Arbeitsbergen versinkt.

  Es ist völlig in Ordnung von Deinen Plänen zu erzählen, wenn Du gefragt wirst. Aber bleib sonst einfach bescheiden und zurückhaltend und spar Dir die Vorfreude für Freunde und Familie auf!

- Gib einen Abschied im kleinen Kreis! Du musst keine Party für die ganze Abteilung schmeißen (das würde sowieso nur schmerzhaft Deine Reisekasse treffen), aber Du solltest Deinen engen Kollegenkreis spüren lassen, dass es Dir leid tut, dass du sie zurücklässt und dass Du gerne mit ihnen zusammengearbeitet hast. (Auch wenn Du gehst um Deinen absoluten Traum zu verwirklichen!)

- Und zu guter Letzt: Denk trotz allem daran, ein Zeugnis zu beantragen und frag nette Kollegen und Deinen Chef nach Reference Letters! Die sind in der englischsprachigen Arbeitswelt sehr gefragt und beschreiben viel mehr Deinen Charakter als Deine Arbeit. So sind sie auch für alle möglichen Jobs gut zu gebrauchen!

Wie regle ich das mit dem Arbeitsamt & den Sozialversicherungen bei einer Langzeitreise?

Mein Stolz hat mich vor meiner ersten Reise davon abgehalten, mich näher mit diesem Thema zu beschäftigen.

Ich hatte einen finanziellen Puffer für danach und war sicher, schnell wieder einen Job zu finden. Ich wollte auf keinen Fall die Sozialkassen schröpfen, wo ich mich doch selbst und freiwillig in die Arbeitslosigkeit geworfen hatte, um meinen Traum vom Reisen zu verwirklichen.

Ich hatte da allerdings einige wichtige Punkte übersehen, die Du auf keinen Fall ausser Acht lassen solltest!

Wenn Du Dich nicht arbeitslos meldest, bevor Du das Land verlässt...

hast Du sobald Du zurückkehrst, auch erst einmal keine Krankenversicherung und musst Dich im schlimmsten Fall selbst krankenversichern. Und das ist teuer!

Falls Du nach Deiner Rückkehr nur eine kurze Zeit bis zur Neuanstellung überbrücken musst, kannst Du allerdings in manchen Fällen Deine Auslandskrankenversicherung noch geltend machen. Manche gelten bis zu sechs Wochen (im Jahr) auch in Deutschland. Damit wären also zumindest die ersten sechs Wochen nach Deiner Rückkehr abgedeckt.

Hast Du zuvor versäumt, Dich arbeitslos zu melden und musst Dich nun selbst versichern, dann besteht zusätzlich bei manchen gesetzlichen Krankenversicherungen noch die Möglichkeit einer Standby-Versicherung, falls eine Anstellung und die damit gesetzliche Krankenversicherung bald anstehen:

Dabei zahlst Du keinen Beitrag, solange Du auch keine Ansprüche stellst (wie Arztbesuche, Rezepte etc.), bist aber für den Notfall abgesichert und hast nach einem kurzen Anruf sofort eine voll wirksame Krankenversicherung! (Bsp. Notaufnahme oder doch fälliger Arztbesuch bei akuter Erkrankung)

Erst dann fallen die ca. 150€/Monat Beitragsgebühr an. Also auch nach solch einer Option mal bei der Krankenkasse nach Wunsch nachfragen, falls Du in diese Notlage geraten bist.

Es gibt da wahrscheinlich mehr Möglichkeiten, als wir wissen, auch wenn die nicht unbedingt auf den Websites öffentlich angeboten werden.

Der Wiedereintritt als Selbstversicherte in Deiner ehemaligen gesetzlichen Krankenversicherung steht Dir übrigens gesetzlich zu! Demnach musst Du seit 2007 keine Anwartschaft mehr zahlen um später wieder aufgenommen zu werden! Deine zuletzt gültige, gesetzliche Krankenkasse ist verpflichtet Dich wieder aufzunehmen, da in Deutschland Krankenversicherungspflicht besteht!

Bei all diesen Punkten bedenke aber vor allem eines: Unterschätze die Jobsuche nicht! Selbst ich, mit dem sehr gefragten Beruf der Krankenschwester, habe zwei Monate gebraucht, um eine neue Stelle anzugehen.

Und das war schon ungewöhnlich schnell! Ich habe mich schon vom Ausland aus umgesehen, habe in der Woche meiner Rückkehr die kompletten Bewerbungsmappen zusammengestellt, hatte schon vier Wochen später das Vorstellungsgespräch und einen neuen Job.

Was ich nicht bedacht habe und auch Dir Steine in den Weg legen könnte, ist die liebe Bürokratie. So hat es nochmal einen Monat gedauert, um die Verwaltungsangelegenheiten zu regeln, Verträge zu unterschreiben und und und.

Damit vergehen zwei teure Monate und ich habe nicht einmal Kosten für Unterkunft und Verpflegung gebraucht. Alles, was rausgeht, kommt eben auch nicht irgendwann wieder rein. Ausgaben bleiben schlicht Ausgaben.

Selbst im best-case-Scenario dauert die Arbeitssuche also oft länger, als Du denkst. Und der Antrag beim Arbeitsamt, alleine um eine Krankenversicherung zu erhalten, benötigt erst einmal vier bis sechs Wochen, in denen Du auf Dich selbst gestellt bist. Erfahrungswert!

Beleuchten wir mal die andere Seite:

Wenn Du Dich arbeitslos meldest, bevor Du das Land verlässt...

läuft Deine Sperrfrist von drei Monaten (oder weniger) aus, während Du noch unterwegs bist und Dein Anspruch nicht nur auf Arbeitslosengeld 1, sondern auch auf eine Krankenversicherung ist ab dem ersten Tag Deiner Rückkehr gesichert.

Diesen Anspruch hast Du allerdings generell nur, wenn Du in den letzten 2 Jahren vor der Arbeitslosigkeit mindestens 12 Monate gearbeitet hast!

Dann steht Dir etwa die Hälfte der Zeit als Unterstützung zu, die Du gearbeitet hast!

(Beispiel: Hast Du in den letzten zwei Jahren vor dem Tag der Arbeitslosmeldung nur 1 Jahr gearbeitet, stehen Dir auch nur 6 Monate Unterstützung zu.)

Warum es so wichtig ist, sich VOR der Abreise arbeitslos zu melden:

Ab dem Moment der Meldung und Deiner Abreise (und damit auch wieder Abmeldung) wird Dir Dein Anspruch für vier Jahre reserviert! Solltest Du also beispielsweise erst nach drei Jahren zurückkommen, kannst Du immer noch Deinen Anspruch geltend machen.

ABER: Meldest Du Dich erst nach den drei Jahren zum ersten Mal arbeitslos, hast Du in den zwei Jahren vor Arbeitslosmeldung nicht gearbeitet und damit keinen Anspruch!!

Solltest Du Dir also nicht sicher sein, ob Du vielleicht länger als ein Jahr unterwegs sein wirst, ist es doppelt und dreifach wichtig, sich zuvor arbeitslos zu melden!

Was Du hierbei unbedingt beachten musst: Deine Meldung zur Arbeitslosigkeit und die gleichzeitige Abmeldung von der Arbeitssuche muss in Deiner Arbeitslosigkeit (also bereits nach Ende Deines Jobs) passieren und Du darfst frühestens am Tag danach das Land verlassen.

Das heißt zum Beispiel: Dein Vertrag endet am 31., Dein erster "arbeitsloser" Tag wäre der 1., an dem Du Dich beim Arbeitsamt arbeitslos meldest, dann darfst Du am 2. ausfliegen. Das gilt natürlich nur auf dem Papier, die gesamte Bürokratie darfst Du auch bereits vorher erledigen, damit Du nicht am letzten Tag in Deutschland noch Behördengänge erledigen musst. Wichtig ist, dass Du Dich noch in Deutschland befindest.

Dieser Fall gilt für Dich, wenn Du aus einem ungekündigten Arbeitsverhältnis selbst austrittst = Kündigung/Vertragsauflösung!

Läuft Dein Vertrag von selbst aus, wird nicht verlängert oder wurdest Du gekündigt, musst Du Dich spätestens drei Monate vor Ende Deiner Arbeitszeit beim Arbeitsamt melden und hast keine Sperrzeit!

Egal in welchem Fall: Sobald Du weißt, wann Dein Arbeitsvertrag aus welchen Gründen auch immer endet, melde Dich beim Arbeitsamt und lass Dich aufklären!

Zur zusätzlichen Information noch, weil auch diese Frage immer wieder aufkommt: Bei welchem Arbeitsamt Du Dich abmeldest, arbeitslos meldest oder wieder anmeldest ist völlig egal! Wichtig ist allerdings, dass dort wo Du Dich zurückmeldest, auch Dein (neuer) Wohnsitz ist!

Du wirst im System aufgenommen und kannst dann von überall wieder aufgerufen werden! Wichtig ist nur, einen Adressenwechsel immer anzugeben und zwar sobald sie zutreffen, sonst können Strafgebühren anfallen, wenn das Arbeitsamt Deine gültige Adresse erst ausfindig machen muss.

Und nun als letzten Hinweis: Ob Du im Ausland arbeitest oder nicht (hinsichtlich Jobs gemeint, die wie beim Working Holiday anfallen), interessiert das Arbeitsamt nicht!

Steuerpflichtig bist Du in diesem Fall auf Deinen Aufenthaltsort bezogen und der Rest ist für die Arbeitslosmeldung und die Ansprüche danach völlig irrelevant!

Ich weiß, dieses Thema ist sehr verwirrend und hat auch mich Monate gekostet, um annähernd durchzublicken. Was heute gültig ist, kann sich schon morgen wieder geändert haben. Daher sollte Deine erste Anlaufstelle immer die Agentur für Arbeit sein, auch wenn ihr Ruf oft ein wenig zu wünschen übrig lässt, wenn es um verbindliche Aussagen geht…

Reiseplanung: Den richtigen Reiseführer finden!

Vielleicht geht es Dir ja ähnlich: Ich habe schon Stunden in Büchereien verbracht und mich durch alle möglichen Reiseführer wie den Rough Guide, Lonely Planet und ihre ganzen Ableger gefressen.

Manchmal einfach nur, um mein Fernweh zu füttern, aber oft genug um mehr über mein nächstes Ziel herauszufinden, jeden Geheimtipp abzugrasen und meine Route genauer zu definieren.

Gerade wenn Du am Anfang stehst und noch nicht viel Erfahrung im Reisen hast, sind Reisführer Gold wert! Sie sagen Dir, wo Du das beste Essen findest, die schönsten Ecken und einen gemütlichen und sicheren Platz zum Schlafen.

Je länger Du reist, desto eher wirst Du Dich vielleicht auch auf Deinen Instinkt, auf Tipps von anderen Reisenden oder das Internet als Quelle verlassen. Falls Du zu all dem noch einen verlässlichen Reiseführer suchst, stelle ich Dir hier die gängigsten vor und dazu die Vor- und Nachteile aus meiner persönlichen Erfahrung:

Lonely Planet

Der Klassiker und wohl auch der bekannteste Reiseführer überhaupt! Einfach jeder hat schon von ihm gehört und ich wette, jeder Reisende hat zumindest schon einmal in einen hinein geschnuppert!

Lonely Planets gibt es für so gut wie jedes Land, allerdings ist er je nach Größe des Landes auch entsprechend groß und schwer. Die Ausgabe des LP Australien wiegt zum Beispiel 1,5 kg!

Mittlerweile werden auch die deutschen Ausgaben immer gängiger und eBooks beliebter denn je, was ordentlich Gewicht spart.

Der Vorteil:

Sie sind sehr ausführlich, in unendlich vielen Sprachen zu bekommen und als gebrauchtes Buch oft sehr günstig zu finden. Oft sogar in den Bücherregalen von Hostels einfach zum Mitnehmen. Die Ausgaben werden dauernd aktualisiert, was den Vorteil hat, ständig neue Geheimtips entdecken zu können.

Der Nachteil:

Sie sind sehr ausführlich! Er beschreibt wirklich jeden Fleck der Erde und das mit Begeisterung! Für Menschen wie mich, die sich schlecht entscheiden können, die pure Hölle.

Ihn kennt und besitzt auch so gut wie jeder zweite Reisende, daher kann es schon mal vorkommen, dass die Highlights, die im Lonely Planet beschrieben sind, alle total überlaufen sind.

Neuerdings häufen sich auch die Beschwerden, dass die Angaben nicht mehr wirklich Budget-tauglich sind. Hostels und Restaurants sind dann schon fast teuer und schlecht für die Reisekasse.

Rough Guide

Mein persönlicher Favorit. Irgendwie schafft es die Rough Guide Reihe einfach immer, meinen Geschmack zu treffen! Ob es um die Essensauswahl, um Unterkünfte oder Sehenswürdigkeiten geht, auf die Tipps in meinem Rough Guide verlasse ich mich zu fast 100%.

Aber wie gesagt, das ist mein persönlicher Geschmack und muss natürlich nicht für jeden gelten.

Er ist ausführlich, aber nicht zu ausführlich für mich und gibt viele wissenswerte Infos und Tipps rund um das bereiste Land. Insgesamt vergleichbar zum Lonely Planet.

Tipp:

Nicht nur die klassischen Reiseführer der einzelnen Länder von Rough Guide sind empfehlenswert: Ich habe mir in Asien in einem Second Hand Book Shop den Rough Guide First Time Around the World mitgenommen und darin selbst nach meiner ersten langen Reise noch so einige Tipps entdeckt.

Der Vorteil:

In meinen Augen ist die ganze Rough Guide Serie ein einziger Vorteil, aber ich mag da vielleicht einfach eine rosarote Brille tragen.

Der Rough Guide South East Asia on a Budget hat mich durch Thailand, Laos und Kambodscha geführt und ich habe nicht einen einzigen Tipp, dem ich gefolgt bin bereut. Meine Bibel für's Reisen. Und noch dazu oft günstiger als der Lonely Planet.

Der Nachteil:

Es gibt die Rough Guide Serie derzeit nur auf Englisch!

Stefan Loose

Ich habe auf Reisen festgestellt, dass die Reiseführer von Stefan Loose bei Deutschen immer beliebter werden. Er ist dem Lonely Planet und dem Rough Guide vom Stil her sehr ähnlich: Wenige Bilder, dafür umso mehr Information!

Allerdings war ich doch ein wenig erstaunt, dass der Stefan Loose Kambodscha, den ein Freund von mir auf Reisen dabei hatte, meinem Rough Guide South East Asia fast auf den Wortlaut glich, eben einfach nur in zwei Sprachen.

Ich bin mir daher nicht sicher, ob der Stefan Loose Reiseführer vielleicht die deutsche Version der Rough Guide Serie ist.

Trotzdem würde ich den Rough Guide vorziehen, hauptsächlich wegen der Aufmachung. Der Stefan Loose kommt da oft sehr nüchtern daher.

Der Vorteil:

Kompakter und daher leichter als der Lonely Planet, aber das kann man eigentlich so pauschal nicht sagen.

Der Nachteil:

Konnte ich (abgesehen vom Layout) spontan keine entdecken.

Baedeker

Dieser Reiseführer fällt hier etwas aus dem Rahmen, da er so überhaupt nicht in die Backpacker-Reihe passt. Seine Unterkunftsempfehlungen und Restaurant-Tipps waren ausserhalb meiner finanziellen Reichweite.

Weswegen ich ihn trotzdem erwähne? Weil ich meinen Baedeker Australien abgöttisch geliebt habe! Ich wusste vorab schon, wo und wie ich online Hostels finde und dass ich sowieso nur in der Hostel-Küche essen würde, also war ich auf diese Empfehlungen nicht angewiesen.

Die Beschreibungen und Empfehlungen zu Orten, Sehenswürdigkeiten und einfach allen kleinen Details waren dagegen einfach super!

Ich habe ihn also mehr als klassischen Reiseführer genutzt und habe damit viele schöne Ecken entdeckt, auf die ich sonst bestimmt nicht gestoßen wäre.

Tipp:

Nicht verwirren lassen, es gab da einige Namensänderungen, Baedeker und Baedeker Allianz sind ein- und dasselbe!

Der Vorteil:

Nicht wirklich bei Backpackern bekannt, daher hatte ich das Gefühl, dass die Tipps nicht ganz so überlaufen sind.

Viele bunte Bilder, die inspirieren und einen guten ersten Eindruck vermitteln worauf man sich einlässt. Auch als eBook zu haben!

Der Nachteil:

Nicht unbedingt Backpacker-Budget-tauglich wenn man ihn als Einzelwerk nutzt. Als Ergänzung zu einem Lonely Planet oder Rough Guide ist er im Festband aber leider auch zu schwer. Der Baedeker Australien war zwar kompakter, aber trotzdem genauso schwer wie der LP Australien.

Ich habe mich hier auf die großen Reiseführer beschränkt, die ich auch tatsächlich beurteilen kann und die sich eher mit Ländern als mit Städten beschäftigen.

Die Reisekasse:
Tipps & Tricks wie sie länger hält!

„Reisen ist nie eine Frage des Geldes.
Es ist eine Frage des Mutes."

- Paulo Coelho -

Reisebudget:
Wie viel brauche ich
für wie lange und wo?

Das größte Problem vor einer Reise, während einer Reise und auch für die Zeit danach ist die Abschätzung Deines Budgets!

Für die meisten von uns stellt sich die Frage danach, wie viel Geld wir zur Verfügung haben werden und brauchen, schon ganz am Anfang. Sie entscheidet oft darüber, ob wir uns eine Reise überhaupt leisten können und wie lange wir unsere Reisekasse ausreizen können.

In diesem Kapitel dreht sich alles um Deine Reisekasse und vor allem um die kleinen Tricks und Kniffe, wie Du Dein Budget am sinnvollsten und längsten nutzen kannst!

Fangen wir mal damit an, die Lage zu analysieren und die wichtigsten Eckpunkte, die Dein Budget gestalten werden, abzulaufen:

- Überlege Dir zu allererst, wie viel Geld Du derzeit schon auf Deinem Reisekonto zählen kannst

- Dann definiere den Zeitraum, der Dir noch bleibt, bis Deine Reise beginnt und berechne grob, wieviel Du wohl in dieser Zeit noch sparen kannst

- Plane Nebenjobs oder Extra-Arbeiten, nutze die Punkte aus dem Kapitel „Werde zum Minimalist und mach Deinen Besitz zu Geld!", um das meiste aus dieser Zeit und für Deine Reisekasse rauszuholen!

- Nun hast Du zwei Möglichkeiten: Definiere ein Ziel und berechne die Zeit, die Du mit Deinem Budget haben würdest (rechne hier lieber mit einem großzügigen Budget, statt mit zu einem zu knapp geschätzten)

- Oder überlege Dir, wie lange Du auf Reisen sein möchtest. Teile Dein Budget durch die entsprechende Zeit und such Dir entsprechend dieses Reisebudgets, das passende Reiseziel (hierbei hilft Dir wieder das Travel Budget Table auf My funky travel)

Wie aber weißt Du, wie viel Budget Du wo brauchen wirst?

Dies ist der kniffligste Punkt, aber auch der ist berechenbar!

Zunächst ganz grob:

In westlichen Ländern (Europa, Australien, Neuseeland) kannst Du pro Monat mit 1500-2000€ rechnen, falls Du als Backpacker unterwegs bist. Das bedeutet, Du wohnst in Hostels, teilst Dir dein Zimmer mit diversen anderen Reisenden, kochst selbst, kaufst in günstigen Supermärkten ein und hast kontrollierte Extraausgaben wie Touren, Eintritte, etc.

Du fliegst selten und nutzt öffentliche Verkehrsmittel, wie Busse und Bahnen statt Taxis. Dein Alkoholkonsum ist auf ein Wochenendbudget beschränkt und Disco, Kino und ähnliche Extras sind eher selten.

In entwicklungsschwächeren Ländern (Südostasien, Südamerika, Teile von Afrika, Osteuropa) kannst Du schon mit etwa 1000€ gut zurechtkommen, aber auch hier bist Du eher in den Budget-Unterkünften unterwegs, isst an Straßenständen statt in den teuren Westerner-Restaurants und fliegst so wenig wie möglich.

Wie nagelst du nun individuell das Budget für Deine eigene Traumreise fest?

Hier meine ganz persönliche Strategie:

Meist habe ich bereits ein Ziel vor Augen, ein Wunschland oder ein Gebiet, das ich bereisen möchte.

Falls Dir das noch fehlt, beginne wieder oben bei den beschriebenen Punkten und finde zumindest eine grobe Reiseroute für Dich.

Nun kannst Du entweder das empfohlene tägliche Reisebudget des jeweiligen Landes (das kannst Du für die meisten Länder in den Reiseführern der Rough Guides Serie im Büchergeschäft erstöbern) mit der Anzahl der Tage, die Du dort verbringen wirst, multiplizieren und Deine Flugkosten hinzurechnen.

Oder Du gehst mehr ins Detail:

Überlege Dir ein Budget, das Du pro Nacht ausgeben möchtest. Dafür kannst Du zum Beispiel bei den bekannten Buchungsseiten nach Unterkünften Deiner Reiseziele suchen und Dir einen ungefähren Mittelwert errechnen. Den bekommst Du aus den Übernachtungspreisen, die in den Hostels und Guesthouses entstehen würden, die Deinem Standard entsprechend.

Wenn Du zum Beispiel nach Australien reisen möchtest, such Dir eine teure Stadt, wie Melbourne, sowie ein passendes Hostel in dem Du Dich wohlfühlen würdest, als Beispiel aus und sieh Dir den Übernachtungspreis an.

Dann nimmst Du diesen als Richtwert, denn so kannst Du sicher sein, dass Du in abgelegeneren Ecken etwas weniger ausgeben wirst, aber insgesamt auf keinen Fall Dein Budget überschreitest.

Berechne nicht zu knapp! Vielleicht verschätzt Du Dich und zahlst doch häufiger einen höheren Preis, dann ist es gut, eher mit einem Puffer gerechnet zu haben.

Diesen Übernachtungspreis legst Du nun auf einen Monat aus.

Überlege Dir, wie oft Du fliegen möchtest, wie viele Touren Du buchen möchtest und recherchiere im Internet, was das von Deiner Reisekasse fressen würde. Rechne dabei mit einem groben Durchschnitt für einen Monat.

Nun planst Du noch Dein Essensbudget und diverse Extraausgaben ein. Pro

Tag gibst Du Dir also selbst ein Budget für Supermarkt-Einkäufe oder Restaurants.

Wenn Du nicht genau weißt, wie viel das sein wird, schau Dir Kostenaufstellungen auf diversen Blogs an, die auf Dein Zielland ausgerichtet sind.

Ein paar davon, für Australien und Teile von Südostasien, findest Du im Bonus-Kapitel! Weitere gibt es auf vielen Reiseblogs, wie zum Beispiel Off-the-path.com und TravelRunPlay.de.

Nun solltest Du einen groben Wert (hoffentlich großzügig berechnet, sodass Dich keine bösen Überraschungen am Ende der Reise erwarten) pro Monat ausgerechnet haben und kannst ihn entsprechend Deiner Reisedauer anpassen.

So hast Du einen guten Wert für einen 2-Wochen-Urlaub oder auch für eine Langzeitreise.

Wenn Du durch verschiedene Budget-Regionen reist, leg Dir ein jeweiliges Budget für jede davon an und rechne alles zusammen.

Vergiss nicht, auf all das noch die Kosten für den Hin- und Rückflug zu rechnen. Auch Anschaffungen für Deine Reise wie Impfungen, Ausrüstung, Medikamente und Auslandskrankenversicherung nicht vergessen!

Sie alle gehören in Dein Reisebudget und werden oft unterschätzt!

Wenn Du dies alles gern übersichtlich auflisten möchtest, kann ich Dir wärmstens die Budget-Tabelle von Shannon auf ihrem Blog AlittleAdrift.com ans Herz legen!

Du kannst sie dort kostenlos downloaden und für Deine Zwecke anpassen. Ich habe sie selbst auf meiner ersten Australien- und Südostasienreise genutzt, als ich noch unsicher war, wie viel ich tatsächlich pro Monat auf Reisen ausgeben würde.

Kostenkontrolle: Tages- & Monatsbudgets bei Langzeitreisen

Nachdem Du nun Dein Budget errechnet und es auf Deine Reise ausgelegt hast, hier noch ein paar Tipps, wie Du auf Reisen auch die Kontrolle darüber behältst. So merkst Du schon früh genug, wenn Du über Deine Verhältnisse lebst.

Es mag nicht für jede das Richtige sein, ständig Buch zu führen, aber gerade für Ängstliche ist es eine angenehme Art, sich ein wenig sicherer zu fühlen und unbesorgter reisen zu können.

Gib Dir ein Tages- oder Wochenbudget

Setz Dir ein festes Limit, welches Du täglich oder wöchentlich ausgeben darfst. Dann kannst Du entweder Dein Portemonnaie täglich damit bestücken, oder, wenn Dir das zu aufwändig ist, wöchentlich Dein Budget abheben und erst eine Woche später das nächste.

So merkst Du schnell, wie gut Du mit Deinem Geld auskommst, ob Du etwas zurückschrauben solltest oder Dir mehr gönnen kannst.

Du musst das nicht die gesamte Reise über durchziehen, wenn es Dir irgendwann zu lästig wird. Aber ich habe es in den ersten Wochen meiner Australienreise gemacht, um ein Gefühl dafür zu bekommen, wie teuer das Reisen ist.

Auch zu Hause in der Zeit in der Du für Deine Reise sparst, sind Wochen- und Monatsbudgets sehr hilfreich, um Deine Reisekasse effektiv wachsen zu lassen!

Berechne Dein Monatsbudget

Kontrolliere jeden Monat Deinen Kontostand und schau nach, wie nah es an Deinem geplanten Reisebudget liegt. Berechne anhand Deiner Abhebungen und Abbuchungen, wie viel Du ausgegeben hast.

Dann kannst Du nicht nur abschätzen, ob Deine Reisekasse bis zum Ende Deiner Reise durchhält, sondern auch, ob Du vielleicht verlängern oder Dir ein besonderes Highlight gönnen kannst!

Führe eine Budget-Liste

Wie schon im vorherigen Abschnitt empfohlen, kann das sehr hilfreich sein, um Deine Kosten im Blick zu halten und Dir, wenn Du viele Monate unterwegs bist, einen guten Überblick verschaffen, wie Du die nächsten Monate gestalten kannst.

Hier siehst Du zum Beispiel auch gut, wohin Deine größten Ausgaben fließen und wo Du am besten einsparen kannst. Gibst Du am meisten für Unterkünfte aus? Vielleicht suchst Du dann ab sofort lieber günstigere.

Sind Deine Transportkosten ein großer Faktor? Dann steig vielleicht auf günstigere Transportmittel um, auch wenn sie Dich etwas mehr Zeit kosten. Denn wenn Du eines hast, dann doch Zeit auf einer Langzeitreise, oder?

Es muss ja nicht gleich eine so ausgefeilte Excel-Liste sein wie die von Shannon, oder Du trägst einfach nur grob darin ein, was für Dich nützlich ist. In jedem Fall kann es Dir von Nutzen sein, wenn Du auf einem knappen Budget sitzt und die Kontrolle behalten möchtest.

Nutze eine Ausgaben-App

Ich bin ein kleiner Kontrollfreak, aber ich habe auch Spaß und Interesse daran herauszufinden, wie viel mich ein Land wirklich kostet, was teuer und was günstig ist und wie ich mein Budget am nachhaltigsten optimieren kann.

Jeder gesparte Euro oder reduzierte Preis kann mich vielleicht einen Tag länger am Paradies-Strand liegen lassen oder mir ein leckeres Abendessen finanzieren.

Deshalb habe ich seit einiger Weile eine Ausgaben-App (den Ausgaben-Manager), die mich jeden Abend fragt, wofür ich heute eigentlich mein Geld ausgegeben habe und wie viel.

Apps wie diese gibt es einige und die meisten sind sogar kostenlos zum Download verfügbar.

Wenn es Dir also zu lästig ist, eine Excel-Tabelle zu führen oder Du vielleicht gar keinen PC dabei hast, ist so etwas ideal, um den Überblick zu halten.

Sie sagt Dir am Ende der Woche genau wie viel Geld Du ausgegeben hast und wofür.

Perfekt, um den Überblick zu behalten und ist mit ein paar Klicks jeden Abend erledigt!

Die Hostel-Küche im Gepäck

Die perfekte Art in westlichen Ländern zu sparen ist meiner Meinung nach immer noch die, Deine Restaurant-Besuche so knapp wie möglich zu halten!

Fast Food Restaurants mögen dabei noch die Ausnahme bilden (aber auch die ungesündeste Ausnahme), aber sonst frisst gerade das auswärts Essengehen das größte Loch in Deine Reisekasse.

Daher mein ultimativer Tipp: Nutze die Hostelküche so oft Du kannst und schließ Dich mit anderen Reisenden zusammen, um aus der Single-Küche Kostenfalle zu kommen!

Geh Samstagmittag auf die Märkte und schnapp Dir reduzierte Päckchen von Gemüse und Obst, das oft in perfektem Zustand ist, aber vor dem Wochenende noch unbedingt an die Frau gebracht werden muss.

Schau in Supermärkten nach den Tages- und Wochenendangeboten und in die Truhe mit den reduzierten Produkten, die in den nächsten Tagen ablaufen. Nichts davon ist schlecht und Du wirst es sowieso in kürzester Zeit verbrauchen, denn wahrscheinlich reist Du nach ein paar Tagen wieder weiter.

So bist Du bereits gut mit Nahrungsmitteln zu günstigeren Preisen ausgestattet, die Dich oft über mehrere Tage bringen, aber so viel kosten, wie ein einziges Gericht im Restaurant.

Dann kommt einzig immer wieder diese Frage auf:

Was kann ich mit begrenzten Vorräten in einer begrenzt ausgestatteten Hostelküche, Essbares zaubern?

Du wirst schnell lernen, bei anderen Backpackern abzuschauen (auch wenn einen da oft das Schaudern überkommt) und kreativ mit wenigen Zutaten und Gewürzen zu umzugehen.

Dabei entsteht nicht unbedingt die gesündeste Liste an Rezepten, aber zumindest eine abwechslungsreiche, die Dich selbst und Deinen Geldbeutel vor dem Verhungern schützt.

Es gibt unzählige kreative Ideen, hier nur einige davon:

- Käsetortellini (Fertigpackung) oder einfache Nudeln, mit in Butter oder Margarine angebratenen Champignons (wenn sie zu teuer sind, helfen da auch mal Dosenchampignons aus) und Rahmspinat als Soße.

  Luxusvariante: Angeröstete Sonnenblumenkerne darüber gestreut!

- Couscous mit Zucchini- & Tomatenstückchen als Salat zum Mitnehmen

- Porridge zum Frühstück (Haferflocken mit Wasser oder Milch aufgekocht und mit Obst geschmacklich verfeinert)

  Luxusvariante: Leinsamen untergemischt!

- Wenn ein Ofen vorhanden ist: Vegetarischer Shepherds Pie!
  Abwechselnd Erbsen und Möhren aus der Dose und Kartoffelbrei aus der Packung in einer Auflaufform schichten (ofenfester Teller tut es zur Not auch) und mit Streukäse überbacken.

  Luxusvariante: Angebratene Dosenchampignons (oder sogar frische) dazwischen geschichtet!

- Wraps mit Frischkäse und Salat. Auch gut zum Mitnehmen!

- Kartoffel schälen, in Scheiben schneiden und anbraten. Kurz vor Ende mit Rosmarin bestreuen.

  Luxusvariante: Süßkartoffeln verwenden!

- Tortellini kochen und einfach mit Joghurt-Salatsoße und Gurkenscheibchen mischen. Auch sehr gut zum Mitnehmen!

- Omelettes gehen immer! Ob mit Tomaten, Pilzen oder pur. Besonders zum Frühstück!

- Mac & Cheese. Das klassische Fast-Food-Gericht. Entweder aus der Packung (allerdings mit Sicherheit eines der ungesündesten Fertiggerichten, die ich kenne) oder selbstgemacht mit Makkaroni, Milch und Streukäse.

- Für die besonderen Abende: Avocado-Mango-Salat. Alles klein schneiden, mit Salatblättern mischen und mit Joghurt-Salatsoße genießen!

- Die französische Variante des Backpacker-Essens: Croque Madame! Toast, eine Käsescheibe und ein Spiegelei. Simple as that!

- Zum Frühstück und wenn Du mehrere Tage an einem Ort bist: Großpackung Müsli, Milch und Obst.

  Luxusvariante: Verschiedene Nüsse untermischen! (Spartipp: Statt reinen Nüssen, eine Packung Studentenfutter)

- Wenn Sour Creme zu ergattern ist, liebe ich Nudeln mit angebratenen Tomaten und Zucchini. Sour Creme als Klecks obenauf! (Geht auch sehr gut mit Champignons!)

Nach einer Weile und vor allem, wenn Du lange in Hostels unterwegs bist, lohnen sich ein paar kleine Helferin im Gepäck, die Dir das Kochen deutlich erleichtern.

Auch wenn viele Hostels eine sehr gute Küchenausstattung bieten, ist das leider nicht in jedem oder überall der Fall.

Daher hatte ich folgende Utensilien für die meiste Zeit selbst dabei:

- Ein kleines Schälmesser - Es ist in den 1€- oder 1$-Shops leicht zu bekommen und Gold wert, wenn alle Messerkanten des Hostels eher an Löffel erinnern

- Kleine, auslaufsichere Tupperboxen - Idealerweise eine 500ml Mikrowellentasse die sich in den meisten größeren Supermärkten erstehen lässt.

  So kannst du übergebliebene Reste, die keinen Kühlschrank benötigen, super transportieren, oder Dir für lange Bus- und Zugreisen etwas vorkochen.

  Damit vermeidest Du auch gleichzeitig, am nächsten Stand teuer etwas kaufen zu müssen, nur weil Du länger unterwegs bist.

  Als große Tasse ist sie Teller, Tasse und Suppenschüssel in einem!

- Salzstreuer - oft ist leider gerade das Salz leer oder irgendein Backpacker hat es mitgehen lassen. Es gibt nichts Nervigeres als kein Salz zu haben.

- Ein kleiner Vorrat Nudeln und eine Portion Nudelsoße - Klingt merkwürdig, aber mir ist es mehr als einmal passiert, dass ich spätabends irgendwo angekommen bin und keine Lust mehr hatte, den nächsten Supermarkt suchen zu müssen.

  Beides braucht keinen Kühlschrank und ist leicht zu verstauen.

  Spontane Restaurantbesuche sind die teuersten und wenn Du keinen leichten Plan B hast, leider auch die bequemste Art, den Hunger zu stillen.

  Allerdings sollte das natürlich kein Dauerbegleiter werden! Leg Dir diesen Vorrat nur an, wenn Du weißt, dass Du spät an einem neuen Ort ankommst. Dann bist Du dankbar für ein schnelles Abendessen.

Einen gut gemeinten Rat, den ich Dir zum Abschluss noch mitgeben möchte: Ich habe auf Reisen viel zu viele Backpacker gesehen, die nur noch Haut und Knochen waren und von Toast und Marmelade gelebt haben.

Sei nicht dumm und fang nicht an, am falschen Ende zu sparen!

Deine Gesundheit sollte Dir mehr wert sein, deshalb versuche trotz Sparsamkeit, auf abwechslungsreiche Ernährung und genügend Obst und Gemüse zu achten! Zumindest wenn Du mehrere Monate unterwegs sein solltest.

Kreditkarte, Währungen und Geld unterwegs

Auf einer meiner Reisen stand ich einmal in einem thailändischen Shopping Center, öffnete mein Portemonnaie und fand noch gerade mal 20 THB (~50ct) darin. Aber keine Kreditkarte.

Ich bewahre meine Kreditkarte immer im gleichen Fach auf, aber trotzdem durchsuchte ich sofort das gesamte Portemonnaie, alle Ecken meiner Umhängetasche, meine Hosentaschen und mein Hirn, wo sie geblieben sein könnte.

In solchen Momenten bricht Dir der kalte Schweiß aus.

Die Fragen, die Dir durch den Kopf schießen, sind keine angenehmen:

Gestohlen? Verloren? Hat sie jemand gefunden und missbraucht?

Letztendlich hat sich herausgestellt, dass ich morgens um sieben Uhr nach einer 24-Stunden-Reise von Jordanien nach Thailand völlig übermüdet und mit einer guten Prise Jetlag, die Karte einfach im Geldautomaten am Flughafen in Bangkok hatte stecken lassen.

In Thailand, anders als bei uns in Deutschland, kommt zuerst das Geld aus dem Automaten und dann die Geldkarte. Um das Ganze noch zu verkomplizieren, fragt Dich der Automat zuvor noch, ob Du einen Ausdruck der Transaktion gedruckt haben möchtest. Ganz ohne Gepiepse und mit einer bewundernswerten Geduld.

Gewohnt, nach dem Geld abholen einfach zu gehen, habe ich aber stattdessen wohl genau das getan.

Ein dummer, kleiner Fehler bei dem mich das Glück vor dem Schlimmsten bewahrt hat. Denn die Karte wurde höchstwahrscheinlich einfach geschluckt und vernichtet.

Das wichtigste und allererste, was Du tun solltest, sobald Du entdeckst, dass die Geldkarte Deiner Wahl nicht mehr da ist, ist die Nummer zur Sperrung anrufen!

In Deutschland ist dies die kostenlose Rufnummer: 0800 811 8440

Im Ausland gibt es in jedem Land der Welt eine kostenlose Rufnummer, die Du auf der Internet-Seite von Visa vorab finden kannst!

Wenn Du auf Nummer sicher gehen willst, solltest Du Dir die entsprechende Nummer direkt im Handy einspeichern.

Ich hätte in Thailand auch erst einmal in mein Guesthouse fahren können, um dort weiterzusuchen, denn auch das hätte dank meines chronischen Schusselsyndroms eine gute Möglichkeit sein können. Ich wollte allerdings kein Risiko eingehen und das solltest Du auch nicht!

Was tust Du allerdings wenn Deine Kreditkarte gesperrt ist?!

Im idealen Fall solltest Du immer zwei Kreditkarten dabei haben, so wie ich. Dann tut es Dir nicht so weh, sie zur Sicherheit einmal sperren zu lassen (better safe than sorry) und Du musst Dir im Ernstfall keine Sorgen machen, wie Du nun an Bargeld kommst.

Stehst Du tatsächlich einmal ganz ohne Geldkarte in einem fremden Land, gibt es trotzdem Möglichkeiten, an Bargeld zu kommen.

Die einfachste ist, ein Bargeldtransfer über eine Western Union Bank:

Dabei bittest Du eine Person Deines Vertrauens darum, zu einer Western Union in Deutschland zu gehen (einige Poststellen übernehmen das übrigens auch) und für dich auf Deinen Namen einen bestimmten Betrag einzuzahlen.

Die Person bekommt nun eine Bestätigungsnummer, die sie an Dich weitergibt und mit der Du, zusammen mit Deinem Reisepass, dann das Geld an einem Western Union Schalter im Ausland abholen kannst. Das geschieht innerhalb weniger Minuten, ist somit also sehr schnell durchführbar.

Dieser Geldtransfer lohnt sich allerdings nur in Notfällen, denn die Gebühren dafür sind nicht zu unterschätzen.

Wie bewahrst Du Deine Kreditkarten sicher auf?

Die Tipps zur sicheren Aufbewahrung Deiner Kreditkarte sind einfach: Beide Kreditkarten niemals am gleichen Ort aufbewahren (zum Beispiel im Portemonnaie, im Rucksack oder der Tasche, die Du immer bei Dir trägst) sondern am Besten die eine immer bei Dir und eine gut gesichert in Deiner Unterkunft oder, während eines Ortswechsels, in deinem großen Rucksack.

Welche Kreditkarte ist die richtige für Dich?

Die Auswahl der eigenen Kreditkarte ist eine sehr persönliche und individuelle: Ich weiß, dass die DKB-Kreditkarte für mich definitiv die Richtige ist!

Ich nutze sie seit 2008 und habe ausschließlich gute Erfahrungen damit gemacht. Allerdings gibt es bei jeder Bank und jeder Kreditkarte auch immer Menschen, die schlechte Erfahrungen gemacht haben, wenn Du danach suchst.

Schau Dir deshalb verschiedene Angebote von Online-Kreditkarten wie der DKB, der Postbank oder ähnlichen Anbietern an, lote aus was am besten zu Dir und Deinen Reisen passt und entscheide dann selbst.

Die Punkte, die mich damals zur DKB gebracht haben und die Du bei Deiner Kreditkarten-Wahl berücksichtigen solltest, waren folgende:

- Keine Kontoführungsgebühren
- Zwei Visa-Kreditkarten & eine EC-Karte inbegriffen
- Online-Banking einfach und leicht zu bedienen
- Kostenloses Geld abheben mit der Visa-Kreditkarte an allen Geldautomaten der Welt mit dem Visa-Zeichen (und glaub mir, das sind ausreichende)
- 1,05% p.a. Zinsen die monatlich auf dein Guthaben ausgezahlt werden (nicht zu verachten, vor allem bei einer zumindest anfangs, gut gefüllten Reisekasse)

Was anfangs etwas gewöhnungsbedürftig war, aber ja für alle Online-Banken gilt, ist, dass es keine Bankschalter mehr gibt, an die Du gehen kannst.

Das wird aber ganz schnell zur Gewohnheit, denn Überweisungen machst Du dann sowieso online und wenn Du Fragen hast, gibt es immer noch den 24 Stunden Kundenservice, sieben Tage die Woche.

Wenn ich meine PIN beim Online-Kauf einmal gesperrt habe, was nun bereits dreimal vorkam (habe ich mein Schusselsyndrom schon erwähnt?), reichte ein Anruf und ich wurde sofort wieder freigeschaltet.

Als ich meine Karte von Thailand aus sperren und mich lieber in Deutsch verständigen wollte (ich war in leichter Panik, da fühlte ich mich mit einer deutschen Stimme wohler), habe ich die Sperrnummer der DKB angerufen und hatte innerhalb von zwei Minuten meine Kreditkarte gesperrt. Noch dazu konnte ich so gleich persönlich klären, ob ich eine neue Karte brauchte oder nicht.

Achtung! In manchen Ländern, wie zum Beispiel Thailand, berechnen die thailändischen Banken trotzdem Gebühren beim Abheben an Geldautomaten.

Aber keine Sorge, Du kannst monatlich eine kurze Zusammenfassung der angefallenen Gebühren (die sind in der Umsatzauflistung online leicht zu erkennen) per E-Mail an die DKB schicken und diese werden Dir innerhalb kurzer Zeit auf Dein Konto zurückerstattet!

Was ist, wenn ein ausländischer Geldautomat meine Karte schluckt?

Bevor ich mich auf meine erste Auslandsreise gewagt habe, las ich haufenweise über Betrügereien und Abzocke an ausländischen Geldautomaten.

Automaten, die vorgebaute, kleine Kästchen am Einführungsschacht hätten, die die Karte scannten und dann missbrauchbar machen würden. Kameras im Geldautomat, die Deine Fingerbewegungen aufnehmen und so an Deine PIN kommen. Und viele weitere Horrorgeschichten.

Besonders bei meiner Reise nach Indonesien, wo das besonders oft vorkommen sollte, habe ich mir fast in die Hosen gemacht, jedes Mal wenn ich Geld abgehoben habe.

Deshalb habe ich mir selbst eine Art Routine Zurecht gelegt, die ich bis heute befolge:

5 einfache Regeln, die ich für mich aufgestellt habe:

- Wenn möglich (etwas das gerade auf kleinen Inseln schon mal schwerer durchführbar ist) habe ich immer nur an Geldautomaten Geld abgehoben, die an einer Bankfiliale oder innerhalb eines Shops angebunden waren. So hätte ich bei Problemen sofort jemanden der Angestellten zu Hilfe rufen können.

  Aber auch im Ernstfall darauf achten, dass Du den Geldautomaten nicht verlässt, wenn er Deine Geldkarte noch hält! Bitte jemanden, der in die Bank geht, einen Mitarbeiter für Dich herauszuholen.)

- Niemals abends, nachts oder am Wochenende Geld abheben! Denn dann erreichst Du im Notfall wirklich niemanden mehr, ausser Visa oder Deine Bank und Du musst definitiv Deine Karte sperren lassen.

- Immer (!) Deine Hand verdecken, bei der PIN-Eingabe! Aber das gilt ja nun leider auch international. Ich habe immer mein ausgebreitetes Portemonnaie über meiner Hand und kann die Nummer blind eintippen.

- Hab immer ein aufgeladenes Handy mit Empfang und Guthaben bei Dir! Sollte der Automat die Karte doch mal schlucken, es nachts und am Wochenende sein, dann überleg gar nicht erst: Lass sie sofort telefonisch sperren!! Bitte niemanden um Hilfe oder darum, für Dich anzurufen, mach es selbst! (Daher hab immer die Sperrnummer Deiner Bank im Handy gespeichert haben!)

- Setz Dein Kreditkarten-Limit auf einen vernünftigen Betrag fest! Das geht ganz leicht online und ein paar Hundert Euro reichen in den meisten Fällen. So kann aber auch kein Fremder dazu verleitet werden, zu viel Geld zu verpulvern, wenn er an Deine Kreditkarte kommt, bevor Du sie sperren kannst.

Diese Punkte habe ich mir immer wieder ins Gedächtnis gerufen, wenn ich anfing, etwas lockerer damit umzugehen und ich kann sie Dir als kurze innerliche Checkliste nur empfehlen!

Auch wenn ich sie besonders in Ländern beachte, wo Betrügereien häufig vorkommen, ist es nie falsch, sie auf der ganzen Welt zu beachten!

Wie ist das mit den verschiedenen Währungen?

Bevor Du in ein Land mit einer fremden Währung reist, fragst Du Dich mit Sicherheit, ob es sich lohnt, zuvor diese Währung zu besorgen, auf einen Wechselschalter am Flughafen zu bauen oder erst im Land Geld zu besorgen, richtig?

Nun, meine Antwort ist: Sofern Du eine Kreditkarte hast, die keine Gebühren beim Abheben berechnet, machst Du es Dir am Einfachsten in das Land zu fliegen und im Flughafen den allerersten Geldautomaten mit Visa-Zeichen zu schröpfen, den Du findest.

Und davon gibt es überall und immer mindestens einen. Garantiert! (Mini-Flughäfen mitten im Outback einmal ausgenommen.)

Solltest Du Dich trotzdem mit Bargeld in der Tasche wohler fühlen oder Dich nicht als erstes auf die Suche nach einem Geldautomaten machen wollen, kannst Du natürlich einen Wechselschalter aufsuchen. Aber lass Dir gesagt sein, die Kurse sind meist nicht unbedingt zu Deinen Gunsten ausgelegt. Wenn möglich, solltest Du das dann auch nicht unbedingt am Flughafen erledigen, dort ist es oft am Schlimmsten.

Mein Spezial-Tipp:

Frag ein paar Reisende in Deiner Unterkunft, die vielleicht gerade aus Deinem Zielland gekommen sind, ob sie noch Währung übrig haben und tausch sie ihnen ein.

Das geht übrigens auch umgekehrt super: Wenn Du noch Währung aus Deinem letzten Land übrig hast, biete sie Reisenden an, die sich gerade dorthin auf den Weg machen. So kannst Du sie zu fairen Kursen tauschen und ihr profitiert beide davon!

Was muss ich sonst noch beachten?

Manche wenige Länder behalten sich das Recht vor, die einzigen zu sein, die ihre Währung handeln dürfen.

Was das bedeutet? Das heißt, dass Du mit laotischer Währung zum Beispiel ausserhalb von Laos nichts anfangen kannst! Du kannst sie nicht zurück- oder umtauschen.

Daher ist es besonders in diesen Ländern wichtig, Dein Geld komplett im Land auszugeben, oder es an Reisende, die auf dem Weg nach Laos sind, abzugeben.

Plötzlich ohne Geld im Ausland!

Bei meiner Reise in Malaysia und einem längeren Aufenthalt in Kuala Lumpur stellte ich mit Erschrecken fest, dass das Limit meiner Kreditkarte fast ausgereizt war. Dummerweise merkte ich das erst, als der Geldautomat meine Karte wieder ausspuckte und ich ohne Geld dastand.

Wortwörtlich, denn ich hatte fast all mein Bargeld bereits ausgegeben.

Ein absoluter Schusselfehler: Ich hatte vergessen mein Kreditkonto wieder aufzufüllen. Kurz zuvor hatte ich mein Kreditkartenlimit auf meinen eigenen Rat hin deutlich geschmälert (nachdem ich meine erste Kreditkarte kurz vorher im thailändischen Geldautomaten steckengelassen hatte, wurde ich überängstlich) und war nachlässig geworden, was den geheimen Geldpuffer im Reiserucksack anging.

Ich hatte nämlich keinen mehr. Nachdem ich ihn schon lange nicht mehr gebraucht hatte und die letzten Dollar dann in Thailand eingetauscht hatte, hatte ich einfach kein neues Polster angelegt.

Blöde Fehler, aber aus denen wird man ja meist am Schlausten!

Online-Banking ist heutzutage kein Problem mehr, also gab ich eine saftige Auffüllung meines Kreditkontos in Auftrag und gleichzeitig die Erhöhung meines Kreditkartenlimits. Eines von beidem würde schon greifen.

Tat es aber leider nicht. Dank einer unglücklichen Konstellation und deutscher Feiertage. Dazu kamen 7 Stunden Zeitverschiebung und so saß ich am Freitag, vor einem Wochenende, mit noch genau drei Euro in der Tasche in meinem Hostel und betete, dass das Geld am selben Tag noch ankommen würde.

Denn ein Wochenende ohne Geld würde abenteuerlich werden!

Da ich immer schon nach einem Plan B suche, falls Plan A nicht funktioniert, stöberte ich auf der Western Union Website schon mal nach den Gebühren, um im Notfall jemanden zu bitten, mir Geld zu schicken.

Dabei entdeckte ich meine potentielle Rettung in der Not: Per Western Union Überweisung ins Ausland kannst Du Dir quasi selbst Geld schicken!

Bei mir lag das Problem ja nicht daran, dass ich kein Geld mehr hatte, sondern nur, dass ich nicht darauf zugreifen konnte!

So schickst Du Dir selbst Bargeld!

In diesem Fall kannst Du online von Deinem Tagesgeldkonto/EC-Konto (für das Du ja im Normalfall bei Reisen - abgesehen von der EU - Deine EC-Karte nicht mitnimmst, weil Du sie nur unter hohen Gebühren nutzen kannst) eine Direktüberweisung tätigen und Dir damit selbst Bargeld schicken!

Du gehst einfach auf die Website der Western Union, gibst das Land an, in das Du Geld schicken möchtest, die Geldmenge die Du schicken möchtest und meldest Dich dann dort an, um Deine Bankdaten zu verifizieren.

Anschließend bekommst Du einen Zahlencode, den Du bei jeder Western Union Filiale der Welt gegen Dein Geld eintauschen kannst. Laut Internet sogar schon nach wenigen Minuten!

Dies ist auch ein sicherer Weg an Geld zu kommen, sollte Deine (einzige) Kreditkarte verloren gehen, gesperrt oder geklaut werden. Ohne großen Aufwand, allerdings mit 14,5% Gebühren! Im Notfall bist Du aber wahrscheinlich gerne bereit, sie zu bezahlen.

In meinem Fall ging alles gut aus, aber es ist sehr gut, diese Möglichkeit im Hinterkopf zu behalten, die auch Dich im schlimmsten Fall schon einmal beruhigen kann!

Alles rund um's Packen

„Bei der Vorbereitung zum Reisen leg all Deine Kleidung vor Dir aus und all Dein Geld. Dann pack die Hälfte der Kleidung ein und das Doppelte an Geld!“

- Susan Butler Anderson -

Das richtige Gepäckstück finden

Den richtigen Rucksack zum Backpacking zu finden, ist fast so schwierig wie den richtigen Partner fürs Leben zu finden. Mein Rucksack und ich sind wie Topf und Deckel!

Ich habe ungefähr so lange nach meinem Rucksack gesucht, wie ich ihn auf Reisen getestet habe. Eine gefühlte Ewigkeit.

Aber all die Recherchen und das endlose Testtragen in diversen Outdoor-Geschäften haben sich gelohnt. Ich würde ihn nie wieder hergeben! Zum Glück scheint er robust gegen Abnutzungserscheinungen zu sein, sodass ich das hoffentlich auch niemals muss!

Damit Du Dir vielleicht ein paar Recherchen und Ausprobierereien ersparen kannst, nenne und begründe ich Dir nun mal die Punkte, die mich zu meinem Frauen-Rucksack, dem Deuter Traveller 55+10 SL gebracht haben und warum ich mich nicht für andere Modelle entschieden habe:

Reisetasche vs. Koffer vs. Rucksack

Ein Koffer kam für mich nie wirklich in Frage. Wenn Du mir also in diesem Punkt nicht zustimmst, wird Dir dieser Abschnitt nicht viel weiterhelfen (es sei denn, er überzeugt dich vom Gegenteil...)

Ich kann dem Koffer keine Vorteile abgewinnen: Er ist unflexibel, sperrig und hat Rollen, die zerbrechen können. Der einzige Vorteil, den ich sehe ist der, dass ich ihn nicht immer tragen müsste. Aber das ist auch gleichzeitig schon sein Nachteil: Ich kann ihn nicht auf dem Rücken tragen, was es auf sandigem Untergrund gleich doppelt schwer werden lässt.

Mein Rucksack hat dann die Vorteile einer Reisetasche mit denen eines Rucksacks vereint: Sein größtes Plus ist wohl das Abdecksystem, das man wie eine Art Plane über die Tragegurte ziehen kann und sie so komplett rundherum mit einem Reißverschluss verschließen kann.

So werden die Gurte während Transporten (Bussen, Zügen, Flügen) nicht beschädigt oder unnötig verschmutzt und er ist leichter zu stapeln, weil er nicht so leicht hängenbleiben kann.

Um ihn leichter transportieren zu können, gibt es einen Henkel dazu, wie den Tragegurt einer Reisetasche, den ich allerdings ehrlich gesagt nie benutzt habe.
(15kg auf einer Schulter sind einfach wortwörtlich nicht angenehm tragbar)

Top vs. Front

Die meisten Hauptfächer der üblichen Rucksäcke lassen sich von oben befüllen. Das macht es zwar einfach, immer schön mit Druck nachzustopfen, wird aber dann zum Problem, wenn Du genau dieses eine Kleidungsstück brauchst, das ganz unten liegt.

Dann gibt es noch die Version, in der die Front des Rucksacks (von vorn betrachtet, wenn er am Rücken getragen wird) mit einem langen Längsreißverschluss versehen ist. So kommst Du, wenn Dein Rucksack vor Dir auf dem Boden liegt, von oben so gut wie an alle Ecken des Hauptfaches.

Und schließlich gibt es noch die Version meines Rucksacks: Einen Reißverschluss, der rund um den Rucksack führt, wie bei einer Reisetasche oder einem Koffer, sodass Du quasi den Deckel des Rucksacks komplett aufklappen kannst.

Großraum vs. Innentaschen

Mein Deuter Frauen-Rucksack hat fünf innere Reißverschluss-Netztaschen und damit weiteren Stau- und Trennraum, den Du organisierend nutzen kannst, statt einfach alles in die Ecken zu knäueln:

Zwei kleinere im oberen Bereich, eine kleine seitlich, eine größere am unteren Bereich, angrenzend an den unteren Packteil des Rucksacks, und eine große, flache an der Innenseite des Deckels.

Der Netzstoff bringt außerdem den Vorteil, dass immer gut sichtbar ist, was Du zuletzt darin verstaut hast.

Ich verstaue dort immer Bikinis, Unterwäsche und Socken. So ist der Kleinkram aus den Füßen und ich weiß immer ganz genau, wie viele ich noch habe, bevor ich waschen muss, ohne die allerletzte Unterhose oder Socke in den Tiefen meines Rucksacks verpasst zu haben.

Das Netzteil am Boden des Hauptfachs eignet sich hingegen perfekt für die schwereren Kleinteile (Akkus, Ladegeräte, Bücher etc.) denn damit liegen sie auch genau am Schwerpunkt des Rucksacks, nahe an Deinem Rücken.

Standard vs. Frauen-Rucksack

Wo ist da eigentlich der Unterschied?

Ganz klar, zum Einen die Füllgröße.

Frauen-Rucksäcke sind schon von vornherein in der Literanzahl begrenzt. Und das ist auch gut so! Denn wenn wir mal ganz ehrlich mit uns sind, wenn wir 70L zur Verfügung haben, dann packen wir auch 70L ein! Was wir dabei oft vergessen, ist, dass diese 70L keine Luft sind, sondern auch Gewicht!

Deshalb habe ich mich bei der Wahl eines Rucksacks für eine Weltreise und verschiedene Klimazonen für 55L Packvolumen meines Reiserucksacks entschieden. So konnte ich sicher sein, dass mir der Rucksack eine gewisse Grenze setzt, was meine Packliste angeht.

Und als kleine Frau von 1,57m, sollte ich auch ein gewisses Packvolumen nicht überschreiten, um nicht wie ein Zwerg mit einem Hinkelstein auf dem Rücken auszusehen.

Sogar innerhalb des Rahmens der 55L kannst Du dann noch regulieren: So lässt sich mit einem Reißverschluss, der um das Hauptfach herumgeht weiterer Stauraum öffnen.

Der zweite wichtige Punkt eines Frauen-Rucksacks ist sein Tragesystem:

Nicht nur die Tragegurte sind unserem Körperbau viel besser angepasst und an den Schultern enger zusammengefasst, sondern auch das Rückenteil ist leicht verkürzt.

So trägt sich ein Frauen-Rucksack viel bequemer als ein Rucksack, der für jeden passen muss. Die Tragegurte sind außerdem im Abstand mit dem Hüftgurt abstimmbar, so kann das gesamte Tragesystem auch wirklich auf jede Einzelne abgestimmt werden.

Hast Du Dich nach der Recherche für einen Rucksack entschieden, solltest Du ihn in jedem Fall einmal von einem Fachberater anpassen lassen!

Es gibt genügend Backpacker, die mit falsch eingestellten Rucksäcken durch die Welt laufen und sich wundern, warum sie ständig Rückenschmerzen haben, oder ihren Rucksack keine 5 Meter tragen können. Ich habe in Laos einmal eine volle Stunde mit meinem 20kg Rucksack mit Unterkunftssuche verbracht und kann guten Gewissens sagen, dass es nicht mein Rücken war, der mich danach geplagt hat.

Gurte vs. Kordel

Ich gebe zu, mittlerweile haben fast alle Rucksäcke Packgurte, um ihn besser schnüren zu können. Mein älteres, kleineres Modell hatte noch einen Kordelzug um das Hauptfach oben schließen zu können. Der Deuter SL 55 hat seitlich des Hauptfaches und schräg nach unten vom Unterfach aus Gurte um das Packvolumen zu komprimieren.

Die seitlichen Gurte haben den Vorteil, dass man dort gut noch eine Jacke, Decke oder ähnliches einbinden kann, zumindest für kurze Zeit.

Aber bedenke immer, dass nie Gepäckstücke am Rucksack herum schlabbern sollten, denn das erhöht (wenn vielleicht auch unbemerkt) das Ungleichgewicht beim Tragen.

Das kleinere Unterfach sowie das Hauptfach haben innen eigene Gurte um auch dort komprimieren zu können und so wirklich das letzte bisschen Luft und ungenutzten Stauraum hervor zu quetschen.

Die Farbe

Zugegeben, grau ist nicht die hübscheste Farbe, aber heute bin ich heilfroh, dass ich mich gegen das verlockende Hellblau seines Konkurrenten entschieden habe.

Mein Rucksack sieht selbst nach Wüstentouren und Busfahrten durch Südostasien (auf dem Dach des Busses, wohl bemerkt) immer noch nicht so schlimm aus wie seine bunten Kollegen.

Preis-Leistung

Der Deuter SL 55 ist nicht billig und daher solltest Du einen Vergleich vor dem Kauf umso gründlich durchführen.

Aber ich habe auch nach über zwei Jahren ausgiebigem Langzeitreisens plus diversen Kurztripps und einer 2-Tages-Tour auf dem Roller quer durch Deutschland nicht das Gefühl, dass er in der Qualität in irgendeiner Form nachlässt.

Das Material ist robust, leicht waschbar und die Gurte und Haltesysteme sind gefühlt unzerstörbar. Also solltest Du Dir überlegen, ob Du wirklich an dem einen Reiseutensil sparen möchtest, das wohl als einziges immer und überall dabei sein wird.

Ein kleiner, vernachlässigbarer Makel

Die Grundidee eines kleinen Tagesrucksacks, der per Reißverschluss an den Rucksack angebracht werden kann und der im Lieferumfang des Deuter Traveller 55l enthalten ist, ist wirklich gut.

So hat man im Prinzip immer noch einen kleinen Backpack dabei, ohne ihn vorne tragen zu müssen und endgültig wie der Backpacker schlechthin auszusehen.

Das Problem dabei ist allerdings, dass man ihn nur fast entleert wirklich gut anbringen kann. Sonst wird zum einen das Übergewicht, das nach hinten zieht, gefährlich und zum anderen musst du die Tragegurte quasi in den kleinen Rucksack einstülpen, um den Reißverschluss schließen zu können, was dann das Füllen sowieso schwierig macht.

Dieser Punkt ist deshalb vernachlässigbar, weil Du ja nicht gezwungen bist, den zusätzlichen Rucksack zu nutzen und er in keiner Weise den Komfort oder Nutzen des großen Rucksacks beeinflusst.

Obwohl ich zu hundert Prozent hinter meiner Empfehlung zum Deuter Traveller 55l+10 SL stehe, sind die Geschmäcker und Anforderungen so unterschiedlich wie Reisende selbst.

Deshalb solltest Du nicht nur ihn, sondern auch mal mindestens ein oder zwei andere Modelle tragetesten bevor Du Dich entscheidest.

Finde selbst heraus, was Du praktikabel findest, was Dir gefällt und was Du brauchst!

Die richtige Kleidung einpacken

Das einzige Thema, das jeden Reisenden angeht! Unabhängig vom Reiseziel, der Reisedauer oder dem Reisewetter, wir alle müssen uns früher oder später mit dem Thema des Packens auseinandersetzen.

Damit Du eine grobe Richtlinie und eine Inspiration bekommst, was Du wann und vor allem wie viel Du einpacken solltest, teile ich hier meine Erfahrungen mit Dir.

Ich werde Dir nicht sagen, wie viele T-Shirts oder Unterhosen Du einpacken sollst, denn jede Reisende hat ein eigenes Hygienebedürfnis.

Aber ich möchte Dir zeigen, wo Du an Gewicht sparen kannst und vor allem warum ich dir diese Liste genau so empfehle und nicht anders.

Natürlich ist das trotz allem sehr subjektiv und Du kannst und solltest sie nach Deinen Bedürfnissen anpassen.

Ich habe festgestellt, dass bei der Kleiderfrage nicht so sehr die Länge des Aufenthaltes eine Rolle spielt (mal abgesehen von Wochenendausflügen), sondern die Hauptfaktoren das Klima und die Art der Reise sind.

Deshalb packe ich hier Themen-Päckchen und Du kannst Deine Packliste danach kombinieren, wie hoch die Wahrscheinlichkeit für Dich ist, im entsprechenden Wetter oder der jeweiligen Situation zu landen:

Immer dabei

Unterwäsche

Dafür gibt es keine passende Anzahl. Pack einfach so viel ein, wie Du auch zu Hause innerhalb von einer Woche verbrauchen würdest.

Danach musst Du auf Reisen sowieso waschen und selbst bei einem 3-Wochen-Urlaub wäre es unsinnig, den gesamten Vorrat einzupacken. Waschmöglichkeiten gibt es überall, notfalls auch im Waschbecken!

Socken

Gleiche Regel. Und hierbei solltest Du zusätzlich das Klima einbeziehen.

In den Tropen kannst Du sie Dir vermutlich komplett sparen, auch wenn ich Dir empfehle, zumindest ein Paar für Busfahrten, Wandertouren oder unterkühlte Nächte einzupacken.

Sie sollten leicht sein und nicht unbedingt neu bzw. mindestens einmal gewaschen, sodass die Wahrscheinlichkeit sinkt, dass sie Dir in der ersten Wäsche eingehen. (Was übrigens für so ziemlich alle Kleidungsstücke zutrifft.)

Kleines und großes Reisehandtuch

Anfangs hatte ich dem Gewicht zuliebe nur ein großes Reisehandtuch dabei. Später habe ich noch ein kleineres geschenkt bekommen und war mit dieser Kombination deutlich zufriedener.

So musste ich nicht immer das große mit mir herumtragen, wenn ich nur zum Zähneputzen gehen wollte und hatte immer eine trockene Alternative, wenn das große nach dem Strandbesuch noch feucht war.

Bei der Wahl der Handtücher hat mich auch erst das Testen und die Erfahrung zu den Handtüchern gebracht, die ich nun nicht mehr missen möchte. Die typischen Reisehandtücher haben mich immer ein wenig an Fensterleder erinnert.

Viele mag das nicht stören, aber als Frotteeliebhaber gefallen mir meine jetzigen Tropicare Reisehandtücher deutlich besser.

Sie sind so leicht wie die üblichen Reisehandtücher (Frottee ist vor allem nass sehr schwer und trocknet nicht ganz so schnell), sind in vielen verschiedenen Größen zu haben, dünn, saugfähig und dabei um einiges kuscheliger. Und dass sie in nettem Hellblau daherkommen, ist ja nun auch nicht unbedingt von Nachteil.

Gegen Ende meiner letzten Reise kam ich dann wieder durch die Spende einer Reisenden zur Großversion der "Fensterleder"-Variante. Danach musste ich feststellen, dass es einen Vorteil bringt, eben dieses zum Strand mitzunehmen, da sie den Sand nicht so stark aufnehmen.

Mein Fazit:

Ein mittelgroßes Reisehandtuch der üblichen Variante (falls Strandbesuche in Deiner Reiseroute inbegriffen sind, sonst in klein) und ein großes flauschiges Reisehandtuch. Dann musst Du Dir auch keine Sorgen darum machen, wenn eines mal schmutzig geworden ist und Du nicht sofort zum Waschen kommst.

Beide können dank ihres Netzsäckchens auf kleinstes Format komprimiert werden und passen wunderbar in Ecken oder Stauräume des Rucksacks.

Für kaltes oder nasses Klima

Fleecepullover/Fleecejacke (insgesamt 1x)

Für mich ein absolutes Muss, daher steht dieser Punkt auch an erster Stelle. Kein Kleidungsstück habe ich öfter getragen, gewaschen und so innig geliebt wie dieses. Fleece hat kaum Gewicht, man kann es knäueln so sehr man möchte, es bleibt knitterfrei und nichts anderes wärmt so gut.

Zum Glück gibt es noch dazu sehr modische Varianten, sodass man den Fleecepullover oder die Fleecejacke auch für alle Zwecke nutzen kann.

Hier möchte ich Dir mitgeben, dass ich persönlich in diesem Punkt immer mit der billigen Variante gegangen bin.

Ich bin der Meinung, dass Fleece so oder so nach einigen Wäschen etwas fusselt oder uneben wird und habe (leider) da weder bei teuren Markenstücken, noch bei der 20€-Version einen Unterschied feststellen können.

Zusätzlich sind in vielen Ländern die Waschmaschinen sowieso wie Fleischwölfe für Kleidungsstücke. Da würde es mir fast körperliche Schmerzen bereiten, dem ein teures Kleidungsstück auszusetzen.

Regenjacke

Selbst in tropischen, warmen Gegenden unabdingbar!

Natürlich gibt es Reiseziele und Reisezeiten, in denen Regen so gut wie nie vorkommt, dann kannst Du sie getrost zu Hause lassen.

In allen anderen Fällen such Dir eine gut passende und qualitativ hochwertige Regenjacke. Informiere Dich gut, teste ein paar und wähle die Beste. Denn wenn Du Glück hast, wird sie Dir auf viele Jahre gute Dienste leisten.

Bei diesem Punkt war ich deswegen auch gewillt, ein wenig mehr Budget einzuplanen und würde meinen Jack Wolfskin Paradise Hill Regenparka nicht wieder hergeben. Dank der Haltbarkeit und ihrer robusten Verarbeitung ist das ähnlich wie bei meinem Rucksack wohl auch nicht nötig!

Worauf Du neben der Verarbeitung achten solltest, ist ihr Gewicht, ihre Farbe (wähle nicht unbedingt helle Farben, die verschmutzen zu schnell) und ihre Winddichte. So kannst Du sie auch zum Kälteschutz in windigen Gegenden tragen.

Regenhose

Ob Du eine Regenhose brauchst oder nicht, kommt sehr darauf an, wo und in welchem Wetter Du reist. Für normale, verregnete Tage halte ich sie nicht unbedingt für nötig.

Im Regenwald, wo es sehr nass und schlammig werden kann, schützt sie nicht nur vor Regen, sondern auch Deine Kleidung. Die Regenhose kannst Du leicht in der Dusche reinigen, ohne sie direkt in die Waschmaschine schmeißen zu müssen.

Bist Du in heißen Regionen unterwegs, achte auf einen luftigen Netzstoff im Innenteil. Ist es kalt, kann ein wärmender Innenstoff viel bewirken.

Ich hatte meine Regenhose in Australien immer dabei. Zwar habe ich sie selten genutzt, aber in den wenigen Momenten, in denen ich sie gebraucht habe, war ich sehr dankbar sie nicht zu Hause gelassen zu haben.

In Südostasien habe ich sie dann zurück nach Hause geschickt und auch nicht mehr vermisst. Dort wäre es viel zu warm dafür gewesen und bei solchen Temperaturen stört Dich Regen an den Beinen sowieso nicht wirklich.

Langarmshirts (2-3x)

Ein absolutes Muss für das wärmende Zwiebelprinzip und in diesem Zusammenhang unschlagbar! Wähle einen leichten, dünnen aber wärmenden Stoff, wie zum Beispiel Baumwolle. So kannst Du sie modisch aufgepeppt auch unter T-Shirts tragen und unter jedem Pullover.

Bedenke dann in diesem Zusammenhang bei der Farbwahl auch, dass sie zu Deinen restlichen Kleidungstücken passen sollten.

Wollsocken (1- max. 2x)

Oh so wertvoll! Ich liebe meine Damen Wandersocken von Falke heiß und innig und trage ein Paar meiner allerersten sogar heute noch. Hier lohnt es sich ebenfalls, gute Qualität zu kaufen und ein paar Euros mehr dafür auszugeben.

Meine Wandersocken sind nun schon drei Jahre alt und wurden viel getragen, aber außer ein wenig fusseligem Aussehen sind sie immer noch sehr gut erhalten.

Achte auf Verstärkungen an den richtigen Stellen (vor allem in Wanderschuhen sehr ratsam) und der richtigen Zusammensetzung der Wolle, damit sie atmungsaktiv sind, nicht anfangen zu stinken und die Feuchtigkeit nach aussen ableiten.

Ihre weiteren Vorteile? Sie trocknen nach dem Waschen unschlagbar schnell, sind super leicht und lassen sich gut in den Schuhen versteckt transportieren!

Solltest Du viele Wandertouren einplanen, nimm ein Paar dünnere und ein Paar dickere Socken mit. So kannst Du ein über den anderen Tag die Socken waschen und wechseln. Und Du kannst Dir normale Socken fast ganz sparen.

Falls Du Dich fragst, ob Du diese Socken abgesehen vom Wandern überhaupt brauchst, gib mir einen Moment, dazu kommen wir gleich!

Lange Hosen (max. 2x)

Darüber werden allzu häufig Diskussionen losgetreten: Zipp-Hosen ja oder nein? Jeans ja oder nein?

Ich hatte anfangs zwei Trekking-Hosen dabei, die beide neutral genug aussahen um auch als Alltagshosen durchzugehen. Zipp-Hosen kamen bei mir aus Eitelkeit noch nie in Frage und auch die Nützlichkeit hat sich mir nie so ganz erschlossen. Aber das ist Ansichts- und Geschmacksache und bleibt völlig Dir überlassen.

Falls es wirklich sehr kalt ist, pack eine zusätzliche Leggins ein. Die lässt sich gut unter der Hose tragen und gibt noch zusätzliche Wärme.

Nach einigen Monaten des Reisens habe ich bei einem mehrmonatigen Aufenthalt in Adelaide doch eine der Stoffhosen durch eine Jeans ersetzt.

Sie war aus leichtem Stretchstoff und somit kein absolutes No-Go durch ihr Packgewicht. Aber eine Jeans war einfach etwas, was ich nach einem dreiviertel Jahr auf Reisen sehr vermisst habe.

Wenn Du also ein absoluter Jeansliebhaber bist, dann pack sie ein!

Schließlich solltest Du Dich auf Deiner Reise wohlfühlen und nichts ist so anpassungsfähig, was das Outfit angeht, wie eine Jeans. Sie sieht einfach immer gut aus!

Für heißes oder feuchtes Klima

Kurze Hosen/Shorts (2-3x, je nach Rockanzahl)

Auch hier finde ich es schwer, eine Anzahl abzuschätzen. Ich behandle Röcke und kurze Hosen gleichberechtigt, also habe ich in warmem Klima insgesamt maximal drei dabei und bin damit bisher immer gut gefahren.

Sie sollten alle gut abstimmbar mit Deinen Oberteilen sein, bequem und flexibel. Und vor allem Knittern vertragen können!

Sonnenhut (1x)

Unersetzlich in sehr heißen Gebieten mit praller Sonne den ganzen Tag über. Gemeinsam mit einer Sonnenbrille. Hier musst Du einfach selbst herausfinden, was Dir gefällt, wie er aussehen und beschaffen sein soll.

Ich kann Dir nur empfehlen einen luftigen Stoff mit Schirm und einer pflegeleichten Farbe zu wählen. Mein erster weißer Hut hatte einiges auszuhalten und ist nicht immer als Sieger hervorgegangen. Davon kann ich also nur abraten!

T-Shirts/Träger-Tops

Wie gesagt, die Anzahl kannst nur Du selbst bestimmen, aber ich würde nicht mehr als 4-5 davon mitnehmen. Mittlerweile würde ich auch keine eng anliegenden Tops mehr einpacken. Spätestens in sehr heißen Gegenden kleben sie wie eine zweite Haut an Dir und sehen mit Schweißflecken nicht mehr besonders hübsch aus.

Baumwolle ist der Stoff der Wahl und schwarze Shirts zeigen am wenigsten die Schweißflecken. Dabei kannst Du mit bunten Mustern und Aufdrucken wieder tricksen, um nicht zu öde auszusehen.

In Australien habe ich anfangs T-Shirts mit kurzen Ärmeln bevorzugt, um mich langsam an die australische Sonne zu gewöhnen. Später bin ich damit dann mutiger geworden. Wenn Du hellhäutig bist, kann ich Dir trotzdem nur raten, es nicht gleich zu übertreiben. Gerade T-Shirts und Tops kannst Du auch später noch sehr günstig gegen Träger-Shirts und Tank-Tops ersetzen.

Bikini/Badeanzug (max. 2x)

Er muss gut passen, viel aushalten können und Du musst Dich wohl darin fühlen! Mehr gibt es dazu eigentlich schon nicht mehr zu sagen. Bist Du nur ab und an mal in Strandnähe, sollte einer auch schon ausreichen.

Für Busfahrten, Zugreisen & Flüge

Solltest Du eine dieser Transportarten nutzen (und ich gehe stark davon aus), dann solltest Du unter Umständen auf stark unterkühlte Stunden gefasst sein. Die Klimaanlagen laufen darin oft auf Hochtouren!

Deshalb ist es nie verkehrt, Wollsocken, eine dünne lange Hose, eine Jacke oder einen Fleecepullover dabeizuhaben. Ich bin schon zu oft am nächsten Tag mit Halsschmerzen oder Schnupfen aufgewacht nach einer langen Fahrt im australischen Zug, dem thailändischen Bus oder einem Überseeflug.

Was den Punkt Flüge angeht: Behalte auch immer im Hinterkopf, wohin Du zurückfliegst und vor allem wann! Im Januar in Deutschland anzukommen, kann mit Sommergepäck ziemlich übel sein.

Also pack auch bei einer Tropenreise entweder Zwiebelschichten ein oder lass Dich am Flughafen mit entsprechend warmer Kleidung abholen!

Für den Ausgehabend

Schickes Kleid/schicker Rock (insgesamt max. 1x)

Etwas, das ich auf Reisen schmerzlich vermisst habe und mir nach wenigen Monaten wieder günstig in einem Billig-Shop angeeignet habe. Gerade das ist aber auch etwas, das Du gut und günstig unterwegs erstehen kannst. Hier also die Empfehlung, ein Kleid früher oder später zur Rucksackgarderobe hinzuzufügen, statt es von Anfang an ohne guten Grund mitzuschleppen.

Versteh mich nun aber nicht falsch, damit ist nicht die Gold-und-Glitzer-Version gemeint! Am besten ein wandelbares Kleid, das Du tagsüber und abends tragen kannst und ein Rock, der zu so gut wie all Deinen Oberteilen passt.

Für mich ist das nun ebenfalls ein absolutes Muss, dachte ich doch ursprünglich, ich könnte darauf verzichten. Ich bin nicht der Party-Typ und gehe auch eher selten in Pubs oder Bars, aber mit der richtigen Gesellschaft möchtest Du doch den einen oder anderen Abend mal ausgehen und spätestens dann sind FlipFlops und Jeans-Shorts eben nicht unbedingt die Favoriten der Abendkleidung.

Dünne Strickjacke oder Ähnliches

Nicht nur zum Weggehen ist dieses Utensil nützlich! Auch als Pullovererersatz und zum Zwiebelschicht-Einsatz ist sie sehr praktisch. In schwarz ist sie dann auch ein unschlagbares Accessoire für den Abend!

Für den Job

Der wohl kniffligste Teil. Falls Du schon genau weißt, welchen Job Du in welcher Zeit haben wirst, kannst Du Dich auch dementsprechend gut vorbereiten und die passende Kleidung zusätzlich einpacken. Sparsam! Abgenutztes kannst Du im Reiseland ersetzen. Das ist einfacher, als fünf verschiedene Kombinationen mit Dir herumzuschleppen.

Solltest Du nur vorhaben, zu arbeiten und bist Dir noch nicht sicher welche Art von Job auf Dich zukommt, dann möchte ich Dir dringend empfehlen, Dich erst einzukleiden, wenn Du einen Job sicher hast.

Vielleicht gibt es aber Kleidungsregeln oder Dir wird Kleidung gestellt?! Darauf kannst Du Dich dann am besten vor Ort einrichten. Vor allem bei zeitlich begrenzten Jobs reicht es vollkommen, billige Kleidungsstücke zu kaufen, die nicht lange halten müssen und die Du danach guten Gewissens einfach wieder entsorgen kannst.

Ausnahme hier:

Sollte Fruitpicking für Dich in Frage kommen, solltest Du feste Wanderschuhe einplanen, die könnten sonst ein teures Loch in Deine Reisekasse reißen!

Die Quintessenz

So oder so wirst Du feststellen, dass, je länger Deine Reise andauert und je mehr Klimazonen Du durchreist, desto mehr findet ein Wechsel der Dinge stattfindet die Du benötigst.

Kein Problem! Nutz einfach in einem Land, indem das Porto günstig ist (Malaysia zum Beispiel), die Gelegenheit und schicke Dinge, die zu gut oder zu teuer zum Verschenken oder Entsorgen sind, nach Hause.

Natürlich nur, wenn Du sicher bist, sie nicht zu einem späteren Zeitpunkt noch zu brauchen.

Packen für kalte Reiseziele

Generell geht es dabei eigentlich nur darum, die grundsätzliche Packliste um ein paar Dinge zu ergänzen und etwas anzupassen.

Da ich selbst meine letzte Reise im Herbst und in Irland und Schottland gestartet habe, stand ich vor dem gleichen Problem und habe mir ein paar Tricks einfallen lassen.

Warmer Körper!

Das Wichtigste zuerst: Je mehr Du frierst, desto schneller wirst Du krank! Und wann kannst Du es am wenigsten gebrauchen, krank zu werden? Wenn Du auf Reisen bist!

Daher habe ich mir die Fleecejacke, die ja sowieso auf der Kleidungs-Packliste stand, auch danach ausgesucht, wie gut sie mich warm hält. Jaja, Fleece hält immer warm, aber Du kannst dabei noch auf ein paar Extras achten:

- Ärmel, die die Handgelenke einschließen - Du weiß schon was ich meine... Die Daumen-durch-die-Löcher-Verlängerung!
- Eine Länge, die auch den Allerwertesten mit einschließt - Kurz mag modern sein und den Po gut aussehen lassen, aber in der Kälte gibt es nichts Schlimmeres als einen kalten Ar... ähem. Du weißt schon.
- Ein Stehkragen, der den Hals warm hält und vor Wind schützt - Das ist definitiv in, sieht gut aus und ersetzt damit auch gleich den Schal im Gepäck!
- Eine integrierte Mütze - Gold wert! Aus Fleece wärmt sie noch viel besser als eine Wollmütze und ist in Kombination mit der Kapuze Deiner Regenjacke der beste Wärmeschutz

Wenn Du die richtige Fleecejacke für Dich gefunden hast, ist schon die Hälfte getan!

Nun gibt es nur noch einen weiteren Extra-Tipp:

Das Zwiebelprinzip!

Gerade, wenn Du wie ich durch verschiedene Klimazonen reisen willst, kannst Du es Dir nicht leisten, für jede einzelne eigene Kleidung dabeizuhaben, die nur in ihrer jeweiligen Temperaturkurve genutzt wird.

Deshalb pack am besten kombinierbare Oberteile ein, die Du auch übereinander tragen kannst: Trägertops fürs Warme, die auch im Kalten als Unterschicht herhalten.

Langarmshirts, die an kühleren Abenden im Warmen, aber auch an kalten Tagen als zweite Lage getragen werden können. Beides idealerweise aus Baumwolle und einfarbig, dann sind sie besser kombinierbar!

Achte darauf, dass generell alles farblich gut zueinander passt und variabel kombinierbar ist, denn sonst stehst Du am Ende doch nur vor Deinem Rucksack (wie früher vor dem Kleiderschrank) und ärgerst Dich, dass Du nichts zum Anziehen hast!

Und nun mein absoluter Geheimtipp für kalte Zonen…

Vor kurzem habe ich eine ganz absurde Version der warmen Kleidung für mich entdeckt: Röcke!

Ich sehe schon die Runzelfalten, die gerade auf Deiner Stirn entstanden sind. Nein, ich habe noch nicht den Verstand verloren.

Die Röcke an sich sind dabei auch nicht der Punkt, sondern viel eher was mich dazu gebracht, hat sie zu tragen. Auf der Suche nach einer warmen

Strumpfhose für kältere Tage bin ich im Herbst über die Thermostrumpfhose bei dm (dem Drogeriemarkt) gestolpert und bin seitdem deren größter Fan!

Sie halten unglaublich warm und sind aus meinem Gepäck nicht mehr wegzudenken!

Das verstößt auch nicht gegen meine Packregel, denn sie ersetzen einfach die Leggins, sind sogar leichter, winddicht und wärmer, da sie innen flauschig angeraut sind.

Die perfekte Lage unter Röcke und Hosen! Noch dazu schließen sie logischerweise auch die Füße mit ein und ich brauche zusätzlich keine normalen Socken.

Auch wieder eine perfekte Ergänzung, denn so kannst Du die Röcke, die Du für die warmen Regionen eingepackt hast, auch ohne Probleme im Kalten tragen!

Kleiner Tipp am Rande: Ich wasche die Strumpfhosen immer per Hand im Waschbecken, damit sie länger halten und in der Waschmaschine keine Fusseln entwickeln.

Warme Füße!

Ich weiß nicht, wie es Dir geht, aber dies ist für mich der wichtigste Faktor! Ich schaffe es, selbst bei 25°C kalte Füße zu bekommen und dann - man glaubt es kaum - zu frieren!

Das führt dann dazu, dass ich bei 10°C Aussentemperatur bereits aussehe wie eine Murmel, dick eingepackt und vermummt.

Auch an den Füßen kannst Du das Zwiebelprinzip anwenden:

- Die warme Strumpfhose bildet die erste Schicht.
- Wird es richtig kalt, trag noch ein paar dicke Socken darüber, die extra

darauf ausgelegt sind, Schwitzfüße auszuhalten und trotz grausamer Toploader-Waschmaschinen lange zu halten

- Pack leichte, flache, knöchelhohe Stiefelletten, aus glattem, abwaschbarem Material ein - Flach, um gut darin laufen zu können, knöchelhoch, um Wind und Regen abzuhalten, glatt und abwaschbar aus demselben Grund.

  Ich suche mir meist schwarze oder graue, damit sie zu allem passen. Idealerweise im derzeitigen Faltenlook, damit es nicht auffällt, wenn ich sie in meinem Gepäck etwas knautschen muss.

  Auch wenn es verlockend ist, gefütterten Stiefeletten nachzugeben, denk wieder daran, dass Du ungefütterte Schuhe auch in anderen Klimazonen tragen kannst! Außerdem wirst Du mit den dicken Socken keine weitere Fütterung brauchen.

Ein warmer Kopf macht einen warmen Körper!

Nachdem Du Dir hoffentlich schon eine Fleecejacke mit Kapuze gesucht hast, ist der wichtigste Schritt getan.

Andernfalls pack eine wärmende (aber leichte!) Wollmütze ein und achte darauf, dass sie zumindest an den Ohren winddicht und innen evtl. mit Fleece verstärkt ist.

Über den Kopf verlieren wir die meiste Wärme, auch wenn es uns nicht immer bewusst ist, also solltest Du hierauf wirklich Wert legen!

An windigen Tagen lohnt es sich also, Mütze und Kapuze Deiner Regenjacke übereinander gut verschlossen zu tragen und Du wirst Dich wundern, wie viel wärmer Dir sofort wird.

Trocken bleiben!

Ich habe sie schon ein paar Mal erwähnt, hier nun näher dazu:

Deine Regenjacke!

An diesem Kleidungsstück solltest Du nicht sparen! Du wirst es bloß irgendwann bereuen und dann vielleicht gezwungen sein, an Deinem Reiseziel noch einmal neu zu suchen und wahrscheinlich viel mehr Geld auszugeben, als nötig gewesen wäre.

Ich kann Dir daher nur zu einem Markenprodukt raten. Normalerweise gebe ich nicht viel auf Namen, aber hierbei steht es (oftmals) für gute und haltbare Qualität.

Mittlerweile gibt es auch viele Damenmodelle, die ihren Namen verdienen. Sie sehen nicht mehr so plump und unförmig aus, haben schöne Farben und nette Schnitte, die sie fast als normale Jacke durchgehen lassen.

Ich habe meine Regenjacke vor Beginn der letzten Reise gewechselt: Mit meiner ursprünglichen Regenjacke von Northface, dem Standardmodell, das ich an jedem zweiten Backpacker wiedergesehen habe, war ich eigentlich sehr zufrieden. Mit dem kleinen Haken dass sie a) jeder getragen hat und b) eben auch wie eine Regenjacke aussah.

Ich persönlich halte auch nichts mehr von den zweiteiligen Jacken, in denen die innere Fleecejacke abtrennbar und separat tragbar ist. Die habe ich früher auch genutzt, aber dafür bin ich heute einfach zu eitel. Aber das steht jedem selbst frei und ist wieder absolute Geschmacksache! Nützlich und praktisch ist es auf jeden Fall!

Diese Punkte der Optik mögen viele nicht stören, aber ich komme langsam an den Punkt, an dem ich nicht immer und überall aussehen möchte wie, nun ja, ein Backpacker eben.

Deshalb habe ich dieses Mal nach einer Jacke gesucht, die ihren Zweck voll erfüllt und dabei trotzdem noch relativ neutral wirkt. Beides findest Du bei den leicht tailliert geschnittenen Damenmodellen.

Sie sollte zudem noch etwas länger geschnitten sein als die meisten Jacken (was sich ideal mit der Fleecejacke deckt). Vier Seitentaschen runden die Regenjacke dann ab: Genug, um zwei zu füllen und noch zwei für die Hände freizuhaben.

Der wichtigste Punkt sollte natürlich sein, dass sie Regen und Wind auch bei härtesten Bedingungen abhält!

Wenn sie dann noch dazu in einer dezenten Farbe und mit einem leichten Muster versehen ist, verträgt sie auch mal ein wenig Schmutz, ohne dass es gleich auffällt.

Backpacker & modischer Stil: Kein Widerspruch in sich!

Als ich das erste Mal eine Weltreise gestartet habe, war ich das Vorzeigebeispiel eines deutschen Backpackers. Supereffizient ausgestattet, alles bis ins Detail geplant und meine Kleidung schrie schon aus fünf Metern Entfernung nach Outdoor.

Sechs Monate später saß ich in Indonesien in einem Restaurant mit Liegekissen im Freien und einem Banana-Lassi in der Hand und beobachtete ein Pärchen, das an mir vorbei lief.

Offensichtlich deutsch, waren sie genauso ausgestattet wie ich zu Beginn, allerdings mit den i-Tüpfelchen Zipp-off-Hose und Bauchgürteltasche. Und ich musste herzlich schmunzeln. Bei mir war vom anfänglichen Backpacker-Aussehen nicht mehr so viel übrig.

Wenn Du das erste Mal in die große weite Welt ziehst, möchtest Du nichts falsch machen. Du möchtest gut vorbereitet sein und Dich unterwegs nicht ärgern müssen, dieses oder jenes nicht bedacht zu haben. Völlig richtig!

Damit es Dir aber nicht so geht wie mir und Du Dich nach vier Wochen on the road nicht mehr im Spiegel sehen kannst, weil Dir Deine tolle funktionelle Kleidung, die Sonnenbrände, Blasen, Insektenstiche und Hitzschläge vermeidet, das Image eines Neutrums verleiht, hier ein paar Tipps, wie Du funktionell und stylisch miteinander kombinieren kannst:

Spitzentops statt schlichten Trägertops

Trägertops sind die ideale Reisekleidung für warme Orte und die perfekte erste Schicht in kälteren Zonen.

Ich bevorzuge die locker-luftigen Varianten vor den engeren. Erstens ist das

Essen unterwegs oft so gut, dass man schnell an mir sieht, wie gut es ist und zweitens bist Du vor allem in tropischen Gegenden froh um jeden Lufthauch der an Deine Haut kommt.

Damit es aber in meiner Standard-Backpacker-Garderobe nicht so langweilig wird, habe ich vor ein paar Jahren Trägertops mit Spitzenträgern für mich entdeckt. Es gibt sie in allen möglichen Varianten und in allen möglichen Geschäften.

Zusätzlicher Vorteil:

Wenn Du abends mal ein wenig schicker aussehen möchtest, sieht die Spitze unter einem recht langweiligen Oberteil immer gut aus und macht das Gesamtoutfit etwas ausgehtauglicher.

Trotzdem achte ich immer darauf, wo ich gerade bin.

In muslimischen Ländern solltest Du Dich aus Respekt und Höflichkeit so dezent wie möglich kleiden und Spitze sieht da auch schnell mal wie hervorschauende Unterwäsche aus, womit Du Dich eventuell nicht so beliebt machst, oder eben umso mehr.

Röcke statt kurze Hosen

Kurze Hosen können toll aussehen. Oder eben nicht.

Ich habe auf Reisen, vor allem als Backpacker in Australien, schnell die Röcke für mich entdeckt und lieben gelernt. Es gibt so viele verschiedene Formen, dass Du wahrscheinlich niemals denselben Stil zweimal im Leben tragen müsstest, selbst wenn Du Deine Röcke monatlich wechselst.

Sie sind luftig, können aber auch sehr gut mit Strumpfhosen darunter getragen werden (also quasi für jedes Wetter geeignet) und können je nach Länge auch sehr dezent und vor allem in muslimischen Ländern sehr gut getragen werden.

Ob Du nun stylische kurze Hosen (vor allem kurze Jeansshorts passen zu allem und sehen so gut wie immer gut aus) oder Röcke bevorzugst, ist völlig Dir überlassen. Aber auf zu kurze Varianten solltest Du vielleicht verzichten. Ich hoffe, ich muss Dir nicht erklären warum.

Farblich aufeinander abgestimmt statt Tarn- & Neonfarben

Ich bin fast pedantisch, was das angeht und oft ist sogar meine Unterwäsche farblich auf mein Outfit abgestimmt (jeder hat so seinen Spleen, oder?).

Mein Top-Tip Nummer 1 ist daher:

Wenn Du kannst, passe Deine Kleidung farblich aufeinander ab. Das ist schon die halbe Miete, wenn es darum geht, modisch auf Reisen auszuschauen.

Such Dir vor Deinem Reisebeginn eine oder maximal zwei Grundfarben aus und versuche, möglichst alle Kleidungsstücke darauf variabel auszurichten.

Schwarz oder grau eignen sich meist am besten als Grundfarben und ich habe festgestellt, dass ich dazu neige, noch eine Pastellfarbe in meine Backpacker-Garderobe zu schmuggeln, die sich dann wie ein roter Faden durchzieht.

Auf meiner ersten Reise war es anfangs lila, wechselte später zu coral und momentan ist es ein helles mintgrün. Generell sind Pastellfarben ideal zum Kombinieren, weil sie sich in den seltensten Fällen beißen.

Welche Farben Du letztendlich auswählst und welche Dir gefallen, ist relativ egal. Wichtig ist nur, dass Du nicht zu viele verschiedene wählst, sodass Du am Ende entweder überhaupt nicht mehr kombinieren kannst, zehn verschiedene Einzeloutfits im Rucksack hast oder aussiehst wie ein bunter Hund.

Asymmetrische Schnitte statt Basics

Damit spiele ich am liebsten. Seit ein paar Jahren ist Asymmetrie in Mode und ich liebe es. Ich bin nicht unbedingt ein Stylingguru, aber asymmetrische Fleecejacken, Strickjacken oder leichte Pullover finde ich super und sie peppen die Outfits enorm auf.

Gerade beim Reisen, wenn die meisten Stücke schon nach Flexibilität und danach, ob sie praktisch sind, ausgewählt werden, ist es toll, da kleine Highlights einbauen zu können.

Da reicht es schon mal, wenn der Reißverschluss der Jacke links statt in der Mitte ist oder die Fleecejacke einen übergroßen Schalkragen hat (ersetzt den Schal im Gepäck!)

Thai-Hosen statt praktischen Outdoorhosen

Solltest Du die Gelegenheit haben, Dich im asiatischen Raum mit einer dieser Hosen auszustatten - auf jeden Fall! Sie sind für mich die ideale Reisebekleidung! Auch wenn ich bis heute nicht darüber hinwegkomme, dass manche Backpacker sie tatsächlich auch über einer Jeans tragen. Das käme für mich dann - trotz aller Thai-Hosen-Liebe - nicht in Frage.

Für alle anderen Gelegenheiten sind sie ideal und noch dazu in Puncto "praktisch" nicht zu überbieten:

Sie sind luftig, leicht, lang (also dezent), halten Moskitos ab, vermeiden Sonnenbrand und sind in allen Farben, Mustern und Schnitten zu haben. Für mich die eierlegende Wollmilchsau der stylischen Reisekleidung für Backpacker!

Einziger Nachteil? Je nachdem, wo Du Dich gerade befindest, trägt sie jeder. Wirklich jeder. Aber gut, so fördert sie auch gleich das Zusammengehörigkeitsgefühl unter Backpackern, oder?

Ich beschäftige mich auf Reisen sehr wenig mit meiner Mode und meinen Kleidungsstücken, denn letztendlich bleibe ich doch im Kern eher die Backpackerin. Ich bin auf Reisen unterwegs und gebe nicht zu viel auf mein Aussehen, auch wenn das gerade in diesem Abschnitt anders wirken mag.

Eigentlich kümmere ich mich unterwegs nur um meine Kleidungsstücke, wenn ich eines ersetzen muss.

Deshalb wähle ich vor dem Reisestart dafür umso sorgfältiger aus. Ich möchte, dass die wenigen Dinge, die ich dabei habe und so häufig trage nicht nur ihren Zweck erfüllen, sondern wenn möglich auch nicht wie Sackmode aussehen oder eben nach offensichtlichem Backpacker-Stil (und das ist nicht abwertend gemeint).

Trotzdem frage ich mich bei jedem einzelnen Stück, egal, wie gut es mir gefällt:

- Ist es langlebig genug? Oder wenigstens leicht und günstig zu ersetzen, falls nicht?

- Ist es leicht genug oder eher Ballast?

- Ist es für mich als Reisende flexibel genug?
  Kann ich es beim Hiking wie auch beim Städtetrip tragen?

- Ist es für verschiedene Klimazonen geeignet und im Zwiebellook nutzbar?

Diese Fragen solltest Du Dir merken und danach jedes einzelne Stück, das in Deinen Rucksack wandert, bewerten.

Es ist nicht immer leicht, aber wenn Du für eines genug Zeit hast, dann doch für die Vorbereitung Deiner Reisegarderobe, oder?

Die leidige Frage der Schuhwahl

Das größte Problem einer typischen Frau beim Packen ist das Thema Schuhe! Jede, die nun vehement widerspricht, mogelt entweder oder ist zu beneiden.

Egal, wie sehr ich mich anstrenge, beim Packen in der Vorbereitung auf eine Reise fällt mir die Schuhauswahl oft am schwersten.

Ballerinas

Meine liebsten Schuhe für jede Gelegenheit. Ich habe sogar mal versucht, im Winter damit gegen die stetige Kälte zu demonstrieren, aber damit ist diese Frage leicht zu beantworten: In kalten Regionen sind sie nicht zu empfehlen!

Bei jedem anderen Wetter abgesehen von Schnee und Eis sind sie die absoluten Favoriten.

Du kannst sie abends im Pub, tagsüber beim Stadtbummel (flache Schuhe lassen Deine Füße eben einfach länger durchhalten) und sogar auf dem Weg zum Strand problemlos tragen.

In glattem grauem oder schwarzem Material sind sie dazu super pflegeleicht und passen zu so gut wie allen Deiner Kleidungsstücke.

Mittlerweile gibt es sie sogar in faltbarer Version! Was könnte es Dir beim Reisen noch einfacher machen?

Flip Flops oder leichte Sandalen

Beide sind unverzichtbar in warmen Ländern! Aber trotzdem solltest Du Dich für ein Paar der Beiden entscheiden, denn wenn wir mal ehrlich sind, das ist auch ausreichend.

Flip Flops haben ein paar unschlagbare Vorteile: Sie sind meist spottbillig, in sämtlichen Farben des Regenbogens erhältlich (was die Auswahl allerdings schon wieder erschwert und zum Kaufrausch einlädt) und superleicht!

Trotzdem solltest Du bedenken, dass die Billigsten sind meist auch die Unbequemsten sind! Vielleicht nicht sofort, aber gerade auf einer Reise trägst Du Flip Flops schon mal, bis sie auseinander fallen und dann sollten sie doch wenigstens bequem sein.

Hier müssen wir auch kurz noch einen weiteren Faktor berücksichtigen:

Die Duschfrage:

Mit oder ohne Schuhe?

Nicht alle Hostels sind so reinlich, wie Du das vielleicht gerne hättest, also hätten ein Paar Billig-FlipFlops schon allein dafür ihre Berechtigung im Rucksack gewonnen!

Sandalen haben den Vorteil, dass Du sie, sollten es nicht unbedingt Trekking Sandalen sein, auch mal in einem Pub tragen kannst, ohne wegen deiner Schuhauswahl abgewiesen zu werden.

Ich habe seit Jahren auf meinen Reisen Sandalen von Ipanema dabei und bin immer noch restlos begeistert!

Zum Einen, weil sie für Frauen mit kleinen Füßen gemacht sind und zum Anderen, weil sie je nach Modell ziemlich schick und immer superbequem daherkommen. Noch dazu halten sie auch wirklich härteste Bedingungen über Monate aus, ohne zu zerfallen.

Wanderschuhe

Hier wird es für uns Frauen schon mal knifflig. Die Eitelkeit hat mich mehr als einmal daran gehindert, auf Trekking-Touren meine sehr praktischen und sehr unhübschen Wanderschuhe zu tragen. Allerdings haben sie unschlagbare Vorteile:

Sie können so schmutzig werden, wie sie wollen, es macht sie nur umso cooler.

Denn was sagt ein Wanderschuh aus, der mit Schlamm oder dem Staub roter Erde behaftet ist? Das Du an richtig coolen Orten unterwegs warst, mit Sicherheit nur knapp dem Tod im Regenwald entkommen bist und mit mindestens einer tödlichen Schlange gekämpft hast!

Mal ehrlich, auch wenn es vielleicht nicht ganz das totale Kick-Ass-Image ausstrahlt, auf jeden Fall lässt es dich wie ein richtiges Outdoor-Girl dastehen!

Zum Anderen ist da der Sicherheits- und Vernunftfaktor. Nichts hält dich so gut und fest auf den Beinen wie ein gut passender und stabiler Wanderschuh. Er bewahrt Dich in unsicherem Terrain und schützt, wenn er hoch genug ist, vor umgeknickten Knöcheln und so manches Mal auch vor auf dem Boden krabbelnden Blutegeln (True Story!).

Wann solltest Du sie mitnehmen?

Wenn Du Hiking-Touren, Regenwald-Wanderungen und Wüsten-Trips planst. Und bei jeder anderen Outdoor-Aktivität, bei der Dich ihr unhübsches Aussehen nicht stört.

An Praktikabilität sind sie einfach nicht zu überbieten!

Kleiner Tipp am Rande:

Auch wenn Wanderschuhe in der Regel nicht gerade billig daherkommen, machen sie das in ihrer Haltbarkeit wieder wett. Und an alle Mädels mit kleinen Füßen: Seid nicht eitel, stöbert einfach mal in der Kinderabteilung vom Globetrotter! Dort gibt es meist Schuhe bis Größe 38, oft für den halben Preis und optisch nicht von ihren großen Schwestern zu unterscheiden!

Turnschuhe

Auch hier bin ich ein wenig zwiegespalten. Nach etwa acht Monaten meiner ersten Reise habe ich meine Wanderschuhe nach Hause geschickt und stattdessen meine Turnschuhe eingesetzt.

Der Vorteil?

Man schwitzt nicht ganz so stark in gut durchlüfteten Turnschuhen bei 40-45°C wie in Wanderschuhen, sie sehen eben nicht ganz so übel aus (ein Hoch auf die Eitelkeit) und sind in tollen Farben zu haben, abgesehen von den Erdfarben der Wanderschuh-Kollektion!

Der Nachteil?

Sie erfüllen keine der Kriterien eines Wanderschuhs. Und sehen im Staub roter Erde echt übel aus.

Auch wenn Du Dir das Gegenteil einreden kannst, sie sind dazu weder knöchelhoch und schützend, noch wirklich rutschfest in abwegigem Gelände. Von den Blutegeln will ich gar nicht erst anfangen... (Die freuen sich, wenn sie sich durch die gut durchlüftenden Netzstoffe zwängen können.)

Hier kommt die Entscheidung ob Turn- oder Wanderschuh, hauptsächlich auf die Art deines Trips an.

Wirst Du auf recht sicheren Wegen in sehr warmen Ländern wandern? Turnschuhe.

Könnte es nass, unwegsam oder schmutzig werden? Definitiv Wanderschuhe.

Mein Abschlussurteil für Dich!

Die wichtigsten Fragen hinsichtlich welcher Schuhe Du einpacken solltest:

- Wohin geht es?
- Wie lange bleibst Du?
- Erlaubt Dein Reisebudget, unterwegs neue Schuhe zu kaufen?
- Welche Arten von Aktivitäten könnten evtl. besonderes Schuhwerk verlangen?

Was Du auch tust, wohin Du auch fährst und auch wenn Du denkst, noch genug Platz im Rucksack zu haben, solltest Du von jeder Variante maximal ein Paar im Gepäck haben.

Denn auch wenn FlipFlops sehr leicht sind, Du wirst Dir sowieso mindestens ein zweites Paar noch auf Reisen kaufen!

Und alle anderen kannst Du unterwegs ersetzen, wenn es nötig ist. Aber Du solltest deinem Rücken den Gefallen tun und hier an der richtigen Stelle an Gewicht sparen.

Extras für Reisen in die Regenzeit

Ob das Reisen in der Regenzeit sinnvoll ist oder nicht, musst Du für Dich selbst entscheiden.

Wenn Du nur wenige Wochen zum Reisen hast und dabei nicht auf viel Sonnenschein verzichten möchtest, dann solltest Du vielleicht eher die Trockenzeit eines Landes bevorzugen.

Allerdings hat das Reisen in der Regenzeit den klaren Vorteil, dass die Unterkünfte weniger überlaufen sind, die Übernachtungskosten und auch spezielle Touren manchmal günstiger sind.

Aber Vorsicht: Wenn nicht genügend Anmeldungen bestehen, weil der Touristenstrom abgeflaut ist, kann es Dir passieren, dass Touren nicht stattfinden!

Regenzeit ist auch nicht gleich Regenzeit: Das Bild, das wir dabei von strömendem Dauerregen im Kopf haben, trifft lange nicht auf alle Regionen der Welt zu. Informiere Dich gut über Dein Reiseland und frag in Foren am besten Reisende, die dort schon gewesen sind, wie gut es tatsächlich zu bereisen ist.

Was brauchst Du an spezieller Ausrüstung für die Regenzeit?

Das Wichtigste vor allem anderen ist ein gutes Regen-Cape für Deinen Rucksack! Es sollte gut passen, leicht überziehbar (wenn es ganz plötzlich anfängt zu regnen, musst Du schnell sein können) und natürlich vor allem leicht sein!

Achte bei der Größe des Regencapes (ausgezeichnet durch das Litervolumen Deines Rucksacks) auch darauf, dass es auch dann noch passt, wenn Du ihn gnadenlos überfüllt hast oder im schlimmsten Fall sogar noch Dinge aussen anbringen möchtest (wovon ich Dir abrate, es verändert die Balance und macht den Rucksack schwerer, als er eigentlich ist).

Besonders bei der Deuter Traveller Reihe achte darauf, dass Dein kleiner Tagesrucksack, wenn er auf dem großen Rucksack angebracht ist, noch extra Stauraum des Regencapes frisst.

Schau Dir die Befestigung genau an! Musst Du ihn durch vier verschiedene Kordeln befestigen oder ist es ein praktischer Klick-Verschluss? Es mag nicht nur den Komfort deutlich verbessern, sondern auch die Geschwindigkeit, in der Du Deinen Rucksack vor Regen schützen kannst.

Bring das Regencape in einer kleinen Tasche irgendwo aussen an Deinem Rucksack unter, so dass es schnell griffbereit ist und nicht vergraben unter Lagen von Kleidung. Dort bringt es Dir im Ernstfall nämlich gar nichts mehr.

Das Regencape für den Tagesrucksack

Für all die Tagestouren durch den Regenwald oder die Zeit, in der Du unterwegs bist und nur den kleinen Rucksack dabei hast, lohnt sich auch die Anschaffung eines Regencapes. Zusammen mit einer guten Regenjacke, die zur Standardausrüstung gehören sollte, brauchst Du schon nichts anderes mehr.

Der Regenschirm

Einen Regenschirm empfehle ich Dir eigentlich nur in einem Fall: Wenn es so warm ist, dass es untragbar wäre, eine Regenjacke zu benutzen, weil Du darunter zerfließen würdest.

In jedem anderen Fall, ist er einfach nur Ballast im Rucksack und gehört damit definitiv zu Hause gelassen.

Deine Schuhe

Wenn Du viel Regen ausgesetzt sein wirst oder zumindest oft feuchtem und nassem Untergrund, solltest Du Deine Schuhe noch einmal auf zwei Eigenschaften prüfen:

Können sie nass und schmutzig werden, ohne Dich zu behindern?

Du solltest Schuhe auswählen, die sich nicht mit Wasser vollsaugen und dann Tage brauchen, um wieder zu trocknen. Nasse Füße sind ein Problem, wenn auch nicht ganz so schlimm in warmen Regionen, aber nasse Füße für drei Tage sind eine Plage.

Hättest Du trotz Nässe noch guten Halt in ihnen?

In meinen leichten Sandalen, die eher Flip Flops ähneln, schwimme ich schon bei normalem Regen weg und nicht selten wäre ich damit fast auf die Nase gefallen. Bei dauerhaftem oder viel Regen auf Deiner Reise solltest Du überlegen, ob Du Dir eher Sandalen mit Riemchen zulegst. Dann ist es gerade in heißen Ländern nicht schlimm, wenn Du nasse Füße hast, aber Du verlierst sie wenigstens nicht bei jeder Rutschpartie!

Drybags & Plastiktüten mit Zippverschluss

Für den hoffentlich unwahrscheinlichen Fall, dass Du nicht schnell genug das Regencape überwerfen kannst, Dein Rucksack im Freien vom Regen überrascht wird oder er zum Beispiel am Flughafen, Hafen oder Bus beim Einladen wortwörtlich im Regen stehen gelassen wird (ist mir zum Beispiel schon passiert), solltest Du in Deinem Gepäck noch einmal auf Nummer sicher gehen:

Pack all Dein wertvolles Hab und Gut (Dokumente, technische Utensilien, Medikamente...) in sogenannte Drybags (kleine wasserdichte Beutel) oder die kleineren Dinge in praktische Plastiktüten mit Zipp-Verschluss (sehr günstig in den Drogeriemärkten zu bekommen).

So brauchst Du Dir selbst bei einem nassen Rucksack zumindest darum keine Sorgen zu machen! (Der gleiche Tipp gilt übrigens auch bei Bootsfahrten, bei denen Dein Rucksack Gefahr läuft nass zu werden.)

Bleib minimalistisch!

Egal die wievielte Packliste ich mir erstelle, jedes Mal wandert doch wieder das eine oder andere unverdient in meinen Rucksack. Oft sind es genau diese Kleinigkeiten, die mir summiert das Reiseleben schwer machen und nicht in die Kategorie "Minimalistisch Reisen" fallen!

Desinfektionsmittel

Vielleicht sehr löblich wenn du es dabei hast, aber mal ganz ehrlich: Das hilft allenfalls im Kopf! Natürlich begegnest du überall Keimen und Bakterien, aber oft ist Händewaschen da schon weit mehr als die halbe Miete (lass es Dir von einer Krankenschwester gesagt sein) und das geht auch schon mit ein wenig Trinkwasser aus der Flasche, wenn gar nichts anderes da ist.

Letztendlich nutzt du es dann doch höchstens nach dem Toilettengang, dabei wäre es eigentlich vor den Mahlzeiten viel wichtiger. Aber da habe ich auf all den Reisen die Wenigsten ihr Fläschchen auspacken sehen.

Ich war nach wenigen Wochen einfach abgehärtet und konnte auch ohne Desinfektionsmittel mit den gängigen Hygieneregeln und ein wenig Vorsicht bei der Auswahl meiner Essenslieferanten alles essen oder aushalten. Sogar die Plumpsklos im tiefsten Outback!

Gürtel

In den meisten Fällen ist er doch ein Accessoire und somit unnützes Gewicht. Kauf Dir passende Hosen, die auch ohne Gürtel gut aussehen und Du kannst Dir dieses Stück schon sparen!

Regenschirm

Kann sehr gut durch eine gute Regenjacke und ein Cap mit Schild ersetzt werden! Und da es für große und auch kleine Rucksäcke mittlerweile tolle Regenschutzhüllen gibt, die ich Dir nur wärmstens ans Herz legen kann, ist auch Dein Gepäck gut geschützt.

Du wirst selten die Hände frei haben, um auch noch einen Regenschirm zu halten, Dein Rucksack wird meist zu umfangreich sein, um darunter zu verschwinden und zu 99% geht Dir Dein Regenschirm genau dann kaputt, wenn Du ihn am dringendsten brauchst.

Pyjama

Definitiv unnötig! Du kannst auf Reisen in so gut wie allem schlafen und fast jedes Kleidungsstück zum Schlafanzug umfunktionieren. Umgekehrt wirst Du wohl kaum eine Gelegenheit finden, bei der Du den Pyjama zweckentfremdet tragen kannst. Korrigiere mich gern, wenn ich mich da irre!

Schmuck

Ausgenommen einem absolutem Lieblingsstück, das Du auch so schon jeden Tag trägst, kann ich Dir davon nur abraten. Es ist zusätzliches Gewicht, was sich schnell summiert. Außerdem wird Dir unterwegs bestimmt das eine oder andere Paar Ohrringe oder eine schöne Kette in die Hände fallen und nichts eignet sich besser als Erinnerungsstück. Aber auch bei den dazu gekauften Schmuckstücken nicht übermütig werden!

Parfum

Wenn Du ein gut riechendes Deo benutzt, solltest Du hier die Gelegenheit wahrnehmen und Dir das Gewicht sparen. Ich habe anfangs ein kleines Parfumpröbchen dabeigehabt, das ich, bis es aufgebraucht war, für besondere

Gelegenheiten genutzt habe. Das sollte dann aber auch alles sein.

Schminke

Das wird noch einmal in der Packliste Deines Kulturbeutels ausführlich besprochen, aber so viel schon vorab: Zu viel Ballast, zu viel Kleinzeug, zu unnötig. Lass Dich da nicht zu sehr von der Eitelkeit (ver-)leiten!

Abschminkzeug

Hast Du Dir die Schminke gespart, fällt es Dir auch leicht, Dir das Gewicht eines Make-up Removers oder der Abschminktücher zu sparen. Ein sehr guter Punkt, um minimalistisch reisen zu können!!

Schlafsack, Zelt & Isomatte

Es sei denn, Du bist mehr als 50% und vor allem am Beginn Deiner Reise auf einem Campingtrip, würde ich Dir empfehlen, diese Ausrüstung zu Hause zu lassen und stattdessen einen Hüttenschlafsack oder ein Schlafsackinlet einzupacken.

Er wärmt zusätzlich, wenn Du es brauchst, gibt Dir ein besseres Gefühl, wenn das Hostelbett nicht unbedingt hygienisch wirkt und kann Dich imprägniert sogar vor Bedbugs schützen.

Trotzdem lässt er sich leicht verstauen und baumelt nicht unpraktisch an Deinem Rucksack herum.

Solltest Du einzelne Campingtouren machen wollen, kann man oft einen Schlafsack und auch Zelte leihen oder mieten. Für alle anderen Eventualitäten gibt es in allen Großstädten Outdoorgeschäfte in denen Du beides kaufen kannst.

Reiseführer in Buchform

In der heutigen Zeit lässt sich dieses Packsteinchen oft sparen. Wenn Du also einen E-Book Reader und/oder ein Smartphone besitzt, mach Dich vorher schlau, ob es das gewünschte Nachschlagewerk nicht auch digital gibt. Minimalistisch reisen in Höchstform! Dann sparst Du Dir in vielen Fällen gut ein halbes bis zu einem Kilo Packgewicht!

Jugendherberge-Mitgliedskarte

Anfangs wollte ich für alle Gelegenheiten ausgestattet sein. Nun würde ich Dir nicht unbedingt zum Vorab-Kauf einer Mitgliedskarte raten. Zum einen kannst Du das jederzeit noch erledigen, wenn Du tatsächlich in einer Jugendherberge einchecken möchtest und zum anderen sind die Jugendherbergen zwar oft ein wenig besser ausgestattet als herkömmliche Hostels, aber dafür auch immer etwas teurer.

Alle notwendigen Dokumente im Gepäck?

Gleich zu Anfang eine Empfehlung zur allgemeinen Sicherheit für jeden Backpacker: All die Dokumente, die absolut unersetzlich sind, alle Karten und Pässe kopieren und dann verstau die Papierkopien an einem anderen Ort als die Originale. Oder einfacher: Scann sie ein und speichere die Kopien auf dem USB-Stick!

Nichts ist so ärgerlich für einen Backpacker, wie ein geklauter Rucksack, in dem all Deine Dokumente enthalten waren. Deshalb gilt immer die Devise: Nie alles an einem Ort lagern und fast alle Dokumente noch einmal als Sicherheitskopie in irgendeiner Form erstellen! Wenn mal etwas geklaut wird oder verloren geht, kann das Gold wert sein!

Aber auch bei der Frage danach, welche Dokumente eigentlich sinnvoll und wann nötig sind, kann man schon mal ausschweifend werden:

Personalausweis/Reisepass

Hast Du den Reispass dabei, genügt das offiziell schon. Aber gerade um abends mal auszugehen und den dicken Reisepass nicht mitschleppen oder verstauen zu müssen, kann der Personalausweis schon praktisch sein.

Flug/Bahn/Busticket

Versteht sich von selbst, oder? In den meisten Hostels kann man für einen günstigen Beitrag oder manchmal sogar umsonst Tickets ausdrucken oder ausdrucken lassen. Sollte das nicht möglich sein, belade Deinen USB-Stick damit und geh in den nächsten CopyShop. In nahezu jedem halbwegs touristischen Ort wirst Du einen finden. Auch wenn er nicht immer als solches beschriftet ist.

Viele Fluggesellschaften bieten mittlerweile Online Check-In an. Auch eine gute und sichere Methode, um Papier zu sparen und die Gefahr zu umgehen, das Ticket zu verlieren. Alles, was Du dann noch zum Check-In brauchst, ist Dein Reisepass.

Visum

In Europa und als europäischer Bürger genügt der normale Personalausweis. Überall anders frühzeitig über Visa-Bestimmungen informieren!

Nicht für alle Länder braucht man als Backpacker tatsächlich ein Visum, für die wenigsten braucht man es vorab (Vietnam und China schon!) und bei vielen Ländern kann man es sowieso erst an der Grenze erstehen (was oft auch zur Abzocke genutzt wird).

In jedem Fall sollte man sich kurz im Internet darüber informieren (und auch in welcher Währung es bezahlt werden muss), damit man nicht kurz vor der Grenze auf horrende Wechselkurse angewiesen ist.

Working Holiday Visas kann man übrigens bequem online beantragen! Und es ist auch gar nicht so schwer, wie Dir manche Seiten weismachen möchten. Beachten musst Du dabei nur das Alter!

Für Australien und Neuseeland gilt: Bei Antragstellung darfst Du noch nicht 30, bei Einreise noch nicht 31 Jahre alt sein. In Kanada gilt diese Regel bis zum 35. Lebensjahr, allerdings gibt es jedes Jahr nur ein gewisses Kontingent an Visa für Deutsche, daher solltest Du schnell sein und gleich am Anfang eines Jahres Dein Visum beantragen!

Kontoauszug (Australien/Kanada Working Holiday)

Das Gerücht hält sich hartnäckig, dass Du als Backpacker zusammen mit dem

Visum und einem Flugticket bei der Einreise auch nachweisen musst, über etwa 3500€ zu verfügen. Damit versucht sich die Regierung wohl abzusichern, dass der Einreisende auch wieder ausreisen kann.

Fakt ist, dass ich während meiner ganzen Reise niemanden getroffen habe, der tatsächlich danach gefragt wurde.

(Internationaler) Führerschein

Möchtest Du ausserhalb der EU ein Auto mieten, brauchst Du in den meisten Fällen den Internationalen Führerschein. Es lohnt sich also, ihn sich ausstellen zu lassen, denn für knapp 15€ und schon nach zwei Wochen hast Du ihn in der Tasche und bist auf der sicheren Seite.

Auslandskrankenversicherung(spolice)

Ein leidiges Thema! Hier gibt es wie bei allen Versicherungen unendlich viel Auswahl und für alle Reiseländer und -ziele wieder unterschiedliche.

So sind die USA oft ausgeklammert oder benötigen einen extra Beitrag und auch das Alter und die Dauer der Reise spielen eine große Rolle beim Beitrag.

Wichtig ist auch, sich schon vorher zu überlegen, ob man riskante Sportarten ausprobieren möchte, denn auch das braucht oft Extrazuschläge. Genauso mit speziellen Jobs, die Du auf der Reise vielleicht annehmen möchtest. Nicht alle sind in einer klassischen Versicherung abgedeckt!

Gut informieren und abwägen ist dabei die halbe Miete, aber dann heißt es irgendwann einfach nur noch: Für eine entscheiden und hoffen, dass man damit gut fährt!

Impfpass

Auch wenn Du am besten schon vor der Reise abklären solltest, welche Impfungen auf deiner Reise als Backpacker benötigt werden und ob sie evtl. noch durchgeführt werden müssen, sollte der Impfpass immer mit im Gepäck sein.

Vielleicht überlegst Du Dir während der Reise, noch eben das Nachbarland zu besuchen, in dem aber spezielle Impfungen nötig sind. Oder es geht Dir wie mir und Du stellst nach einem Jahr auf Reisen fest, dass deine Tetanus-Impfung abgelaufen ist.

In solchen Fällen ist es immer gut, Nachweise zu haben, wann was geimpft wurde.

Impfungen zahlen Auslandskrankenversicherungen übrigens in der Regel nicht, denn diese gelten als Prophylaxe und nicht als Behandlung.

Daher alles, was geht, schon im Heimatland abdecken, wo zumindest teilweise die Impfungen übernommen werden. Und wahrscheinlich auch günstiger und manchmal auch sicherer sind als beim Tropenarzt irgendwo im Ausland.

Lebenslauf/Referenzen/Zeugnisse

All das brauchst Du natürlich nur, wenn Du vorhast, im Ausland zu arbeiten. Aber dann wäre es auch sinnvoll, diese Dokumente vorher ins Englische übersetzen zu lassen und manchmal sogar unabdingbar.

Beim Lebenslauf solltest Du vielleicht noch auf den Standard des jeweiligen Landes achten. Ein CV (Curriculum Vitae) in Amerika sieht etwas anders aus als in Australien und so weiter.

Klemmbrett

Wenn Du an diesem Punkt angelangt bist und hinter all die Dokumente ein Häkchen zum Mitnehmen gemacht hast, lohnt sich ein dünnes, leichtes Klemmbrett zur sicheren Aufbewahrung und zum Schutz vor Eselsohren. Ich habe mich nicht darauf verlassen, CopyShops zu finden, deren Qualität gut genug wäre, um mich mit den kopierten Dokumenten dann auch zu bewerben und einige wenige hatte ich sogar als Original dabei, daher sind manche Papiere einfach schon von Anfang an dabei gewesen.

Adressliste von Freunden & Familie

Du möchtest doch mit Postkarten angeben können, oder etwa nicht?

Die obige Liste spiegelt all das wieder, was ich für meine Jahresreise als Backpacker durch Australien benötigt habe, mit einem Working Holiday Visum und der festen Absicht zu arbeiten, sowie die anschließenden drei Monate in Südostasien.

Natürlich variiert die Dokumentenanzahl und -art bei jeder Reise und vor allem beim Backpacking in den unterschiedlichen Ländern ein wenig, aber mit diesen solltest Du gut abgedeckt sein.

Flüge, Busse, Züge & Unterkünfte

„Es ist egal, wie langsam Du gehst. Solange Du nicht stehen bleibst!“

- Konfuzius -

Transporte unterwegs

Um von A nach B zu kommen, hast Du in jedem Land verschiedene Möglichkeiten zur Auswahl. Aber auch in fast jedem Land werden sich die Kosten dafür stark unterscheiden.

Was wo zu bevorzugen ist, hängt also stark vom Entwicklungs- und Tourismusstand eines Landes ab, aber fast überall gibt es ein paar Kniffe, um die Kosten niedrig zu halten.

Zu Fuß

Definitiv die günstigste Art vorwärts zu kommen, aber auch oft die unterschätzteste. Was hält Dich eigentlich tatsächlich davon ab, auch einmal quer durch die Stadt zu laufen?

Selbst wenn das TukTuk oder Taxi für wenig Geld zu haben ist, geh öfter mal zu Fuß! Dabei siehst Du nicht nur Deine Umgebung viel intensiver, sondern tust sogar noch etwas für die Umwelt! Und in Ländern, in denen Katalysatoren ein Fremdwort sind, ist das ein wertvoller Beitrag!

Fahrrad

Hier nähern sich westliche Städte und die der Entwicklungsländer immer mehr an: Ein Fahrrad zu mieten, ist oft super günstig!

Ob Du nun also in Angkor Wat, mit einem gemieteten White Bicycle für 2$ am Tag etwas Gutes für Kambodscha tust oder in Dublin für 2€ pro Tag Deiner Gesundheit, Fahrradfahren kann durchaus und vor allem in Städten ein absoluter Bonus sein!

In manchen wenigen Städten, wie in Adelaide in Südaustralien, kannst Du

Fahrräder sogar umsonst ausleihen! Dazu hinterlässt Du einfach Deinen Reisepass und bringst das Fahrrad am selben Tag vor Schließung wieder zurück.

Motorroller

Motorroller mieten

Einen Motorroller zu mieten kann vor allem in Südostasien sehr verlockend sein und eine sehr günstige Art, herumzukommen!

Allerdings solltest Du Dir im Klaren sein, dass Dich selbst der internationale Führerschein Dich dort nicht unbedingt absichert und vor allem die Motorroller nicht abdeckt, die dort meist vermietet werden (ab 110ccm aufwärts).

Sie bieten zu dem Vermieten meist auch keine Versicherungen an und die, die angeboten werden, werden im Schadensfall sicherlich nicht zu Deinen Gunsten ausfallen.

Der letzte Punkt zu Abschreckung, falls Du im Ausland Motoroller fahren möchtest: Frag Dich erst einmal, ob Deine Auslandskrankenversicherung das im Schadensfall mit einschließt.

Ich möchte Dir gar nicht davon abraten, Motorroller zu fahren (ich habe es selbst leidenschaftlich gern in Thailand gemacht), aber ich finde, Du solltest Dir zumindest der Risiken bewusst sein, die Du damit eingehst.

TukTuk

Das motorisierte Dreirad, das sich besonders in Thailand, Laos und Kambodscha anbietet (in Indonesien wird es Becak genannt), ist im Preis gar nicht mal zu unterschätzen!

Auch wenn der Spaßfaktor mitzählt und es bei Deiner ersten Asienreise ein absolutes Muss ist, solltest Du bei einem längeren Aufenthalt mal in Deiner Unterkunft nachfragen, ob es wirklich immer die günstigste Methode ist, um von A nach B gebracht zu werden.

In Thailand sind Taxis (immer auf ein Taximeter bestehen!) zum Beispiel deutlich günstiger!

Taxis

Bei Taxis kannst Du oft ordentlich drauf zahlen. So ist der Preis eines Taxis in Bangkok direkt am Ausgang des Ankunftsbereiches deutlich teurer, als wenn Du eines am Ausgang des Abflugbereichs nimmst!

Auch werden gerade an Flughäfen, wo Du als frisch Eingereiste die gängigen Preise noch nicht kennst, gerne Abzocke betrieben.

Deshalb solltest Du bei Deinem gebuchten Hotel vorab mal den Normalpreis erfragen und dann auch darauf bestehen.

In vielen südostasiatischen Ländern wird noch dazu Schindluder mit den Taximetern betrieben und nicht selten machen die dann zwischendurch einen abstrakten Sprung nach oben.

Auch da lohnt es sich, in der Unterkunft vorher nachzufragen, welchen Taxiunternehmen Du vertrauen kannst.

Busse

Ganz allgemein gesprochen kannst Du damit in den meisten Ländern nicht viel falsch machen. Natürlich gibt es immer mal schwarze Schafe, aber ob in Australien, in den USA oder in Südostasien, bei längeren Strecken lässt es sich damit oft am günstigsten reisen.

In Südostasien solltest Du die Preise verschiedener Anbieter zuvor vergleichen und nicht zu scheu zum Handeln sein. Geh, wo möglich, direkt zur Busstation und kauf Dein Ticket dort statt in einem der Tourist Offices.

Wenn Du etwas abgehärteter bist, nicht so viel auf Luxus und Komfort gibst und Dich mal wirklich unter die Einheimischen mischen möchtest, frag nach den „Local Buses". Sie sind meist für einen Bruchteil des Preises der Touristenbusse zu haben, allerdings auch nur auf einem Bruchteil des Standards.

Richte Dich auf Hühner als Mitfahrer ein und doppelt so viele Passagiere, wie es Sitzplätze gibt.

In Australien, Neuseeland, den USA und Kanada gibt es verschiedene Anbieter für Langstrecken und auch dabei Tricks wie Du sparen kannst:

In Australien und in den USA ist Greyhound zwar der beliebteste und bekannteste Anbieter, aber deshalb nicht immer auch der günstigste.

Alternativen sind da zum Beispiel der Premier Motor Service (Australien), der oft nicht so überladen ist, dafür allerdings auch nicht ganz so viele Routen abdeckt, wie Greyhound und Boltbus oder Megabus in den USA.

Schau Dich vorab und bei längeren Reisen über mehrere Monate zum Beispiel auch auf deren Websites nach den sogenannten Kilometerpässen um. Dabei kaufst Du ein Kontingent an Kilometern und kannst dann, innerhalb einer festgesetzten Zeit, diese Kilometer „abfahren".

So bleibst Du flexibel und sparst oft auch noch einiges an Geld, im Gegensatz zu Einzeltickets.

Züge

Meine liebste Art zu reisen, leider nicht immer die günstigste. Hier hast Du allerdings den Vorteil, dass Abzocken deutlich geringer werden, da Du Dein Zugticket meist wie alle anderen einfach am Schalter kaufen kannst (was Du, wie auch bei den Bussen, dem Tourist Office bevorzugen solltest)

In westlichen Ländern ist dies leider oft die teuerste Art zu reisen, aber auch da gibt es Ausnahmen, besonders bei langen Reisen:

In Australien werden ebenfalls Railpasses angeboten, bei denen Du als Backpacker Einiges sparen kannst und in den besonderen Genuss der Zugfahrt durch ganz Australien kommst. Bei längeren Reisen, die Dich von Ost nach West und von Nord nach Süd bringen, absolut empfehlenswert!

Natürlich sollten aber ganz besondere Erlebnisse, wie zum Beispiel die Transsibirische Eisenbahn, ein Grund sein, das Budget mal ein wenig zu strecken.

Boote

Hier gibt es ebenfalls wieder große Unterschiede und es lohnt sich letztendlich, einfach vor Ort zu vergleichen.

Oft kannst Du Dein Budget etwas langlebiger gestalten, wenn Du anstatt Flügen mal auf Wasserwege setzt.

Flüge

Darauf gehen wir im nächsten Unterkapitel sehr intensiv ein, da sie einer der größten Kostenfaktoren sind. Daher nenne ich sie hier vollständigkeitshalber.

Deine Sicherheit in öffentlichen Verkehrsmitteln

Nicht in allen Ländern ist Deine Sicherheit in Bussen und Zügen automatisch gewährleistet, deshalb halte ich es für wichtig, dass Dir immer bewusst ist, dass Du selbst dafür verantwortlich bist!

Sicherheit in Bussen

Gerade in günstigen Reiseländern wird als erstes an der Sicherheit gespart. Viele Busse sind in schlechtem Zustand und brechen dann auch schon mal mitten im Nirgendwo einfach zusammen.

Sorg dafür, dass immer jemand weiß, wann Du wo ankommen solltest und wenn es auch nur Dein nächstes Gasthaus oder Hostel ist.

Achte auf Deine Wertsachen! Gerade in Südostasien werden Gepäckstücke geplündert und Passagiere beklaut, ohne dass irgendwer Verdacht schöpft, bevor es zu spät ist.

Deiner eignen Sicherheit zuliebe solltest Du daher auf Nachtbusse verzichten! Vor allem, wenn Du alleine reist!

Die Übernachtungskosten, die Du dadurch sparst, sind die Gefahr, in der Nacht bestohlen zu werden, nicht wert.

Solltest Du Dich trotzdem für einen davon entscheiden, schlaf auf deinem Rucksack, bring ein kleines Schloss daran an und sichere vor allem Deinen großen Reiserucksack gut ab, denn diesen kannst Du am wenigsten im Auge behalten.

Sicherheit in Zügen

Hier gilt Ähnliches wie für Busse und Nachtbusse. Zusätzlich solltest Du in Ländern, in denen es angeboten wird, wie Indien oder Malaysia, die Frauenabteile nutzen. Es hat meist einen guten Grund, dass sie existieren und den Bonus an Sicherheit solltest Du mitnehmen.

Die besten und günstigsten Flüge finden

Egal, wie viel Du recherchieren und vorbereiten wirst, wenn Du über längere Strecken reist, werden die Flüge dafür einer der größten Brocken sein, die Löcher in Dein Budget reißen.

Grund genug um sie wenigstens so klein wie möglich zu halten und zu sparen, wo es geht!

Nun zunächst einmal zu den Grundlagen:

Welche Arten von Flügen gibt es eigentlich?

- Kurzstreckenflüge - Laut Definition alles von 1-3 Stunden
- Mittelstreckenflüge - Flüge zwischen 3-5 Stunden
- Langstreckenflüge - Alles was länger dauert als 5 Stunden
- Gabelflüge - Damit kannst Du Ankunft- und Abflugort splitten und so flexibler reisen.

  Besonders auf großen Kontinenten wie Australien, Südamerika oder auch den USA kann das sehr von Vorteil sein!

- Open Return - Festes Datum für den Hinflug aber offenes Datum für den Rückflug!

  Wenn Du sichergehen möchtest, dass Du von einer langen Reise früher als geplant wieder nach Hause fliegen (oder Deinen Aufenthalt sogar verlängern) kannst, ist so etwas ideal.

Je nach Airline solltest Du aber 2-3 Tage Vorlaufzeit einplanen um einen Platz im Flugzeug nach Hause zu bekommen.

- Round-The-World-Flüge - Ein gebuchter Flug in eine Richtung mit mehreren Stops.

  Auf dem Reiseblog 101places.de hat Patrick dazu mal eine tolle Umfrage gestartet und erklärt Dir die Vor- und Nachteile davon!

CO2-Ausgleich

Viele Fluglinien, besonders in Australien, bieten schon bei der Buchung einen kleinen Button an, mit dem Du den CO2-Ausstoß Deines Fluges direkt durch eine finanzielle Aufwendung ausgleichen kannst.

Laut einem Artikel in der Zeit, haben diese Methoden allerdings zu viele Schwachstellen. Daher wird empfohlen, sich an eine der Websites zu wenden, die von der Verbraucherzentrale getestet wurden:

- Atmosfair.de
- MyClimate.org
- GoforClimate.com

Dort kannst Du Dir ausrechnen lassen, wie viel Ausgleich Dein Flug erfordert und das Geld sofort an die entsprechenden Organisationen spenden.

Ein noch besserer Weg zum guten Gewissen? So oft wie möglich Überland reisen und Flüge damit so gut es geht vermeiden!

Meine Empfehlungen & Erfahrungen zu verschiedenen Airlines

- AirAisa - Schlechter Ruf und miese Bewertungen hätten mich fast davon abgehalten vor ein paar Jahren einen Flug von Phnom Penh nach Bangkok zu buchen.

Letztendlich war ich positiv überrascht und habe keine Mängel oder schlechte Seiten entdecken können. Ich habe sie nun schon oft genutzt und kann sie als sehr günstige Fluglinie, mit Schnäppchenpotential bei diversen Aktionen, nur empfehlen!

Einziges Manko: Beim Buchen kommt bei jedem Schritt noch ein Aufschlag dazu, den Du gründlich durchsehen und eventuell abwählen solltest. Für die Sitzauswahl, das Gepäck und die Gebühren.

Die Sitzauswahl kannst Du zum Beispiel einfach weglassen und bekommst dann beim Abflug, wie bei anderen Airlines auch, einfach einen Sitzplatz zugewiesen.

- Malaysia Airlines - Ich habe für meine Reise nach Australien damals dieses Paket gebucht und war damit sehr zufrieden! Nicht nur mit dem flexiblen Flug, sondern auch mit der Airline an sich. Viel Platz, tolle Unterhaltung, leckeres Essen und sogar Vegetarier-freundlich!

- Gulf Air - Damit bin ich von Jordanien nach Thailand geflogen und war sehr begeistert. Was vielleicht an dem Bestechungsversuch mit dem Päckchen voller kleiner Helferlein für den Flug lag: Decke, Kissen, Ohrstöpsel, Schlafmaske und ein Paar Socken.

  Vorsicht bei der Vorbestellung eines vegetarischen Gerichtes! Mangels Informationen bekommst Du dann ein Rohkostgericht, was aus zwei Portionen Obst besteht.

- Thai Airways - Nicht so komfortabel wie Malaysia Airlines auf Langstrecken, aber eben auch deutlich günstiger. Dafür sind das Media-Programm und auch die Verköstigung abgespeckt. Wer darauf keinen Wert legt, ist aber sonst gut bedient.

- Quantas - Teurer als die meisten australischen Airlines, aber dementsprechend auch besserer Komfort. Wenn sie nicht gerade streiken. Aber das gilt ja für so gut wie jede Airline.

- JetStar - Eine der günstigen Airlines Australiens. Und eben auch mit dementsprechend wenigen Extra-Leistungen. Schlecht sind sie aber deshalb nicht! Wer also günstige Kurzstreckenflüge in Australien sucht, ist hier gut aufgehoben.

Die richtige Suchmaschine

Es gibt unzählige Suchmaschinen für Flüge. Kayak, Skyscanner, Momondo, Swoodoo und wie sie nicht alle heißen. Anfangs hat mich das sehr verwirrt und so habe ich lange Zeit keine davon genutzt.

Aber nachdem ich auf immer mehr Artikel und Hinweise gestoßen bin, wie und wo man am besten Flüge bucht, welche Tricks es gibt und worauf ich achten soll, habe ich angefangen, zu experimentieren und nun für mich die perfekte Strategie entwickelt, die ich nun mit Dir teilen möchte!

Finde ich immer die besten und günstigsten Flüge die es gibt? Keine Ahnung. Aber ich bilde es mir zumindest ein!

Hier findest Du meine Strategie zum Flüge buchen und noch dazu ein paar geheime Kniffe, die Dir zum nächsten Schnäppchen verhelfen:

Heutzutage finde ich es fast nachlässig, auf Suchmaschinen zu verzichten. Ich kannte viele der Airlines vorher nicht einmal, die ich mittlerweile über Suchmaschinen gebucht habe, wie hätte ich die also finden können?!

Wenn Du Dir darum Sorgen machst, mit (Verzeihung) schrottigen Flugzeugen fliegen zu müssen, kannst Du in den Suchmaschinen Deine Suche immer noch auf bestimmte Airlines eingrenzen.

Welche die richtige Suchmaschine für Dich ist?

Letztendlich gilt da: Testen, anschauen, herumspielen!

Such bei Google mal nach den gängigsten, wähle eine provisorische Flugroute und spiel dieselbe Variante auf allen durch. Dann wirst Du schnell feststellen, welche Dir liegt und mit welcher Du gut Zurecht kommst.

Ich habe mich nach vielen verschiedenen Suchmaschinen an momondo.de festgebissen und habe so ziemlich jeden Flug der letzten Monate darüber gefunden und gebucht.

Anfangs hat mich ihr Design schlicht überzeugt und letztendlich das einfache Handling und ein paar nette Tools, die ich nun dauerhaft nutze.

Sie sparen mir Zeit, Kosten und Nerven (vor allem Letzteres) bei der Jagd nach dem richtigen und günstigsten Flug, selbst wenn ich einmal sehr spontan einen Flug brauche.

Wann der richtige Moment zum Buchen gekommen ist, ist das Schwierigste am ganzen Buchungsprozess.

Da ich nun eine eher spontane Reisende geworden bin und nicht jemand, der ein halbes oder ganzes Jahr vorausplant, komme ich mit meinen eigenen groben Regeln manchmal in Konflikt.

Generell würde ich an Deiner Stelle bei teuren Langstreckenflügen bereits 5-6 Monate vorher anfangen, mich umzuschauen. Dann fangen die Airlines angeblich an, die günstigen Flüge einzustreuen und auszuschütten. Das bedeutet aber nicht, dass es auch ratsam ist, sofort zu buchen!

Laut verschiedenen Analytikern ist 6-8 Wochen vorher die ideale Zeit zum Zuschlagen. Spätestens bis dahin hast Du dann immer wieder nach Deinem Flug gesucht und ein Gefühl für den Preis bekommen.

Wenn Du noch nie eine Suchmaschine wie Momondo benutzt hast, keine Angst, es ist sehr simpel und selbsterklärend: Direkt auf der ersten Seite wählst Du Deinen Abflugort aus, Deinen Ankunftsflughafen und den Tag, an dem Du fliegen möchtest.

Hier kannst Du auch auswählen, ob Du nur einen Hinflug oder auch gleich den Rückflug buchen möchtest und - sehr spannend wenn Du flexibel bist - ob Du einen Gabelflug buchen möchtest!

Dabei kannst Du, wie eben schon erwähnt, in eine Stadt oder in ein Land einfliegen und von einem anderen wieder zurück. Mein Flug nach Australien damals war ein Gabelflug und war perfekt für mein Working Holiday! So konnte ich nach Sydney einfliegen und ein Jahr später aus Melbourne ausfliegen.

Mein persönlicher Pluspunkt an Momondo? Anders als bei vielen Suchmaschinen poppen nach der Suche hier nicht gleich mehrere Seiten mit den verschiedenen Buchungsseiten auf, sondern lediglich eine mit den Suchergebnissen.

Da ich meist zu vergesslich bin, den entsprechenden Button zu drücken um das vorher auszuschalten, bin ich bei anderen Suchmaschinen dann erst einmal genervt dabei, alle Fenster wieder zu schließen.

Nach der Suche siehst Du als allerersten den Preiskalender. Dabei lässt sich anhand der Grafik schon einmal abschätzen, wann und ob es sich lohnt, noch einmal Deinen Abflugtag zu überdenken. Wenn Du flexibel genug bist, was das angeht, kann Dir das schon mal Einiges an Geld sparen.

Generell kann ich Dir die folgende Regel empfehlen: Dienstag oder Mittwoch buchen, Dienstag, Mittwoch oder Samstag fliegen.

Anfangs habe ich diese Tipps kritisch beäugt, habe aber in den letzten Monaten selbst festgestellt, dass sie tatsächlich Sinn machen und oft zu günstigeren Flügen führen. (Sonntag ist übrigens allgemein der teuerste Tag zum Fliegen.)

Ein weiterer Kniff, den ich allerdings noch nicht oft selbst genutzt habe, ist kurz nach Mitternacht zur Ortszeit der Airline nach Flügen zu suchen.

Angeblich ist das der Zeitpunkt, an dem die Flüge sich aktualisieren und so die besten Schnäppchen zu holen sind.

Die Preise der Airlines ändern sich übrigens bis zu 3x am Tag! Aber es wäre mir zu aufwändig, tatsächlich 3x am Tag nach Flügen zu suchen, deshalb richte ich mir in wirklich teuren Fällen, einen Flightalert ein (aber dazu gleich).

Diese Regeln, vor allem die zeitlichen Einschränkungen, gelten allerdings nicht für absolute Ferienzeit oder an Feiertagen. Hier solltest Du am besten so früh wie möglich die Fühler ausstrecken und beim ersten Anzeichen eines erträglichen Preises zuschnappen!

Flüge zwischen den Jahren können wiederum ein Schnäppchen sein, je nachdem, wohin Du fliegst - mein Saigon-Kuala Lumpur Flug für den 28. Dezember (übrigens ein Samstag) war zum Beispiel ein solcher Preishit.

Der Flightalert & die App

Ich nutze mittlerweile zwei Helferlein von Momondo und beide haben mir mein Leben als Jetsetterin deutlich vereinfacht:

Ein kleines Geheimnis: Ich bin ein Schnäppchenjäger! Auch wenn ich mich gerne zu Spontankäufen hinreißen lasse, bei Flügen werde ich geizig. Und da das meist auch keine Kleinbeträge sind, lässt sich hier viel Geld sparen.

Damit ich also nicht ständig am Laptop sitzen und dort suchen muss, habe ich mir relativ bald die App von Momondo auf mein Handy geladen und schaue so ganz faul im Bett jeden Abend nochmal nach meiner aktuellen Flugsuche und ob sich da etwas entscheidendes getan hat.

Die App speichert die zuletzt eingegeben Daten, sodass ich nur noch auf den Suchen-Button drücken muss um zu wissen ob neue Flugangebote hinzugekommen sind, oder ob sich an dem Preis gerade etwas ändert.

Der Trick ist dann nur noch, nicht zu gierig zu werden und auch tatsächlich irgendwann zuzuschlagen, sonst steigt der Preis wieder und ich ärgere mich schwarz. Alles schon vorgekommen.

Bei Langstreckenflügen, bei denen Du mehrere Monate die Augen offen halten solltest, lohnt es sich, einen "Alarm" für den günstigsten Flug einzurichten, den sogenannten Flight Alert.

Hierbei suchst Du zunächst nach Deinem gewünschten Flug, gehst dann auf Flightalert und gibst Deine E-Mail Adresse ein. Momondo schickt Dir nun täglich eine E-Mail (die Du jederzeit abbestellen kannst), in der der günstigste Preis des Tages gemeldet wird.

So sparst Du Dir das ständige Suchen, vergisst nicht, die Preise im Auge zu behalten und kannst zuschlagen, wenn sie endlich sinken oder kurz bevor sie zu stark ansteigen.

Ich habe mir so meinen Flug von Amman, Jordanien nach Bangkok, Thailand schnappen können und dabei fast 20€ gespart. Davon konnte ich in Thailand 2 Tage leben!

Sicherheits-Tipp beim Buchen

Wenn Du Deine Flüge buchst, musst Du in etwa 95% der Fälle Deine Kreditkarte nutzen. Deshalb pass gut auf, dass Du in einem sicheren W-LAN Netz eingeloggt bist oder die Buchung von einem sicheren Computer aus buchst!!

Audrey vom Reiseblog Uncornered Market hat einmal Füge am Flughafen in offenem WiFi gebucht und Stunden später gemerkt, dass ihre Kreditkarte gehackt wurde und ihr Konto deutlich schlanker war als zuvor. Also, immer daran denken, einen sicheren Ort zum Buchen zu nutzen!

Verspätungen, Streichungen und andere Probleme

Ich gehöre noch zu den Glücklichen, die bisher keine großen Probleme mit großen Verspätungen oder stornierten Flügen hatte (toitoitoi), aber irgendwann trifft es uns doch alle einmal.

Als ich 2011 in Australien unterwegs war, gab es landesweite Streiks von Quantas und viele meiner Freunde saßen deswegen teilweise tagelang in Indonesien fest oder konnten ihre Reisen innerhalb und ausserhalb Australiens erst verspätet antreten. Da wir als Backpacker ja in den seltensten Fällen eine Rechtsschutzversicherung besitzen (jede Extra-Ausgabe wird ja dem Reisen zuliebe gestrichen), haben wir keine andere Chance, als das so hinzunehmen.

Eine feine Seite könnte uns allen da zumindest bei Flügen innerhalb Europas in Zukunft aushelfen: Bei flightright kannst Du ohne eigene Ressourcen für Verspätungen oder Flugausfälle Entschädigungen einfordern! Egal, wie günstig oder lang Dein Flug war.

Das Prinzip dabei ist einfach: Du gibst flightright auf ihrer Website Deine Flugdaten, lässt abschätzen ob und wie viel Dir eine Ersatzforderung bringen würde und gibst sie in Auftrag.

Verliert flightright den Kampf um Deine Entschädigung, passiert einfach gar nichts. Du bekommst nichts und verlierst auch nichts. Sollte es allerdings auf eine Ersatzregelung hinauslaufen, bekommt flightright eine Provision davon.

In keinem Fall hast Du irgendwelche Nachteile!

Die richtige Unterkunft finden

Auf Reisen ist die Unterkunft oft der Teil der Reiseplanung, der am aufwändigsten ist. Nicht immer soll es da die Hängematte am Strand sein. Auch wenn die gerade für ein Nickerchen durchaus ihren Reiz hat...

Welche Unterkunftsarten stehen Dir also auf Reisen zur Verfügung und welche Vor- und Nachteile bringen sie?

Hotels

Da springen Dich die Vor- und Nachteile ja förmlich an: Der Luxus kann grenzenlos sein, die Sicherheit ebenso und 100%ige Privatsphäre gegen den entsprechenden Preis dazu gebucht werden.

Wenn Du die Möglichkeit hast, in einem kleinen Hotel eher am Stadtrand unterzukommen und Dir das Zimmer sogar vielleicht noch mit jemandem teilen kannst, ist ein Hotel absolut machbar, wenn auch immer noch nicht billig.

Da wären wir aber auch schon bei der Kehrseite: Es sei denn, Du bist in Asien oder Südamerika unterwegs, sind Hotels im Allgemeinen sehr teuer und nicht gerade Backpacker oder Budget-freundlich.

Gerade in Notsituationen ist ein Hotel aber etwas, auf das Du immer zählen kannst. Quasi die letzte Rettung vor der Parkbank, wenn auch sehr schmerzhaft für die Reisekasse.

Guesthouses

Sie sind ein Zwischending von Hotel und Hostel. Meist einfacher ausgestattet, günstiger und ohne Sterne, aber oft genauso komfortabel wie so manches

Hotelzimmer.

Besonders in Südostasien habe ich Guesthouses in Großstädten gern genutzt und auch wenn der Preis ein Tick teurer als ein Hostelbett ist, bleibt er trotzdem im Verhältnis, zu dem was Du bekommst (Privatsphäre, ein eigenes Bad und einen Putzdienst für beides) sehr günstig!

Bed & Breakfast (B&B)

Vor allem in Europa ist das Konzept Bed&Breakfast sehr beliebt und irgendwie verbinde ich es immer mit den Inseln Großbritannien und Irland. Trotzdem finden sich auch auf dem Festland genügend Pensionen, die ein Gästezimmer mit Frühstück anbieten, eben ein B&B.

Schlicht, aber meist heimelig, allerdings preislich nicht zu unterschätzen.

Hostels & Jugendherbergen

Meine Lieblingsform der Unterkunft! Die Atmosphäre, das gemeinsame und doch einsame Kochen und Schlafen dort und oft die feinen kleinen Besonderheiten, die jedem Hostel ihren Charme (oder den Wunsch, sofort wieder auszuziehen) geben.

Die Preisregion kann von superbillig (bei der Du dann aber auch nichts weiter als eine Matratze in einem Hochbett erwarten kannst) bis fast zu Hotelpreisen rangieren, je nach Luxusausstattung. Ich habe schon für 2€/Nacht in einem Hostel in Kuala Lumpur übernachtet, aber glaub mir, das ich nichts, was ich unbedingt nochmal tun würde...

Die Hostels mit ein wenig mehr Extras (von Handtüchern bis hin zum Pool und BBQ-Anlage) und dafür auch höheren Übernachtungskosten nennen sich gern Flashpacker-Hostels und sind etwas für Rucksackreisende, die nicht jeden Penny zweimal umdrehen müssen. Sie eignen sich perfekt, um sich auf einer langen Reise mal für ein oder zwei Nächte ein bisschen zu verwöhnen, ohne gleich in teuren Hotels absteigen zu müssen!

Wie gut ein Hostel ausgestattet ist, welche Extras es bietet und oft sogar Fotos findest Du auf den entsprechenden Hostel-Buchungsseiten, wie zum Beipiel Hostelworld.

Homestays

Eine sehr schöne Art der Unterkunft, die vor allem in asiatischen Ländern wie Indonesien beliebt ist. Dabei vermieten Familien Gästezimmer, meist auf dem Grundstück ihres Besitzes und verwöhnen Dich nicht selten noch mit einem leckeren Frühstück am Morgen. Die Preise sind verhältnismäßig günstig (im Vergleich zu den Hotels dort) und die Ausstattung oft tadellos!

Die günstigen sind meist nicht ausgeschrieben oder in den Reiseführern beschrieben, aber Du kannst sicher sein, dass an jedem Transporthub eine kleine Traube "Vermieter" auf Dich warten und Dir ein Zimmer anbieten wird.

Falls nicht und Du die Zeit und Musse hast, setz Dich ein wenig von der Ankunftsstelle ab, lauf die Straßen entlang und Du triffst schon bald auf jemanden, der Dich, identifiziert als Backpacker, mit nach Hause nimmt!

Couchsurfing

Diese Art der Unterkunft wird immer beliebter, auch bei Frauen! Du hast bestimmt auch schon mal davon gehört.

Das Prinzip ist einfach: Du erstellst ein Profil von Dir und fragst auf anderen Profilen, die eine "Couch", also im Prinzip eine Schlafgelegenheit, anbieten nach, ob im gewünschten Zeitraum Platz für Dich wäre.

Das Ganze läuft unter dem Motto Gastfreundschaft und ist kostenlos. Trotzdem solltest Du vielleicht überlegen, wie Du Dich bei Deinem Gastgebern erkenntlich zeigen kannst, ob nun mit einem kleinen Mitbringsel oder vielleicht einem gekochten Essen.

Housesitting

Bei diesem Konzept solltest Du entweder eine Reisebegleitung haben, oder sehr gut mit Dir alleine auskommen!

Meist über registrierungspflichtige Websites organisiert, kannst Du Dich darum bewerben, für andere Menschen während ihrer Abwesenheit das Haus zu hüten, die Haustiere zu pflegen oder vielleicht den Garten.

Was Du davon hast? Ein Haus oder eine Wohnung ganz für Dich allein und das ohne Kosten! Allerdings solltest Du immer daran denken, dass Du dort trotzdem auch Gast bist und Dich entsprechen verhalten.

Viele Informationen darüber findest Du bei Pete & Dalene auf HeckticTravels. Zwei chronische Housesitter, die ihr Wissen auf ihrem Reiseblog teilen! Nora zeigt auf The Professional Hobo, dass es auch als Single möglich ist, mit Housesitting erfolgreich die Welt zu bereisen. (Beide Reiseblogs sind auf Englisch)

AirBnB

Neuerdings schwirrt dieses Wort immer häufiger durch die Luft und anfangs konnte ich es selbst noch nicht recht einordnen: Auf der Website von AirBnB.de kannst Du Unterkünfte bei anderen Menschen buchen, ähnlich wie Couchsurfing.org oder Housesitting, aber kostenpflichtig.

Trotzdem lohnt es sich, wenn Du an einem Ort länger bleiben möchtest, hier mal reinzuschnuppern.

So bekommst Du in einem fremden Land vielleicht auch eher das Gefühl eines Einheimischen, auch wenn der Kontakt zu anderen, im Vergleich zum Hostel, natürlich eingeschränkter ist.

Ferienwohnungen

Eigentlich ganz ähnlich wie AirBnB, nur sind es hier meist organisierte, von einem Unternehmen vermietete Wohnungen.

Dabei bieten Firmen wie zum Beispiel GowithOh.de in vielen verschiedenen Ländern Wohnungen an, die Du auch für wenige Tage buchen kannst. Bist Du also mal mit einer Gruppe unterwegs, kann dies eine tolle Lösung sein!

Women Welcome Women

Quasi so etwas wie Couchsurfing nur für Frauen und allein deshalb für Dich schon empfehlenswert!

Gegen eine kleine Jahresgebühr wirst Du in die WomenWelcomeWomen Gemeinschaft aufgenommen und kannst dann Frauen anschreiben, die eine Unterkunft für Frauen auf Reisen anbieten.

Das Prinzip ist das Gleiche wie beim Couchsurfing, sie bieten es kostenlos an und meist einfach nur, um neue interessante Menschen kennenzulernen.

Camping

Die Wahl der Mutigen! Ich würde mich das zumindest nicht allein trauen, in Gesellschaft habe ich allerdings auch viel Freude daran.

Der Nachteil bei dieser Unterkunftsart: Entgegen der oft landläufigen Meinung, dass das ja überall erlaubt und damit kostenlos ist, ist es das leider nicht. Und Du musst Dein gesamtes Packwerk an Ausrüstung mit Dir schleppen.

Solltest Du aber in den Ländern mit dem Jedermannsrecht (was bedeutet, dass Du überall zelten darfst) unterwegs sein und vielleicht sogar mit einem Auto, das Dein Gepäck trägt, die günstigste und naturnahste Art des Reisens. Und meist auch die lustigste!

Wwoofing

Hast Du schon mal davon gehört? Ein ganz tolles Konzept, bei dem man für meist 4-6 Stunden Arbeit am Tag auf organischen Farmen (Worldwide Workers On Organic Farms) überall auf der Welt Kost und Logis erhält.

Eine sehr gute Art, geldsparend zu reisen und trotzdem etwas von der Welt zu sehen!

Volunteering

Eine noch wertvollere Gelegenheit, auf der Reise Geld zu sparen und dabei sogar etwas Gutes zu tun.

Bei der Freiwilligen-Arbeit bekommst Du meist im Gegenzug für Deine Zeit und Motivation eine Unterkunft gestellt. Je nachdem, wo Du also eine Volunteer-Stelle findest, verbindest Du wertvolle Erfahrungen, mit Sicherheit tolle Erlebnisse und eine Reisekasse-schonende Art, durch die Welt zu kommen!

Höflichkeit in Hostels

Auf meinen Reisen übernachte ich eigentlich zu gut 80% in Hostels. Ausgenommen natürlich in Ländern, in denen es keine Hostels gibt, da die Unterkunftspreise für deutsche Maßstäbe selbst in Hotels oder Guesthouses schon sehr günstig sind.

In der Zeit des Hostellebens ist mir immer wieder aufgefallen, dass einige Mitmenschen scheinbar nicht gerade die besten Manieren an den Tag legen und Andere dafür umso rücksichtsvoller und zuvorkommender waren.

Ich habe hier mal zusammengetragen, was ich als das Mindestmaß an Höflichkeit und Anstand verstehe, wenn ich in Hostels, und damit in Mehrbettzimmern, übernachte:

- Sei bitte höflich! Eigentlich traurig es erwähnen zu müssen... Stell Dich kurz mit deinem Namen vor, wenn du in einen neuen Schlafsaal kommst (ok, ab 10 Personen aufwärts genügt die Ecke in der Du einziehst) und sei nett gegenüber Neuankömmlingen. Manche von ihnen sind vielleicht noch neu auf Reisen und freuen sich über ein Willkommen, das über ein Kopfnicken hinausgeht. (Ausserdem ist das der beste Zeitpunkt, um neue Kontakte zu knüpfen!)

- Spül bitte dein benutztes Geschirr ab! Es scheint immer wieder Menschen zu geben, die glauben, es gibt selbstreinigendes Geschirr in Hostels.

- Nur um das klar zu stellen: Es ist ein Luxus, wenn ein Hostel den Reisenden eine vollausgestattete Küche zur Verfügung stellt und keine Selbstverständlichkeit. Du solltest es dem Hostel und allen nach dir kommenden Reisen damit danken, dass du zumindest hinter dir selbst aufräumst.

- In den meisten Hostelkühlschränken gibt es das "Free Food Shelf", die beliebteste Ecke eines Hostels unter Backpackern. Wenn Du also Essen übrig hast, das durchaus noch essbar ist und Du es nicht mitnehmen kannst, stell es dort hinein, anstatt es irgendwo im Kühlschrank einfach liegen zu lassen. Der Nächste freut sich bestimmt darüber! (Ähnliches gilt auch für Bücher: Oft gibt es ein Regal zum Büchertausch. Gelesene oder abgelegte Bücher landen dort und erfreuen so den Nächsten!)

- Beschrifte dein Essen deutlich mit deinem Namen und deinem Abreisedatum. Das ist eigentlich eher zu deinem Besten als aus Rücksicht vor Anderen, aber im Umkehrschluss solltest Du natürlich nie etwas aus dem Kühlschrank nehmen, das mit dem Namen eines Anderen beschriftet ist. Egal, wie verlockend es aussieht!

- Versuch leise und rücksichtsvoll zu sein, wenn du nach 2 Uhr morgens in einen Schlafsaal kommst. Und nein, laut zu telefonieren, oder sich mit seinem Kumpel zu unterhalten, der ebenfalls noch in der Tür steht, gehört nicht dazu.

  Irgendwann wirst du vielleicht auch mal einen Job haben und darauf angewiesen sein, in einem Mehrbettzimmer zu schlafen. Dann wirst du für solch rücksichtsvolles Verhalten dankbar sein. Kleiner Tipp am Rande dafür: Eine Taschenlampe oder ein Handy mit solch einer nützlichen App kann dann auch mal den Lichtschalter entlasten.

- Steh bitte nicht eine Stunde unter der Dusche, wenn es sowieso nur zwei davon gibt. (Besonders bei uns Damen ein heikles Thema) Oder geh, wenn Du weißt, dass sich die Zeit nicht verringern lässt, vielleicht nicht unbedingt zu den Stoßzeiten ins Bad.

- Stell bitte dein Handy lautlos und geh nach draußen, wenn du telefonieren möchtest, obwohl alle anderen noch oder schon schlafen! Es gibt nichts Uninteressanteres als Telefonate in einer fremden Sprache um acht Uhr morgens.

- Lass dein Hostel bei deiner Abreise wissen, wenn es dir gefallen hat! Wir sind so eifrig dabei, mitzuteilen, wenn uns etwas nicht gepasst hat, da sollte es umgekehrt auch der Fall sein. Und jeder bekommt doch gerne mal ein Lob, oder?

- Wenn Du ein Bett in einem Mehrbettzimmer mietest, sind damit nicht automatisch auch die angrenzenden 4m² des Bodens inbegriffen.

- Bitte behalte deine Besitztümer (man möchte eigentlich meinen, das sei bei einem Backpacker sowieso eine eingrenzbare Anzahl) soweit es geht in deiner Reisetasche und diese wenn möglich in der Nähe deines Bettes. Natürlich ist es angenehmer, die wichtigsten Dinge gleich greifbar zu haben, aber dann versuch sie wenn möglich auf Deinem Bett zu verteilen.

Du wirst schnell merken, je rücksichtsvoller Du Dich verhältst, desto eher passen sich auch Deine Mitbewohner an. Und falls nicht, sei nicht zu schüchtern, ihnen diese Höflichkeitsregeln mitzuteilen.

Manche machen sich einfach keine Gedanken darüber, dass Du vielleicht früh aufstehen musst, aber sind absolut bereit, Rücksicht darauf zu nehmen, wenn Du es sie wissen lässt!

Female Dorms & Unterkünfte für Frauen

Nicht immer ist man als Alleinreisende mutig genug oder in der Stimmung auf männliche Gesellschaft, das kennst Du vielleicht auch.

Aber was ist da eine gute Alternative, wenn die Reisekasse nach Sparen schreit oder man auf das Hostelleben nicht verzichten möchte?

Nun, entweder Du buchst Dir ein eigenes Zimmer im günstigsten Hostel das Du finden kannst oder Du wählst eines der vielen aus, die separate Zimmer für Frauen anbieten!

Auf meinen Reisen schwankte ich oft zwischen den beiden Buchungsbuttons "Mixed Dorm" oder "Female Dorm" auf den Hostel-Websites.

Die Vorteile der Female Dorms in Hostels

Nur weil Du alleine reist, heißt das nicht automatisch, dass Du mutig, offen und aufgeschlossen genug sein musst, um mit fremden männlichen Reisenden dein Schlafzimmer zu teilen. Schließlich würden wir das Zuhause ja auch nicht einfach so tun, oder?

Da ist es manchmal, gerade wenn Du ein Neuling des alleine Reisens bist, gar nicht so schlecht, die Hostels auszuwählen, die diese spezielle Form der Schlafsäle anbieten.

Viele Hostels bieten Dir zusätzlich auch noch kleine Extras an, auf die die Herren der Schöpfung verzichten müssen (die Frage, ob ihnen das schwer fällt, lassen wir hier mal offen...). Da liegt schon mal ein kuscheliges Handtuch auf dem Bett, ein Fön liegt im Bad bereit und das Zimmer ist mit einem großen Spiegel geschmückt.

Natürlich gilt das nicht immer und bei jedem Mitbewohner, aber manchmal hatte ich das Gefühl, dass Mädels unter sich gesprächiger sind und auch schneller Kontakte knüpfen, als wenn sie das unter der Beobachtung des anderen Geschlechts machen müssten.

Dafür sind wir (ganz ehrlich) doch auch einfach typisch Frau, dass wir uns oftmals zu viele Gedanken machen, was der gut aussehende Typ, der da shirtlos im Bett rumliegt, von uns denkt.

Auch wenn ich Frauen auf Reisen kennengelernt habe, die auch im Adamskostüm im Mixed Dorm nicht mal die Spur einer Röte gezeigt haben, so ist das doch eher seltener der Fall, oder?

Daher ist es manchmal einfach angenehmer, wenn Du dank überfüllten Duschen oder einer langen Schlange davor noch die Möglichkeit hast, Dich einfach im Zimmer umzuziehen. Unter Mädels ist das ja dann doch nicht ganz so schlimm.

Die Nachteile an Girls Dorms in Hostels

Leider sind die Frauen-Schlafsäle nicht immer genauso günstig wie gemischte Schlafräume und so kann es Dir passieren, dass Du einen kleinen Aufschlag dafür bezahlen musst. Aber gegenüber einem Einzelzimmer ist es immer noch kein Vergleich und durchaus verschmerzbar.

Mag sein, dass das nur meine Erfahrung ist, aber seltsamerweise (entgegen der Volksmeinung) sind Frauen manchmal unordentlicher und chaotischer als Männer.

Da liegen dann schon mal die Klamotten überall verteilt, Kosmetika und Kulturbeutel teilen sich damit den Platz und die Wäscheleine wird quer durchs Zimmer gespannt, um die eigene Unterwäsche aufzuhängen.

Eigentlich lässt sich die Entscheidung ganz einfach zusammenfassen:

Bist Du eher die Schüchterne als die Draufgängerin? Hast Du manchmal einfach gern deine Ruhe vor den Herren und der extra Kostenaufschlag tut Dir auch nicht weh?

Macht es Dir nichts aus, Dich vor anderen Frauen umzuziehen, aber bei Männern ist Dir das doch zu offenherzig? Dann sind Frauenzimmer in Hostels absolut das Richtige für Dich!

Du suchst Empfehlungen für Hostels und Unterkünfte, die sich besonders für Frauen eignen? Dann bist Du hier bei der Serie Pink Hostels auf meinem Reiseblog www.pinkcompass.de genau richtig! Denn ich teste und berichte dort für Dich!

Als alleinreisende Frau sicher unterwegs!

„Hab keine Angst davor, alleine in die Welt hinaus zu ziehen.
Hab keine Angst davor, es zu genießen.“

- John Mayer -

Wertsachen sicher verwahren

Sicherheit auf Reisen hat so viele Aspekte und Deine Wertsachen und Dokumente vor Diebstahl und Missbrauch zu schützen, ist einer der kniffligsten.

Es gibt viele verschiedene Arten, gute und weniger gute Verstecke, Aufbewahrungsorte und Packmöglichkeiten und über die meisten scheiden sich die Geister.

Hier findest Du nun meine Tipps und Tricks, die ich auf meinen Reisen gelernt, gesehen und angewandt habe. Sie sind nicht unfehlbar, aber ich fahre damit in den letzten Jahren gut und sicher!

Den großen Backpack sichern!

Das ist in meinen Augen die größte Herausforderung, denn dieses Gepäckstück gibst Du am häufigsten aus den Händen. Am Flughafen, auf Bus- und Bahnreisen und im Taxi verschwindet er aus Deiner Sichtweite und bis Du nach der Ankunft gemerkt hast, dass daraus etwas fehlt, ist der Dieb schon über alle Berge.

Die einfachste Lösung wäre also, einfach keine Wertsachen im Backpack zu lassen. Dabei stellt sich aber schnell das Problem, dass Du bei Verlust Deines kleinen Backpacks dann nichts mehr hast ausser einer Menge Klamotten und Deiner Kulturtasche.

Deshalb bin ich dazu übergegangen, meine Schätze sinnvoll zu verteilen. In den großen Backpack gehören für mich immer und zu jeder Zeit folgende Dinge:

- Ein USB-Stick mit Scans aller meiner wichtigen Dokumente (Reisepass, Impfpass, Internationaler Führerschein, etc.)

- Eine meiner beiden Kreditkarten
- Medikamentenvorräte meiner Dauermedikamente
- Meine Reiseapotheke
- Eine kleine Menge an Geldvorrat (etwa 50€), für Notfälle, oftmals in US-Dollar
- Meine externe Festplatte (aus dem einfachen Grund, dass mein Handgepäck zu schwer werden würde und ich sie unterwegs auch meist nicht brauche)

Damit ich mir nicht ununterbrochen Sorgen darum machen muss, ob gerade mein Rucksack durchwühlt wird, habe ich zwei Zahlenschlösser an den Reißverschlussöffnungen des Haupt- und Nebenfachs. Da macht es mir mein Deuter Traveller 55+10 SL eben einfach.

Zahlenschlösser ganz einfach deswegen, weil ich mir selbst zutraue, den Schlüssel innerhalb eines Tages zu verlieren und weil es schneller geht, sie zwischendurch zu öffnen (denn die Suche nach dem Schlüssel entfällt).

Es sollte logisch sein, dass Du Dir keine Zahlenkombination wie 1234 oder Deinen Geburtstag auswählst.

Eine weitere Möglichkeit, die ich allerdings nicht nutze, sind die Pacsafe© Schlingen, die Deinen Backpack wie ein Netz aus Stahl umgeben und so diebstahlsicher machen sollen.

Ich trau dem Braten nicht, denn wenn man meinen Rucksack aufschlitzt, kann man trotzdem alles herausholen, was man will. Das gilt natürlich auch für mein System, aber wenigstens habe ich mir das Geld für das Netz gespart.

Trotzdem hast Du bei den Stahlschlingen den Vorteil, dass niemand Deinen Rucksack einfach nehmen und wegtragen kann, wenn Du das Netz an einem festen Gegenstand (wie zum Beispiel dem Bett) anschließt.

Ein ganz anderer Aspekt der Sicherheit Deiner Wertsachen sind Nässe und Feuchtigkeit! Ich habe meine Reiseapotheke, meine Dokumente und alles, was wertvoll ist und rein passt (wie zum Beispiel Kabel, USB-Sticks, etc.) in Plastikbeuteln mit Zippverschluss.

Ich habe das immer nur aus Routine und zum besseren Packen gemacht, war aber heilfroh darüber, als ich meinen Backpack in Tel Aviv komplett durchnässt vom Band aufsammeln durfte. In Istanbul hatte es in Strömen geregnet und man hatte das Gepäck wohl beim Verladen ins Flugzeug im Regen stehen lassen.

Den kleinen Backpack sichern!

Die sicherste Art ist, ihn einfach immer bei Dir zu tragen!

Tatsächlich ist das auch meine bevorzugte Methode.

Während ich die Orte wechsle, habe ich alle wichtigen Utensilien in meiner Reisetasche oder meinem kleinen Backpack:

- Meine Kamera
- Meinen Reisepass und die wichtigsten Reiseunterlagen
- Mein Handy
- Mein Laptop (bei Flügen auch in der Laptop-Tasche, zum leichteren Herausnehmen)
- Meine Geldbörse mit der zweiten Kreditkarte, meinem Organspendeausweis und Geld (mehr ist da wirklich nicht drin)
- Einen weiteren USB-Stick mit Scans aller meiner wichtigen Dokumente

(er bleibt IMMER im Handgepäck)

- Eine Ration meiner wichtigsten Dauermedikamente, die mich über ein paar Tage bringen würden, bis ich Ersatz aufgetrieben hätte

Der Dokument Belt ist nicht wirklich nötig, meiner Meinung nach, aber der Vollständigkeitshalber habe ich ihn hier aufgezählt. Ich benutze ihn lediglich aus Gewohnheit und weil ich da alle wichtigen Dinge zusammen habe (Geld fremder Währungen zum Wechseln bei Bedarf, meine Ausdrucke von Visaanträgen oder Buchungen, Reisepass, SIM-Karten anderer Länder...)

Als gute Alternative tut es auch hier wieder ein Plastikbeutel mit Zippverschluss.

Wenn ich dann unterwegs bin, packe ich Laptop oder Kamera je nach Bedarf in abschließbare Fächer in der Unterkunft oder, falls sie mir zu teuer sind, oder gar keine verfügbar sind, einfach in meinen großen Backpack und verschließe ihn wieder mit den Schlössern.

Dokumente aufbewahren!

Größtenteils schon oben beschrieben ist das wichtigste, was Du tun kannst, einmal vor Reisebeginn alle Unterlagen, Dokumente und wichtigen Infos einzuscannen und auf zwei USB-Sticks zu speichern. Einer ist vermutlich auch ausreichend, aber da bin ich lieber paranoid als im Nachhinein die Leidtragende.

Die Originale sammelst Du am besten an einem Ort und variierst deren Aufbewahrungsort je nach Situation.

- Bei Flügen und Transporten - im Handgepäck

- Bei Aufenthalten - in der Unterkunft im Schließfach oder großen Backpack

Was den Reisepass angeht, so ist das eigentlich ganz Dir überlassen. Ich würde Dir eigentlich empfehlen, ihn immer bei Dir zu tragen, halte mich aber selbst nicht wirklich daran...

Geld aufbewahren!

Ich habe für mich und meine Beruhigung mehrere Orte, an denen ich mein Geld aufbewahre in kleineren Häppchen, die mich einzeln doch über das gröbste bringen, falls ich mal kein Geld mehr habe.

1-2 Portionen im großen Backpack, an Orten die nicht klassisch nach Aufbewahrungsort schreien, wie z.B. in einem Paar (sauberen) Socken in Schuhen.

1-2 Portionen in meinem Portemonnaie (in verschiedenen Fächern, so dass Du im schlimmsten Fall Geld im Hauptfach zum Abgeben hast, falls jemand danach verlangt und vielleicht nicht nach den kleinen Fächern fragt) und in kritischen Gegenden zusätzlich noch eine Portion am Körper (der BH eignet sich dafür perfekt).

Auch in Gegenden in denen es nicht üblich ist, ausgeraubt zu werden, die Menschen abre generell ärmer sind, verteile ich mein Geld gern im Portemonnaie und habe im Hauptfach nur das Nötigste, um beim Bezahlen nicht wie ein Prolet auszusehen. Das hat für mich etwas mit Respekt zu tun.

Kreditkarten sichern!

Meine Empfehlung? Immer mindestens zwei davon mit auf Reisen zu nehmen!

Ich habe einmal eine meiner Kreditkarten im Jetlag und Schlafentzug in einem thailändischen Geldautomaten vergessen und wäre ziemlich aufgeschmissen gewesen, wenn ich nicht noch eine zweite gehabt hätte. Zum Zeitpunkt als mir das Fehlen der Karte aufgefallen ist, hatte ich nämlich gerade mal noch 20 Baht (50ct) im Portemonnaie und auch die 50€ im Gepäck hätten mich nicht ewig weit gebracht.

Wie oben beschrieben, solltest Du eine im großen Backpack gut verstecken und eine bei Dir tragen. Sieh Deine beiden Rucksäcke immer als zwei völlig unabhängige Aufbewahrungsorte an, es macht also keinen Sinn zwei identische Objekte (Kreditkarte, USB-Sticks) in nur einem davon in verschiedenen Ecken zu verstecken.

Den Laptop sichern!

Ich habe ein Kensington-Schloss dabei, allerdings nutze ich es immer weniger. Auf meiner ersten Reise nach Australien fühlte ich mich so sicherer und habe es oft genutzt, um meinen Laptop am Bett zu befestigen und unter dem Kissen zu lagern, aber mittlerweile schließe ich ihn doch immer im großen Backpack ein.

Solltest Du Dich trotzdem dazu entschließen, Dir eines zu zulegen gilt hier der gleiche Tipp: Nimm die Zahlenschloss-Variante, dann kannst Du auch den Schlüssel nicht verlieren. Und wichtig ist, vorher abzuklären, ob dein Laptop überhaupt ein Kensington-Eingang hat, das ist leider nicht zu 100% üblich.

Digitale Fotos sichern!

Ein spannendes Thema, denn das ist doch irgendwie einer der heiligsten Wertgegenstände auf Reisen, oder?

Hier gibt es zwei Möglichkeiten:

- Wenn Du mit Laptop reist, kopiere jeden Abend Deine Fotos auf den Laptop (achte beim Kauf darauf, dass er einen SD-Kartenleser hat!) und mindestens einmal die Woche alle zusammen auf Deine externe Festplatte.

Ich lade die besten und wichtigsten (für mich) zusätzlich auf www.pinkcompass.smugmug.com hoch. Die kostenlose Variante wäre www.flickr.com allerdings hatten die bisher begrenzten Speicherplatz. Nun, neuerdings mit bis zu 1 TB, wird es da schon einfacher. Eine gute Alternative ist auch www.dropbox.com, sozusagen eine online Festplatte.

- Wenn Du ohne Laptop reist, frag regelmäßig jemanden im Hostel, der an seinem Laptop bastelt, ob er einen SD-Kartenleser besitzt und Dir netterweise Deine Bilder von der SD-Karte auf Deinen USB-Stick kopieren würde. Je nach Qualität der Bilder sorg dafür, das Dein USB-Stick groß genug ist.

Bei meiner ersten Langzeitreise habe ich nach 6 Monaten dann einen USB-Stick mit allen Fotos nach Hause geschickt. So konnte ich sicher gehen, dass die zumindest schon mal in trockenen Tüchern waren. Nun da ich immer mal wieder nach Deutschland komme, lege ich dort dann immer noch mal eine Sicherung an.

Wie Du Deine Wertsachen aufbewahrst, ist letztendlich komplett Dir überlassen. Arrangier Dich mit den Lösungen, die sich sicher für dich anfühlen.

Wenn Du einen Weg gefunden hast, ohne Dir ständig Sorgen zu machen beim reisen, dann ist das perfekt! Und vieles wirst Du auch unterwegs noch optimieren oder dazulernen, meist von anderen Reisenden.

Fremde Menschen & Deine Sicherheit

Vor einer Weile habe ich gegen eine meiner eigenen Regeln verstoßen. Ich war in Israel und auf dem Weg zum Mount of Olives, einem beliebten Aussichtspunkt, um den Sonnenuntergang über dem Tempelberg zu sehen und bin dabei in eine kleine, unbelebte Gasse abgebogen.

Ich war auf der Suche nach einer Abkürzung und habe dabei kurz das Sicherheitsbedürfnis ausser Acht gelassen.

Kaum in der Mitte angekommen, habe ich mich umgedreht, um zurückzugehen, als ich mich vier Jungs gegenüber stehen sehe. Sie sind im Alter gerade irgendwo zwischen Kindern und Jugendlichen feststeckend und wirken begeistert, als sie mich sehen.

Sie begrüßen mich mit Handschlag, halten mich fest und versuchen mich dabei spielerisch weiter in die Gasse zu drängen. Aber nach wenigen Sätzen machen sie sich eher einen Spaß daraus, mich zu betatschen.

Wahrscheinlich denken sie, als Touristin, ganz alleine unterwegs kann ich ja nicht viel tun, um sie davon abzuhalten.

Und der erste Überraschungsmoment gibt ihnen sogar recht.

Ich habe gewusst, wie ich mich wehren kann und bin nach wenigen Minuten aus dieser Situation befreit, aber dieser Moment hat mich verändert. Er hat mein Gefühl verändert, meinen Blick hier auf die Straßen, in denen ich unterwegs bin.

Ich bemerke plötzlich, dass ich in den Straßen, durch die ich nun trotzig weiter zum Mount of Olives laufe, die einzige Frau bin unter vielen Gruppen von jungen und alten Männern und frage mich, ob mir das etwas sagen sollte.

Ich bemerke, dass die Sonne bereits untergeht. Das war ja der Sinn dahinter.

Den Sonnenuntergang zu sehen. Was ich dabei völlig vergessen habe, ist, zu bedenken, dass ich ja dann auch wieder im Dunkeln zurücklaufen muss. Alleine.

Das eben hätte auch eine andere Situation sein können und hätte anders ausgehen können.

Noch eine zuvor Woche hatte ich mir geschworen, etwas umsichtiger zu sein. Da bin ich nachts um ein Uhr in Istanbul angekommen, war zu geizig für ein Taxi und habe mich von einem Typen in eine dunkle Gasse (schon wieder, die Gassen haben es mit mir...) lenken lassen, den ich zuvor nach meinem Hostel gefragt habe.

Ich bin ihm sogar blindlings gefolgt, als er in ein unbeleuchtetes Haus ohne Türschild eingetreten ist und hinter mir die Tür zu gemacht hat. Zum Glück war es tatsächlich der Hostelbesitzer. Und ein sehr netter noch dazu.

Immer wieder lese ich zwei Meinungen zur Sicherheit von Frauen, die reisen, zur Sicherheit unterwegs mit Wertsachen und zu Betrügereien in verschiedenen Ländern. Ich lese schwarz und weiß. Ich lese zum einen, dass das alles gar kein Problem ist oder zum anderen von den vielen schlimmen Dingen, die da draußen alle passieren.

Ich bekomme entweder Angst gemacht und werde eingeschüchtert oder mir wird vorgegaukelt, alles sei wunderbar und die Welt voller Regenbogen und Einhörnern.

Doch über die Wahrheit lässt sich kaum jemand wirklich aus, jeder fühlt sich dazu verpflichtet, klar auf der schwarzen oder weißen Seite zu stehen. Das Leben ist aber eine Grauzone.

Reisen als Frau, besonders wenn man alleine ist, ist nicht immer ein Zuckerschlecken.

Niemand sagt Dir vorher, dass Du ständig gemustert wirst, wenn Du durch die Straßen in einer fremden Kultur gehst und Dich das erste Mal wahrscheinlich nicht immer wohl dabei fühlen wirst, weil nicht nur freundliche, neugierige Blicke darunter sind.

Dass Du in manchen Ecken, die etwas ausserhalb des Tourismus liegen, als blonde, alleinreisende Frau in etwa wie der Clown im Tarngebiet wirkst.

Niemand sagt Dir, wie lästig anzügliche Blicke oder Sprüche sein können und vor allem Männer werden sagen, dass man als Frau genauso einfach reisen kann wie als Mann.

Ich bin selbst der Meinung, dass man als Reisende für seine eigene Sicherheit verantwortlich ist und, solange man seinen Verstand einschaltet, auch nicht wahrscheinlicher einer Gewalttat zum Opfer fällt als zu Hause.

Aber das bedeutet nicht, dass ich mich immer und überall wohl fühle.

Genau das Gleiche gilt für die Sicherheit Deiner Wertsachen. Manche behaupten, ohne ihren Pacsafe nirgendwohin zu gehen. Andere vertreten die Meinung, dass es schon reicht die wichtigsten Dinge immer bei sich zu haben.

Dass nur die Locals klauen. Dass nur die Touristen klauen. Dass keiner klaut.

Du wirst immer wieder tausend verschiedene Meinungen hören zu allen Fragen der Sicherheit.

Aber was Dir niemand sagt, ist, dass die Sicherheit keine Sache von Pacsafe-Rucksäcken oder dunklen Gassen ist.

Sie ist ein Gefühl. Das Gefühl, in Deiner eigenen Komfortzone zu sein!

Lass Dir von niemandem einreden, reisen als Frau sei gefährlich oder ungefährlich. Lass Dir von niemandem sagen, wann Du Dich wohl zu fühlen hast und wann nicht. Lass Dir von niemandem sagen, wie viele Sicherheitsvorkehrungen die Du triffst, nötig oder übertrieben sind.

Tu das, was Dir ein gutes Bauchgefühl gibt!

Wenn das zehn Schlösser am Rucksack sind, ist das ok. Und wenn Du nach 18 Uhr nicht mehr aus dem Hostel möchtest oder nur in Gruppen unterwegs bist, ist das auch ok. Und wenn Du glaubst, betrunken nachts um drei Uhr alleine durch fremde Straßen zu tingeln ist völlig ok, dann schalt vielleicht noch mal kurz den Kopf ein.

Lies Dir Tipps von erfahrenen Reisenden durch, soviel Du magst.

Und dann tu, was sich richtig für DICH anfühlt.

Denn nur durch Ausprobieren und Austesten wirst Du nach und nach herausfinden, wo sich in den Grauzonen Deine Komfortzone befindet!

Niemand ausser Dir kann Dir sagen, wo sie beginnt und wo sie endet, dafür sind wir alle viel zu verschieden. Aber wenn Du es weißt und Dich darin bewegst, dann fühlst Du Dich auch sicher, wo auch immer Du bist!

Dein wertvollstes Sicherheits-Tool: Dein Bauchgefühl!

Wohin sollst Du reisen? Welche Situationen sind zu gefährlich für Dich? Wann ist die Reisesucht wichtiger als der Alltag? Und wann ist es Zeit, alle Zelte abzubrechen??

Ich habe mir viele dieser Fragen immer wieder gestellt und wenn Du schon eine Weile auf meinem Blog mitliest, bin ich sicher, Du hast Dir mindestens eine dieser Fragen auch schon gestellt. Wenn nicht sogar alle.

Ich versuche immer, ehrlich mit Dir zu sein und trotzdem immer klar und deutlich dazuzusagen: Das hier ist meine Meinung und meine Erfahrung und Deine kann ganz anders sein!

Aber in einem Punkt bin ich mir so sicher, dass ich es schlichtweg als Fakt darstellen würde, ohne Dich je gesehen oder getroffen zu haben:
Dein Bauch hat immer Recht!

Ich höre sofort die ganzen "ja, aber"-s da draußen und grenze daher ein:

- Mag sein, dass Du eine Bauchentscheidung auch mal bereust, aber ich bin sicher, Du würdest es wieder so machen, weil Du daraus Wertvolles gelernt hast.

- Mag sein, dass der Kopf die sinnvollere Lösung bereit hält und es eben manchmal vernünftiger ist, seinen Weg einzuschlagen. Aber auch hier bin ich mir sicher, dass Entscheidungen, die der Kopf entgegen Deinem Bauch gefällt hat, Dich nie 100%ig glücklich machen können.

Ich bin ein Bauchmensch. Durch und durch. Ich habe eine Kopfstimme und viel (manchmal viel zu viel) Vernunft in mir. Aber ich trainiere immer wieder, einfach auf meinen Bauch zu vertrauen.

Ich habe meinen Job gekündigt, alles verkauft, was nicht in den Rucksack passt und mich trotz Angst und riesigem Sicherheitsbedürfnis in die Selbständigkeit geworfen, was in etwa so ist, als würdest Du einen Nichtschwimmer ins Wasser schubsen und hoffen, er lernt im Flug noch schwimmen.

Aber wenn Du auf Deinen Bauch hörst, dann wird es niemals die falsche Entscheidung sein! Denn Du wirst immer damit wachsen und Erfahrungen sammeln, die Dich genau dorthin bringen, wo Du sein sollst!

Davon bin ich überzeugt!

Angebrachtes Verhalten als Frau auf Reisen

Auf meinen Reisen habe ich viele alleinreisende Frauen getroffen. Wieso auch nicht, heutzutage ist das gesellschaftlich deutlich akzeptierter und normaler als noch zehn Jahre zuvor.

Es scheint sogar oft so, dass es mehr alleinreisende Frauen gibt als alleinreisende Männer. Wer hätte das gedacht.

Aber jede von uns steht einmal am Anfang, ist sich unsicher, wie sie sich auf Reisen verhalten soll, welche Fehler sie machen kann und fragt sich gerade in Kulturen, die der unseren fremd sind, wie sie sicher reisen kann, ohne in unangenehme oder riskante Situationen zu geraten.

Du und ich sind da keine Ausnahme und ich wette, Du hast oder hattest vor Deiner ersten Reise alleine genauso viel Bammel wie ich.

Dabei ist es gar nicht so schwer, sich angemessen zu verhalten und so unerwünschte Aufmerksamkeit gleich von vornherein im Kern zu ersticken.

Natürlich gibt es immer Länder, wie Indien, manche Länder in Südamerika oder stark muslimisch geprägte Länder, die schwieriger als Frau zu bereisen sind und die ich an Deiner Stelle nicht unbedingt an den Anfang Deiner Reisekarriere setzen würde.

Aber je mehr Du reist, desto mehr wirst Du lernen, mit ungewohnten und neuen Situationen umzugehen. Du wirst das Land das Du bereist kennenlernen und schnell herausfinden, welche Verhaltensregeln dort angebracht sind.

Um Dir den kalten Sprung ins Wasser und den Einstieg ein wenig zu erleichtern, hier mal ein paar Verhaltensregeln, die ich mir in den letzten Jahren angeeignet habe und als wertvolle Hinweise für jeden Solo-Reise-Neuling ansehe:

Kleidungsregeln

Meine persönliche Grundregel und etwas, das Dir Deinen Aufenthalt in einem fremden Land ungemein erleichtern (oder erschweren) kann, ist die entsprechende Kleidung.

Ich habe so viele Frauen an den verschiedensten Orten gesehen, die sehr unpassend gekleidet waren. Und dabei geht es mir nicht nur um aufreizende Kleidung, die unerwünschte Aufmerksamkeit der Männer anlockt, sondern auch um heilige Orte, an denen eine gewisse Menge an Respekt gezeigt werden sollte.

In Ländern, die nicht sehr westlich geprägt sind, auch wenn dort vielleicht starker Tourismus herrscht und schließlich jeder Hot Pants und Tank Tops trägt, achte mal darauf, wie die einheimischen Frauen gekleidet sind und passe Dich an.

Haben sie ihre Arme und Beine bedeckt oder vielleicht T-Shirts mit kurzen Ärmeln? Tragen Sie Ausschnitt, enge Oberteile oder kurze Röcke?

Das ist die einfachste Art, auf Nummer sicher zu gehen: Sich den Menschen anzupassen, die dort leben, wo Du gerade reist.

In muslimischen Ländern und an heiligen Orten (Tempel, Kirchen, Moscheen) solltest Du grundsätzlich lange Kleidung tragen. Egal, wie andere Touristen dort auftauchen!

In asiatischen Kulturen ist es üblich, in Gebäuden die Schuhe auszuziehen und sie barfuss zu betreten. In Tempeln ist dies sogar ein absolutes Muss!

Achte auf besondere Schilder und Hinweise, die vielleicht noch zusätzliche Kleidervorschriften angeben (Kopfbedeckung zum Beispiel) und achte sie. Verhältst Du Dich respektvoll, verhalten sich auch die Einheimischen respektvoller Dir gegenüber!

Verhaltensregeln

Informiere Dich vorab in einem Reiseführer, ob es in Deinem Land einen speziellen Verhaltenskodex gibt. Manche Länder sind damit sehr offen und geben Touristen klare Hinweise und Hilfen, wie man sich zu verhalten hat.

So ist es zum Beispiel in Laos ein absolutes Tabu, sich mit Einheimischen einzulassen. Auch generell sollte man mit Liebesbekundungen (selbst mit dem eigenen Freund) in der Öffentlichkeit sparsam sein, die Schuhe in fremden Häusern ausziehen und einem Mönch als Frau nicht ungefragt zu nahe kommen.

All das kannst Du zu Beginn der Reise vielleicht nicht sofort wissen, daher ist es nicht nur hilfreich, vorher ein wenig zu recherchieren, um niemanden zu beleidigen, sondern kann auch sehr spannend sein.

In vielen Ländern ist Augenkontakt mit Männern schon eine Aufforderung und kann Dir ziemliche Probleme bereiten.

Achte auf Dein Verhalten, frag andere Reisende nach ihren Erfahrungen und schließe Dich mit anderen Frauen zusammen, wenn Du Dich in einem Land noch unsicher fühlst.

Am wichtigsten ist allerdings, von vornherein ein klares und deutliches „Nein, danke!“ zu üben. Am besten sogar in der Landessprache!

Verschiedene Kulturen

Auch hier ist mein ultimativer Tipp, sich vorher ein wenig zu informieren. Religionen und Kulturen sind so unterschiedlich. Schon Kleinigkeiten können einen erheblichen Unterschied machen, wie Du aufgenommen und behandelt wirst.

Aber auch umgekehrt gilt das, wenn Du Dich zum Beispiel in einem Land mit einer Minderheit befindest.

In Australien bekommst Du von den Australiern schnell ein gewisses Bild gemalt über die Aborigines und nicht selten ist es sehr negativ.

Ich finde das mehr als traurig und besonders schade, dass viele Touristen gleich in die Richtung gedrängt werden, die Aborigines als betrunkenes, rüpelhaftes Volk anzusehen, das sich unzivilisiert einfach nicht an die Regeln hält.

Je mehr ich mich dann belesen und informiert habe, desto faszinierender fand ich deren Kultur und desto besser habe ich verstanden, warum sie so sind, wie sie sind. Dass sie uns nicht in die Augen schauen zum Beispiel, liegt nicht daran, dass sie unfreundlich sind, sondern dass man das in ihrer Kultur einfach nicht macht, um die Distanz des anderen zu respektieren.

Solche kleinen Erkenntnisse können Deinen Alltag in einem Land und das Verständnis der Menschen einschlägig verändern. Deine gesamte Erfahrung ist eine andere, wenn Du versuchst, sie zu verstehen und Dich nach den Regeln ihrer Kultur zu verhalten.

Das mag uns als emanzipierte, privilegierte Frauen der westlichen Kultur, nicht immer leicht fallen, besonders in Ländern, in denen Frauen nicht sehr hoch angesehen sind. Aber vergiss nie, Du bist dort als Gast unterwegs. Deren Kultur nicht zu respektieren, ist, wie beim ersten Besuch bei Deinem Nachbarn die Füße auf den Tisch zu legen.

Ich sage es daher noch einmal: Verhalte Dich respektvoll, dann wird Dir auch respektvolleres Verhalten entgegengebracht!

Arbeiten auf Reisen: Füll Deine Reisekasse!

„Die guten Dinge sind stets die harte Arbeit wert, die es kostet, um sie zu erreichen.“

Welche Jobs gibt es auf Reisen?

Wer will nicht unendlich reisen und dabei Geld verdienen?! Ich zeige Dir, wie Du Dir diesen Traum auf 23 verschiedene Arten ermöglichen kannst! Auf Reisen Geld verdienen? Kein Problem!

Das Working Holiday Visum

In vielen Ländern der Welt (Australien, Neuseeland, UK, Teilen von Südamerika und und und) bekommst Du ein Visum, mit dem Du Dich ein Jahr im entsprechenden Land aufhalten und sechs Monate davon auch arbeiten darfst.

Jobs findest Du ganz einfach, in dem Du hartnäckig mit Deinem Lebenslauf von Tür zu Tür läufst oder die Schwarzen Bretter der Hostels abklapperst.

Fruit Picking

Die wohl bekannteste Art in Australien und Neuseeland während des WHV Geld zu verdienen. Aber nicht zu unterschätzen!

Zehn bis zwölf Stunden in der prallen Sonne Erdbeeren aufzusammeln, kann ganz schön Kräfte zehrend sein und wird nicht immer entsprechend entlohnt. Daher solltest Du Dich vorher gut informieren, welche Bedingungen Dein Job mit sich bringt!

Kellnern

Vielleicht hast Du auch zu Hause während des Studiums oder neben dem Job schon mal gekellnert oder in einer Cocktailbar gejobbt?! Wunderbar!

Dann wird es Dir nicht schwer fallen, auch in anderen Ländern unterzukommen. Einfach mit dem Lebenslauf von Bar zu Bar laufen und nach offenen Stellen fragen.

Einziger Haken: In manchen Ländern brauchst Du eine sogenannte Alkohol-Ausschenk-Lizenz. Die bekommst Du aber auch schon durch einen einfachen Online-Kurs.

Krankenpflege/Altenpflege

Wenn Du eine Ausbildung im Pflegebereich besitzt, kannst Du so gut wie überall Jobs finden. Kranke und pflegebedürftige Menschen gibt es auf der ganzen Welt und auch wenn Deine Ausbildung nicht überall anerkannt wird, kannst Du zumindest als Pflegehelfer arbeiten.

Besonders in Australien ist das sehr einfach und lohnend! Alles, was Du brauchst, ist Dein übersetztes Diplom, ein oder zwei englische Referenzen (am besten schon von Deinem alten Arbeitgeber ausstellen lassen) und eine Nursing Agency wie zum Beispiel Healthcare Australia.

Auf Kreuzfahrtschiffen anheuern

Ob als Entertainer für Gäste oder deren Kinder, als Küchenhilfe, Ausflugsbegleiter oder Zimmermädchen, die Jobs auf Kreuzfahrtschiffen sind vielfältig und zahlreich!

Die Konditionen allerdings oft auch sehr speziell: Sieben Tage die Woche arbeiten, sich das Zimmer mit anderen teilen und nervige Gäste können die Nachteile sein. Gute Bezahlung, internationale Kontakte knüpfen zu können, Trips mit 2-4 Monaten am Stück und dafür anschließend 1-3 Monate frei die Vorteile.

Am besten wendest Du Dich bei Interesse an Agenturen, die Dich kostenlos vermitteln, wie zum Beispiel Connect.

Cafés, Shops, Restaurants

Auch hier ist Klinkenputzen angesagt. Hartnäckig mit dem Lebenslauf auftauchen, Angriff ist die beste Verteidigung! Und immer auch die Augen offenhalten nach Zetteln, auf denen Aushilfen gesucht werden!

Construction Work

Arbeiten auf der Baustelle, dafür ist nicht Jede(r) gemacht, aber auch in diesen Jobs kannst Du sehr gut Geld verdienen.

Nicht davon abschrecken lassen, dass wir als das schwache Geschlecht gelten! Auf Baustellen wird auch gemalert und gehandwerkelt, was wir Frauen durchaus auch hinbekommen!

Tauchlehrer

Davon kann Conni vom Reiseblog Planet Backpack ein Lied singen, mehr dazu kannst Du auch in ihrem Artikel „Schritt für Schritt zum Tauchlehrer" darüber bei ihr lesen!

Dein Job

Viel häufiger als Du denkst, kannst Du Deine gelernten Fähigkeiten und Ausbildung auch in anderen Ländern umsetzen. Informiere Dich, denk ausserhalb der Box und all den konservativen Vorstellungen und überleg Dir wie Du Deinen Job ortsunabhängig fortsetzen kannst...

Reiseblogger

Nicht ganz so einfach, wie Du Dir das vielleicht vorstellst. Es gibt zwar einige Möglichkeiten, mit Deinem Reiseblog Geld zu verdienen, aber die benötigen viel Vorbereitungszeit und viel, viel Arbeit.

Falls Dich das nicht abschreckt und auch nicht die Artikel von Kate (Adventurous Kate) und Sebastian (Off the Path), wie das Leben eines Reisebloggers aussieht, dann nur zu!

Social Media Consultant

Du kennst Dich gut aus mit Facebook, Twitter und Instagram? Du kennst Marketing Strategien rund um Social Media? Super! Dann wäre dieser Job bestimmt etwas für Dich!

Schreib Firmen an, die noch keine Social Media Auftritte haben und biete ihnen an, sie für sie zu erstellen. Oder schreib Seiten an, bei denen Du noch deutliches Verbesserungspotential siehst und biete ihnen Deine Hilfe dabei an.

Web Designer

Das gleiche in grün. Wenn Du Dich mit dem Erstellen und Verbessern von Websites auskennst, ist das auch wieder der ideale Weg, um ortsunabhängig als Berater für andere zu arbeiten und Geld zu verdienen.

Nicht schüchtern sein und anfragen! Mehr als Nein sagen kann niemand.

Tour Guide

Frag beim Tourismusbüro einer Stadt an, ob sie noch Tour Guides benötigen, lies und erarbeite Dir das Wissen dazu notfalls in der örtlichen Bibliothek. Wenn Du länger an einem Ort bleibst, lohnt sich der Aufwand und vielleicht kennst Du ja dann auch schon den einen oder anderen Geheimtipp der Stadt.

Auch bei organisierten Städtetrips mit unabhängigen Guides wie New Sandemans anzufragen, kann sich lohnen.

Oder biete selbst Stadtführungen an. Für kleines Geld sind mit Sicherheit einige Reisende interessiert daran, sich von Dir die Stadt zeigen zu lassen. Häng Flugblätter aus und warte auf das Feedback.

Hosteljobs

In so gut wie jedem Hostel gibt es Jobs für Reisende. Ob Du nun für 2-3 Stunden am Morgen Betten machst, um eine freie Übernachtung zu ergattern oder an der Rezeption jobbst, die Möglichkeiten sind vielfältig. Ausführlicher habe ich dazu schon mal in meinem Gastartikel Arbeiten im Hostel bei Hostelbookers geschrieben!

Promotion

Ungewöhnlich, aber durchaus machbar: Lass Dich anheuern und wirb für andere Unternehmen. Ob Du nun Flyer verteilst oder in Shopping Malls Kunden in die Geschäfte ziehst, viel mehr als gutes Englisch und ein halbwegs sicheres Auftreten brauchst Du dabei nicht.

Ich bin in einem australischen Hostel über einen Flyer im Hostel gestolpert und habe so drei Monate lang für eine Kids Photography Company Eltern mit Kindern in Shopping Malls dazu überredet, ihre Kinder vor Ort fotografieren zu lassen.

Kostenlose Unterkunft, Bezahlung der Reisekosten, zeitweise ein eigenes Auto und ein wöchentliches Gehalt?! Der Traum aller arbeitenden Reisenden!

Unterrichte Englisch

Mach einen TEFL Kurs und such Dir einen Job irgendwo auf der Welt, wo Du Englisch unterrichten kannst. Auch wenn Muttersprachler gern bevorzugt werden, ist es nicht unmöglich, auch als Deutsche solche Jobs zu finden. Und wenn Du erstmal einen ergattert und damit Referenzen gesammelt hast, wird es umso leichter!

Hotels

Ähnlich wie in Hostels und auf Kreuzfahrtschiffen gibt es in Hotels eine Vielzahl von Jobmöglichkeiten. Und viele stellen auch gern zeitweise Reisende ein.

Ich bin auch hier einfach in die Hotels gegangen und habe gefragt. Meist lassen sie Dich sofort ihren Einstellungsbogen ausfüllen und melden sich, wenn sich etwas ergibt. Auch da heißt es, hartnäckig zubleiben und immer wieder nachfragen, damit Du nicht in Vergessenheit gerätst.

Au Pair

Die organisierteste Form der Arbeit auf Reisen. Dazu meldest Du Dich nämlich schon zu Hause bei einer Vermittlungsstelle an und fliegst dann direkt zu Deiner neuen Familie bei der Du die Kinder hütest.

Nicht immer verdient man dabei viel, aber Du bekommst Unterkunft, Verpflegung und oft sogar einen Sprachkurs. Je nachdem wie viel Glück Du hast, bekommst Du Dein eigenes Zimmer und sogar ein Auto zur Verfügung gestellt!

Work Exchange

Deine Arbeitskraft kannst Du so gut wie überall eintauschen! Jobs in allen Varianten findest Du zum Beispiel auf Workaway oder Anyworkanywhere.

Wenn Du einfach nur Deine Ausgaben schonen willst und Dir Kost und Logis schon reichen, dann sind HelpX und Idealist tolle Seiten zum recherchieren.

Nutze Deine Talente!

Du kannst etwas, das andere nicht können, aber lernen möchten? Dann häng Flyer aus und bring es ihnen bei! Ob Gitarre spielen, Tanzstile oder Nachhilfe, jeder ist in etwas besonders gut. Nutze Deine Stärken und Talente!

Photographie

Wenn Du ganz besonders schöne Bilder auf Deinen Reisen machst und auch die entsprechende Kamera dabei hast, lohnt es sich, diese in einer professionellen Maske wie zum Beispiel SmugMug auszustellen und zum Verkauf anzubieten!

Wer weiß, vielleicht wirst Du sogar entdeckt!

Wwoofing

Auch Wwoofing (Willing Workers on Organic Farms) ist generell eher nichts, womit man Geld verdienen kann, aber manchmal kannst Du Dir durch ein paar Stunden extra noch ein Taschengeld dazuverdienen.

In jedem Fall sparst Du Dir aber auch wieder die Unterkunftskosten und kannst währenddessen vielleicht online arbeiten.

Die Welt ist eine Pralinenschachtel, Du musst Dich nur bedienen!

Sei also kreativ und schaffe Dir Deine eigene Marktlücke. Ob Du nun in asiatischen Ländern anbietest, die Menükarten der Restaurants auf Übersetzungsfehler zu korrigieren oder mit Touranbietern Kommissionsdeals aushandelst, es gibt nichts, was es nicht gibt. Nur Dinge, die Du noch nicht ausprobiert hast!

Working Holiday in Australien

Bevor wir damit starten, alles für Dein Working Holiday zusammenzusuchen, muss ich Dir ein Versprechen abnehmen!

Versprich mir bitte, dass Du Dir von niemandem einreden lässt, all dieser organisatorische Kram sei zu kompliziert und dass Du unbedingt eines dieser supertollen Pakete buchen musst, in dem alles für Dich erledigt wird!

Warum, fragst Du? Weil ich der Meinung bin, dass JEDER im Alleingang die Schritte, die nun kommen und Dich zu Deinem Working Holiday nach Australien bringen, ohne Probleme gehen kann und Du Dir das Geld für Wichtigeres wie Schnorchel-Touren, Sydney Harbour Bridge Walks und Fraser Island Touren sparen kannst.

Ich hatte vor meinem Working Holiday genauso wenig Ahnung wie Du vielleicht gerade und auch ich habe es mit dem minimalsten Aufwand und so wenig Ausgaben wie möglich geschafft.

Das Visum für Dein Working Holiday

Die wichtigste Essenz und die größte Hürde. Denkst Du. Sagt jeder.

Tatsache ist aber, nichts ist einfacher als das!

Das Einzige, was Du brauchst, sind Zeit, Ruhe und falls Dein Englisch nicht gut genug ist (oder Du denkst, es ist nicht gut genug) jemanden, der Dir beim Übersetzen hilft. Aber glaub mir, es ist nicht halb so schwer, wie Du glaubst!

Mein Englisch-Unterricht lag 10 Jahre zurück, ich hätte Schwierigkeiten gehabt, eine fließende Unterhaltung zu führen und wie Du siehst, hab selbst ich das hinbekommen!

Der wichtigste Punkt dabei: Schau Dir vorher genau an, ob Du alle Bedingungen erfüllst! Lies es gründlich durch, druck es Dir notfalls aus und hak alle Punkte ab. Nichts ist ärgerlicher als ein verpatztes Visum, weil Du etwas Kleines übersehen hast. Das Geld dafür bekommst Du nicht zurück!

Die Eckpunkte, die Du für ein Working Holiday Visum in Australien erfüllen musst, sind folgende:

- Du bist mindestens 18 Jahre alt und maximal 30 (damit ist also gemeint, bis zum letzten Tag vor Deinem 31. Geburtstag)

- Dir muss klar sein, dass Du das Working Holiday innerhalb eines Jahres antreten musst, nachdem Du es bewilligt bekommen hast

- Du musst Dich zum Beantragen (und auch noch für die Bewilligung) ausserhalb von Australien befinden

- Falls Du während Deines Working Holiday im Gesundheitswesen arbeiten möchtest, solltest Du bereit sein, eine Gesundheitsuntersuchung durchführen zu lassen von einem festgelegten, zertifizierten Arzt, zu Deinen eigenen Kosten

- Du musst einen gültigen Reisepass besitzen

- Du musst genügend finanzielle Ressourcen besitzen, um einen Rückflug buchen zu können (oder schon einen Rückflug gebucht haben) und zusätzlich etwa 5000$ (ca. 3500€) Reserve haben.

  (Auch wenn überall steht, dass Dich die Einwanderungsbehörde theoretisch nach einem Nachweis fragen kann, also einem Kontoauszug zum Beispiel, habe ich noch von niemandem gehört, der tatsächlich danach gefragt wurde. Aber sag niemals nie.)

- Du musst die Gebühr für das Visum (Subclass 417) von 365$ (Stand 08/2013) per Kreditkarte zahlen können (es muss allerdings nicht unbedingt Deine eigene Kreditkarte sein)

Diese Liste ist nicht vollständig und bis ins Detail ausgeführt, daher solltest Du in jedem Fall auf der Homepage der australischen Regierung nachlesen. Hier wollte ich Dir lediglich einen Überblick geben, sodass Du diese Punkte schon mal alle abhaken kannst!

Wenn Du die Online-Beantragung hinter Dir hast, heißt es nur noch abwarten!

Aber in den meisten Fällen ist das gar nicht lange: Eventuell hast Du schon nach wenigen Minuten die Bestätigung für Dein Working Holiday Visum im E-Mail Postfach. Wenn es blöd läuft, kann das in Ausnahmefällen allerdings auch ein paar Wochen dauern, daher nicht vergessen, es rechtzeitig zu beantragen!

Du hast Dein Visum, Glückwunsch! Was brauchst Du nun also noch?

Eine Tax File Number (Steuernummer) für Dein Working Holiday

Wer in Australien arbeiten möchte, der muss dort auch Steuern zahlen! Meist geschieht das völlig unkompliziert durch Deinen Arbeitgeber und völlig automatisch, so wie bei uns in Deutschland.

Noch dazu bekommst Du in den allermeisten Fällen all diese Steuern am Ende Deines Aufenthaltes zurück.

Trotzdem brauchst Du dafür eine australische Steuernummer.

Es gibt verschiedene Möglichkeiten, an diese Steuernummer zu kommen.

- Sobald Du in Australien bist und arbeiten möchtest, rufst du bei der australischen Steuerbehörde an und lässt Dir ein Formular zur Beantragung zuschicken

- Du beantragst sie online und lässt Dir die Steuernummer zuschicken (Voraussetzung: Du befindest Dich schon in Australien!)

- Du beauftragst einen Dienst wie zum Beispiel MojoKnows, Dir eine Steuernummer zu besorgen und lässt sie Dir per SMS und E-Mail zuschicken. Das kannst Du auch schon von Deutschland aus erledigen.

Ich bin ganz ehrlich, ich habe die letzte Möglichkeit genutzt. Das ist auch der Grund warum ich diesen (zwar kostenpflichtigen, aber trotzdem mit 9,95€ noch günstigen) Weg hier erwähne:

Es ging reibungslos und unkompliziert!

Der Hauptgrund war für mich einfach, dass ich nicht wusste, wo ich die ersten Monate unterwegs sein würde und keine feste Adresse zum Zuschicken der Tax File Number gehabt hätte.

Ausserdem wollte ich, wann immer es mir passte einfach nach einem Job suchen können, ohne zuvor noch auf die Steuernummer warten zu müssen.

Working Holiday Visum? Check! Tax File Number? Check! Was nun?

Das australische Konto

Kaum ein Arbeitgeber wird sich darauf einlassen, Dir Dein Gehalt auf Dein deutsches Konto zu überweisen. Noch dazu wäre das auch unklug, denn durch die Wechselkurse würdest Du Dein hart erarbeitetes Geld geradewegs aus dem Fenster werfen.

Die Eröffnung ist sehr unkompliziert. Sobald Du Dich für eine Bank entschieden hast, gehst Du in deren Filiale und gibst einfach an, eine Working Holiday Reisende zu sein und schon wissen die Angestellten genau, was Du brauchst!

Dafür brauchst Du lediglich Deinen Reisepass und eine australische Adresse, die Du bei der Kontogründung angeben kannst (Dein derzeitiges Hostel reicht vollkommen aus, sämtliche Kontakte laufen sowieso per E-Mail).

Dann solltest Du noch etwa 5-10 Tage an diesem Ort bleiben, um die Ankunft Deiner neuen Bankkarte abzuwarten. Ich habe mir meine Karte nicht ins Hostel schicken lassen, das war mir zu ungewiss, sondern sie in der Bankfiliale hinterlegen lassen.

Dort bin ich dann einfach zum verabredeten Termin wieder hingegangen und habe die Karte samt PIN eingesammelt. So einfach war das!

Welche Banken sind die gängigsten?

- NAB - National Australia Bank
- Westpac
- ANZ - Australia and New Zealand Banking Group
- Commonwealth Bank

Es gibt nur feine Unterschiede bei diesen Banken, was Dein zukünftiges Konto angeht, aber der wichtigste dürfte folgender sein: Die NAB und Westpac bieten Dir für 12 Monate ein kostenloses (also Kontoführungsgebühren freies) Konto an!

Herzlichen Glückwunsch! Du bist bereit für Dein Working Holiday!!

Aktiv auf Jobsuche vor Ort

Wie geht man eigentlich auf die Suche nach einem Job, wenn man auf Reisen ist? Was brauchst Du dazu und wie stellst Du es an, einen coolen Job zu finden, der Deine Reisekasse länger haltbar macht?

In diesem Teil geht es nicht um Jobs, für die Du eine Bewerbungsmappe brauchst, oder um die Du Dich schon von Zuhause aus bewirbst. Hier geht es nicht um eine Arbeitsstelle, hier geht es um Jobs. Kurzzeitjobs zwischen vier Wochen und sechs Monaten. Jobs auf Reisen, für mal so zwischendurch.

Denn wir wissen alle, wie eine schnieke Bewerbung auszusehen hat, aber wie bekommst Du den Job im Café, im Hotel oder auf einer Tour?

Soll ich schon vor Reisestart nach Jobs suchen?

Du kannst es natürlich versuchen, aber in den meisten Fällen wird es leichter sein, vor Ort nach einem Job zu schauen.

Trotzdem gibt es sehr praktische Websites, wie Workaway.info, Anyworkanywhere.com und natürlich Helpx.net und Wwoofing für Volunteer und Farming Jobs, auf denen Du Dich vorab schon nach Jobs umschauen kannst.

Dein Lebenslauf

Dein wichtigstes Utensil! Also solltest Du ihm besonders viel Aufmerksamkeit schenken. Er muss nicht perfekt sein, aber gerade in Ländern, wo Du mit nicht viel mehr als einem Lächeln und Deinem Lebenslauf auf die Suche gehst, sollte er ansehnlich sein.

Im Englischen wird er gern mit CV (Curriculum Vitae) abgekürzt und ist mit einer Seite an Länge vollkommen ausreichend.

Vergiss nicht, Du bewirbst Dich nicht um einen langfristigen Arbeitsplatz, deshalb halte ihn knapp, schlank und aussagekräftig. Vorlagen gibt es bei Google in Massen, einfach downloaden, ausfüllen, abspeichern.

Die meisten Hostels drucken Dir schon für 10 oder 20ct deinen CV aus, wenn Du ihn dann brauchst. Falls nicht, such Dir den nächsten Copy Shop.

Bei aller Schlichtheit sollte die Druckqualität trotzdem nicht aussehen, als wäre Dein Lebenslauf schon durch fünf Hände gelaufen, also darauf schon noch ein Auge haben.

Das Klinkenputzen

Du weißt, was das bedeutet, oder?

Genau! Schnapp Dir einen Stapel Lebensläufe, zieh Dir Dein ordentlichstes T-Shirt an, das der Rucksack hergibt und lauf von Tür zu Tür.

Restaurants, Cafés, Hotels, FastFood... Alles, was aussieht, als könnten darin auch ungelernte Aushilfen arbeiten, ist in Deinem Zielgebiet.

Frag Dich durch! Wenn es dort keine Jobs gibt, können sie Dir einen Tipp geben wo vielleicht einer frei wäre?

Hartnäckigkeit

Nachdem Du Deinen CV an allen Haustüren und Tresen verteilt hast, lass Dir auch immer gleich einen Ansprechpartner und/oder eine Telefonnummer geben.

Dann solltest Du nach 2-3 Tagen, spätestens aber nach einer Woche höflich nachfragen, ob sich etwas ergeben hat. In vielen Ländern ist Zurückhaltung völlig fehl am Platz! Zeig, dass Du wirklich daran interessiert bist und wenn Du irgendwo ein gutes Gefühl hattest, geh sogar persönlich noch einmal hin und erkundige Dich!

Job Center

Gerade in Australien und mit dem Working Holiday Visum ein beliebter Ort, um sich Jobs zu angeln, also in den Großstädten einfach mal die Augen offen halten nach diesen Büros. Oft sind es auch einzelne Personen, die für Dich für ein kleines Entgelt (ab 10$) den passenden Job suchen.

Online

Noch einfacher geht es, wenn Du auf Google eintippst was Du suchst. Und damit ist gemeint: Jobs + Dein Aufenthaltsort.

Und schon kannst Du aus einer Vielzahl von Websites schöpfen.

Bonustipp Australien:

Auch mal gründlich auf der Website Gum Tree umschauen!

Für die tiefer gehende Jobsuche und langfristigere oder anspruchsvollere Jobs sind folgende Websites sehr nützlich:

- www.seek.com.au
- www.jobsearch.gov.au
- www.carrerone.com.au

Deine Ausbildung

Unterschätze nicht, was Vorerfahrung bringen kann! Selbst wenn Deine Ausbildung vielleicht in Deinem Reiseland nicht anerkannt wird, stellen viele Firmen Dich gern als Aushilfe in der einen oder anderen Form ein!

Fragen kostet nichts und Du wärst überrascht, wie einfach und unkompliziert es manchmal gehen kann.

Solltest Du also Deine Ausbildung bei der Jobsuche nutzen wollen (und wieder: Hierbei geht es nicht um eine Festanstellung!), können ein paar Extras zum CV nicht schaden:

Reference Letter

In englischsprachigen Ländern sind sie Gold wert!

Ein Referenzschreiben unterscheidet sich deutlich von unseren gängigen Arbeitszeugnissen, denn sie sind meist eher eine Beschreibung des Charakters und Deiner Vorzüge.

Wenn Du also die Möglichkeit hast, bitte Deinen Vorgesetzten oder eine Kollegin vorab schon um einen Reference Letter (natürlich auf Englisch!). Vorlagen und vorgefertigte Sätze gibt es auch hier wieder online, aber achte darauf, dass es trotzdem authentisch bleibt.

Übersetzte Zeugnisse

Sie können sehr nützlich sein und auch wenn sie nicht anerkannt werden doch so etwas wie Sicherheit geben, wenn Dir jemand einen Job gibt.

Nützlich ist es dann noch, wenn Du einen Übersetzungsdienst wählst, der im Land Deiner Wahl auch anerkannt wird. Da gibt es große Unterschiede.

Bonustipp Australien:

Ich habe mich für meine Berufsurkunde auf die Empfehlung von Reisebine verlassen und AUSTS gewählt. Die Übersetzungen waren wirklich sehr gut und eben auf australischem Standard.

Letztendlich sind ein guter CV und charmante Hartnäckigkeit Deine wertvollsten Güter bei der Jobsuche! Also nicht entmutigen lassen, am Ball bleiben und sich auch auf ein wenig Wartezeit einstellen!

Es ist zwar möglich, aber nicht wahrscheinlich dass Du gleich beim ersten Versuch Glück hast. Oft dauert es gute 3-4 Wochen und einiges an Ausdauer um einen guten Job zu ergattern. Also früh genug mit der Suche beginnen, bevor die Reisekasse vor Dir aufgibt.

Bedenke aber dabei auch, dass für Dein Visum die Regel gilt, dass Du nicht länger als sechs Monate bei ein und demselben Arbeitgeber arbeiten darfst und sowieso nicht mehr als sechs Monate insgesamt arbeiten solltest (auch wenn sich viele weder an die eine noch an die andere Regel halten).

Als Krankenschwester in Australien

Wenn man als Krankenschwester, Kinderkrankenschwester oder Krankenpflegehelferin mit dem Work & Holiday Visum nach Australien geht bekommt man von allen Seiten zu hören, wie begehrt diese Berufe dort sind und dass es ein leichtes ist dort einen Job zu finden.

Das stimmt auch bedingt. Wenn Du weißt, wie! Hier findest Du alles an Vorbereitungen, die Du treffen kannst, um Dir den Einstig möglichst leicht zu machen:

Dein Visum & die Bedingungen

Wenn Du das Visum für Dein Work & Holiday beantragst, solltest Du vorab schon die Regeln beachten, die gelten, wenn Du vorhast, im australischen Gesundheitswesen zu haben.

Du brauchst die Gesundheitsuntersuchung eines bestimmten Arztes, um Dein Visum kompatibel mit Deinen Jobvorstellungen zu machen. Leider musst Du die Kosten dafür selbst tragen.

Hast Du das geschafft, geht es nun daran, sämtliche Unterlagen vorzubereiten, die Du für eine Anstellung brauchen wirst.

Zeugnisse & Referenzen

Du solltest vorab die gängigsten Unterlagen für Deine Bewerbung vorbereiten. Es ist zwar in Australien dann nicht nötig, die klassische Bewerbungsmappe vorzulegen, aber wenn Du dort arbeiten möchtest, braucht Dein Arbeitgeber Nachweise für seine Unterlagen:

- Der Lebenslauf (im englischen "CV" genannt)

- Deine Berufsurkunde (ins Englische übersetzt)

- Reference Letters (dies sind englische Zeugnisse, die allerdings eher Deinen Charakter beschreiben, als Deine tatsächliche vorherige Arbeit)

- Passbilder (es müssen nicht unbedingt teure Bewerbungsfotos sein)

An dieser Liste merkst Du schon, einzig eine Ausbildung reicht eventuell nicht, um in Australien in der Krankenpflege arbeiten zu können, dafür solltest Du schon mindestens 6 Monate gearbeitet haben.

Besser ist es sogar, wenn Du Referenzschreiben von verschiedenen Arbeitgebern abgeben kannst, aber das wird nicht allzu streng gesehen.

Ich habe mir vor meiner Abreise einen Reference Letter von meiner Pflegedienstleitung und einem netten Oberarzt mit dem ich zusammengearbeitet habe, schreiben lassen und bin damit gut durchgekommen.

Vorbereitungen in Australien

Die restlichen Bedingungen kannst Du dann erst in Australien angehen:

- Du brauchst eine australische Steuernummer
  (Tax File Number)

- und ein australisches Bankkonto

Damit bist Du perfekt vorbereitet auf Deine Jobsuche als Krankenschwester!

Aber wie findest Du nun tatsächlich einen Job im Gesundheitswesen?

Nursing Agencies

Die einfachste und unkomplizierteste Möglichkeit ist, sich an eine der vielen Agenturen in Australien zu wenden. Die größte, die Du in jeder großen Stadt finden wirst, nennt sich Healthcare Australia und hat sich für mich als ganz besonders freundlich und hilfreich herausgestellt.

Es war nicht die erste Agentur, an die ich mich gewandt habe, daher kann ich das sogar mit Vergleichsmöglichkeiten sagen! Sobald ich aber bei HCA gelandet bin, wurde ich sehr gut betreut und alles lief fast von alleine.

Die "Bewerbung"

Davor ihr hatte ich den meisten Respekt und meine Sorgen waren im Nachhinein völlig unbegründet. Solltest Du in einer der Großstädte wie Melbourne, Sydney, Adelaide oder Perth landen, schau im Internet nach ihren jeweiligen Büros und geh einfach persönlich vorbei.

Dazu solltest Du wissen, dass die jeweiligen staatlichen Agenturen auch danach benannt sind (so heißt sie in South Australia NASA, im Northern Territory NT Medic usw.).

Sie alle gehören aber zu HCA, sodass Du, in einem Bundesstaat registriert, ohne Probleme auch in allen anderen arbeiten kannst. Das bringt natürlich den tollen Vorteil, dass Du in einem Staat arbeiten kannst, danach ein wenig weiterreisen und anschließend in einem anderen Staat wieder einsteigen kannst.

In meinen Augen die perfekte Voraussetzung für ein Work & Holiday!

Einmal in einer Agentur angekommen, stellst Du Dich kurz vor und gibst Deinen Beruf und Deine Absicht, zu arbeiten, an. Nach einer kurzen Abfrage ob Du denn alle erforderlichen Unterlagen vorzeigen kannst, ist der Rest reine Bürokratie.

Ich war nach zwei Stunden Formulararbeit und schriftlichen Einweisungen in

Sicherheitsthemen wie Brandschutz, Arbeitssicherheit etc. (alles ganz einfach) schon wieder draußen.

Einzig das australische Führungszeugnis zu beantragen (dazu bekommst Du dort aber genaue Anweisungen und Erklärungen) hat mich nochmal Zeit gekostet, aber selbst das ist deutlich unkomplizierter als in Deutschland.

Zum einen dauert die Ausstellung lediglich 14 Tage und zum Anderen darfst Du allein schon mit der Bestätigung der Beantragung sofort voll einsteigen. Die Kosten dafür (etwa 50$) musst Du selbst tragen.

Zum Abschluss bekommst Du ein Arbeitsshirt der jeweiligen Agentur gestellt und kannst weitere dazu kaufen (etwa 25$ pro Stück) wenn Du möchtest. Die restliche Arbeitskleidung (schwarze Hose und Schuhe) musst Du Dir selbst besorgen. (Einfach bei K-Mart oder Big W vorbeischauen)

Nun musst Du einfach nur Dein Handy bereithalten und auf Deinen ersten Arbeitsauftrag warten!

Care Assistant vs. Registered Nurse

Bisher habe ich lediglich beschrieben, wie Du Dich mit einer deutschen Ausbildung und dem Working Holiday Visum um einen Job in Australien bemühen kannst. Das ist aber noch nicht die ganze Wahrheit.

Es stimmt, dass unsere deutsche Ausbildung in Australien anerkannt wird, allerdings gibt es dort ein Registrierungssystem, das anders ist als bei uns. Hier haben wir mit unserem Diplom sofort die Möglichkeit, zu arbeiten.

In Australien muss man sich nach dem Abschluss erst beim Nursing Board registrieren lassen und darf anschließend als Krankenschwester (Registered Nurse) arbeiten.

Auch wenn dies für deutsche Krankenschwestern möglich ist, bedeutet es doch einen deutlich höheren Aufwand! Zunächst müsstest Du einen

Englischtest absolvieren und mit dem akademischen Grad abschließend. Anschließend könntest Du Dich beim Nursing Board registrieren lassen.

Alles in allem würde Dich das bis zu neun Monate (manchmal sogar länger) kosten und auch wenn Du all das von Deutschland aus vorbereiten könntest, solltest Du früh genug damit anfangen!

Die Alternative ist, als Care Assistant oder PCA (Personal Care Assistant) zu arbeiten. Das kommt in etwa auf die Stufe der Krankenpflegehelfer oder Altenpfleger und ist der Weg, den ich gegangen bin und bis eben auch beschrieben habe.

Dafür brauchst Du weder einen Englischtest noch die Registrierung! Allerdings sollte Dir bewusst sein, dass Du somit hauptsächlich in der Altenpflege eingesetzt wirst statt in Krankenhäusern.

Deine Schichten

Da Du nun in einer Agentur angestellt bist, hast Du einige Vor- und Nachteile:

- Deine "Einstellung" verläuft deutlich unkomplizierter, als sie es in einem Krankenhaus oder einer Pflegeeinrichtung verlaufen wäre

- Du verdienst einen höheren Stundenlohn (etwa 25-45$ pro Stunde, je nach Wochentag/Schicht/Feiertag) als im Krankenhaus, da Du eine deutlich höhere Flexibilität mitbringen musst

- Du hast keinen festen Schichtplan, was bedeutet: Wenn irgendwo eine Schicht frei wird (zum Beispiel weil einer der festangestellten Mitarbeiter krank geworden ist), ruft Dich die Agentur an und fragt nach, ob Du die Schicht übernehmen möchtest. Das kann ein paar Tage, oder auch ein paar Stunden vorher der Fall sein!

- Du kannst selbst online angeben, an welchen Tagen für welche Schichten Du verfügbar bist und Dir sogar selbst Schichten zuteilen, die bereits online zur Verfügung stehen (so schreibst Du also Deinen Schichtplan fast selbst)

- Du bist häufig in unterschiedlichen Stationen oder Institutionen eingesetzt

- Du bist in fast allen Fällen (außer, Du kennst Dich sehr gut aus) immer mit einer zweiten Person eingeteilt, die sich auf der jeweiligen Einheit oder Station auskennt

- Du bestimmst selbst, ob Du nur für zwei Wochen oder zwei Monate am Stück arbeiten möchtest und kannst flexibel auch die Staaten wechseln

- Falls Du Interesse daran hast, nach Deinem WHV dauerhaft nach Australien einzuwandern, hilft Dir HCA auch dabei ein Sponsorship zu organisieren

Deine Arbeit

Wie schon oben erwähnt, wirst Du meist für Schichten in Altenpflegeheimen eingeteilt. Dabei gibt es Schichten, die zwischen 4-8 Stunden am Tag variieren. Es kann also auch ganz angenehm sein, einfach nur von 16 bis 20 Uhr zu arbeiten und dann wieder freizuhaben.

Die Pflegeheime in Australien unterscheiden sich höchstens im Komfort von denen in Deutschland. Die meisten Bewohner, wie sie hier liebevoll genannt werden, haben eigene Zimmer, die auch eher aussehen, als wären es Wohnzimmer. Oft mit den eigenen Möbeln ausgestattet und mit Deko und Bildern verziert, hatte ich oft das Gefühl, in deren Zuhause einzutreten.

Die Pflegefälle werden hier auch in verschiedene Stufen eingeteilt und je nach Aufwand werden sie immer zu zweit versorgt. Sobald ein Bewohner nicht mehr selbständig laufen kann, wirst Du ihn in den meisten Fällen nicht alleine versorgen. Noch dazu legt die Agentur größten Wert darauf, dass Du als Pflegender nicht zu Schaden kommst, daher sind elektrische Hebe- und

Lagerungshilfen Pflicht!

In den höheren Pflegestufen und bei Bewohnern mit Demenz oder Alzheimer sind meist 4-5 Pflegende in einer Schicht und Du machst grundsätzlich, außer vielleicht beim Helfen der Nahrungsaufnahme, nichts alleine!

Pausen werden dir schon ab 4 Stunden Arbeitszeit strikt gewährt und eingehalten. Überstunden gibt es fast nicht, und falls doch, wirst Du dafür bezahlt. Du hast es also als Care Assistant einer Agentur in Australien wirklich gut!

Mit ein wenig Vorbereitung von zu Hause aus und dem Wissen, wie Du es richtig anstellst, ist es kein Problem einen gut bezahlten Job in Deinem Working Holiday Jahr zu finden, der Deine Reisekasse polstert und flexibel einteilbar ist. Was willst Du mehr?

Gesundheit & Hygiene unterwegs!

„Reisen ist nicht einfach nur etwas, in dem Du wirklich gut bist. Es ist etwas, dass Du ganz natürlich tust. Wie atmen."

- Gayle Foreman -

Der Inhalt Deines Kulturbeutels

Auch wenn sich das Image hartnäckig hält, nicht alle Backpacker sehen nach einer Weile aus wie heimatlose Wilde.

Bei mir hat sich sogar der Bedarf an Hygieneartikeln während meinem ersten Jahr im Ausland gesteigert. Einfach weil ich anfangs noch versucht habe, an allen Ecken Gewicht zu sparen, aber dann doch auf Vieles nicht verzichten wollte.

Letztendlich kann ich Dir die folgende Bestückung Deiner Kulturtasche empfehlen:

Zahnbürste & Zahnpasta

Muss ich wohl kaum erwähnen, oder? Ich habe auf Reisen meist versucht, eine kleine Reisetube Zahnpasta mitzunehmen. Die reicht auch so schon ewig! Wie bei allem anderen: Minimalistisch sein und nicht nach dem Motto leben, viel hilft viel.

In Asien gab es keine kleinen Packungen, weil die große Tube dort schon zu minimalen Preisen zu haben ist. Leider sind es genau solche Dinge, die sich summieren und am Ende Gewicht ausmachen.

Bürste & Kamm

Ich habe lange Haare und habe daher immer beides dabei, aber auch hier gibt es kleine Reisebürsten aus Kunststoff, die leicht sind und wenig Platz einnehmen. Bei kurzen Haaren würde Dir eines von beidem natürlich ausreichen.

Duschgel, Shampoo & Spülung

Lange Haare benötigen vor allem in starker Sonne und im Meer gute Pflege, daher sollte sich in Deinem Gepäck immer eine mittlere Reisegröße (100ml) von allen dreien finden. Sparsam verwendet halten sie lange genug, um in Hostels aufgefüllt zu werden.

Entweder schließt Du Dich dann mit Mitreisenden zusammen und teilst eine große Flasche des jeweiligen Produkts, Du nutzt zurückgelassene Flaschen oder Du lässt selbst den Rest zurück. Der oder die Nächste freut sich!

Pille/Kondome

Dazu muss ich hoffentlich nicht mehr viel sagen. SafeSex sollte selbstverständlich sein, auf Reisen wie auch überall sonst. Und nein, das ist nicht nur die Aufgabe des Mannes! Du bist für dich selbst verantwortlich!

Was die Pille angeht, solltest Du bedenken, dass Du Deine eigene Marke eventuell nicht im Ausland erhältst, also informiere Dich entweder vorab über Alternativen, oder leg einen guten Vorrat an.

Tampons

Ein kleiner Vorrat davon ist kein Muss, aber schon mal ganz praktisch, denn nicht überall sind sie so leicht zu finden. Ausführliches dazu findest Du auch im Kapitel über Frauenhygiene!

Mascara

Zugegeben, ich bin relativ wenig eitel auf Reisen und so habe ich dieses kleine Herzstück anfangs noch vernachlässigt und dem Packgewicht zuliebe aussortiert. Dank einer lieben Freundin wurde ich nach etwa der Hälfte meiner Reisezeit damit ausgestattet und würde es als einziges Schminkutensil nie mehr hergeben.

Hier könnte die Liste über Schminkutensilien endlos ausfallen, aber ganz ehrlich: Als Backpacker siehst Du irgendwann aus wie alle anderen (und damit meine ich nicht die ungepflegte Version), nämlich braungebrannt, mit rosigen Wangen ausgestattet, entspannt oder mindestens mit einem Lächeln auf dem Gesicht. Wozu brauchst Du da noch Schminke?

Pinzette & Schere

Nicht nur in medizinischen Notfällen unverzichtbar, auch für allerlei andere Situationen nützlich.

Deo

Auch wenn eine Spraydose leichter ist, bin ich doch der Deoroller Verfechter! Außerdem kannst Du Dir damit einbilden, Platz zu sparen. Ist der Deoroller dann leer, kannst Du ihn leicht überall ersetzen.

Aber Vorsicht! In Asien sind fast immer Bleichmittel enthalten (deren Logik sich mir bis heute nicht erschließt. Wer möchte schon weiße Achseln?!)

Gesichtscreme

Eine knifflige Sache. In kalten Reisegebieten brauchst Du vielleicht Gesichtscreme. Daher hatte ich anfangs einen Vorrat dabei und musste anschließend einfach ausprobieren, ob ich die günstigen Marken des nächsten Supermarktes vertrage.

Solltest Du empfindliche Haut haben, lohnt es sich vielleicht, ein wenig mehr einzupacken. In warmen Gegenden kannst Du Dir das zum Glück sparen, denn dort schwitzt Du mit gecremter Haut sogar noch mehr.

Rasierer

Wenn Du am Strand nicht aussehen möchtest, als ob Du aus den wilden 60ern geflohen bist, solltest Du mindestens ein paar Einmalrasierer dabei haben. Auch die kannst Du dann in größeren Städten auffüllen.

Allerdings solltest Du bedenken, dass dies auf Reisen definitiv zu den Luxusprodukten gehört. In Asien habe ich durchaus schon mal ausharren müssen bis ich wieder in einer Großstadt war. Also entweder gut ausstatten, oder der Natur ihren Lauf lassen.

Ohrstöpsel & Schlafmaske

Ich gehe ohne meine bunten Oropax-Stöpsel nirgendwohin! Nicht nur bei Jetlag sind diese beiden Begleiter die letzte Rettung! Auch im Flugzeug, Zug, Hostel und Zelt.

Insgesamt solltest Du in Deiner Kulturtasche sparen, wo es geht! Sie ist oft der schwerste Faktor im Gepäck. Also so wenig wie möglich, nur so viel wie nötig und auf alles verzichten, was nicht unbedingt dabei sein muss.

Frag Dich bei jedem Einzelnen, das in Deine Kulturtasche wandert, ob es wirklich, wirklich dabei sein muss!

Die leidigen Tage...

Nun lass uns mal von dem wahrscheinlich unangenehmsten Thema auf Reisen einer Frau sprechen: Der Hygiene während dieser bestimmten Zeit im Monat!

Nicht, dass das nicht sowieso schon ein totgeschwiegenes Thema wäre, aber noch schlimmer wird es, wenn man nach Tipps, Tricks oder Empfehlungen sucht, wie man auf Reisen mit seiner Periode wortwörtlich ins Reine kommt.

Ich weiß nicht, wie es Dir geht, aber ich bin auf Reisen schon an meine Grenzen gestoßen, was die Hygiene während meiner Tage angeht. Denn die nächste 12-Stunden-Busfahrt kommt bestimmt und hat sich wahrscheinlich ganz gemein zuvor mit meinem Zyklus gegen mich verschworen.

Aber nicht nur das. Asiatische Toiletten helfen dabei zusätzlich nicht unbedingt weiter. Die bestehen dann manchmal lediglich aus einem Loch im Boden und Toilettenpapier ist für sie ein Fremdwort.

Wenn dann der Reisestress noch dazu beiträgt, dass der Zyklus gar nicht mehr weiß, wo ihm der Kopf steht, geschweige denn, dass er weiß, was sein Name eigentlich bedeuten soll, nämlich Regelmäßigkeit, ist das Drama perfekt.

Dann sitzt Du schon mal mitten im Nirgendwo und überlegst panisch, ob Du in der letzten großen Kleinstadt auch ja den Vorrat an Tampons aufgestockt hast. Denn mal ehrlich, möchtest Du in einem fremden Land, in einer fremden Kultur, fremde Menschen nach Tampons fragen müssen?

Wie kannst Du Dich also vor einer Reise, in einem Land mit anderen Hygienebedingungen oder vor einem Trip ins Outback am besten ausrüsten?

Schaff Dir einen endlosen Vorrat an Tampons an!

Das war der Rat, den ich mir selbst vor meiner ersten großen und langen Reise gegeben habe. Ausgestattet mit einem gut gefüllten Backpack mit Tampons für gefühlt die nächsten 3 Monate, zog ich damit ins unbekannte Australien. Denn in meiner naiven Art war ich nicht sicher, was mich dort Tampon-bezüglich erwarten würde.

Wenige Monate später war sogar mir klar, dass das einzige Problem in einem fremden, aber sehr entwickelten Land sein würde, nicht mein bevorzugte Tampon-Marke zu finden und mich eventuell mit dem Bonuspaket eines Applikators auseinandersetzen zu müssen.

Ich gehe jetzt einfach mal davon aus, dass Du Dich schon von Anfang an gegen Binden entschieden hast, so wie ich. Deshalb lasse ich diese Möglichkeit gleich aussen vor, da sie auf Reisen nochmal unverhältnismäßig umständlicher wäre.

Es schien mir also vorerst eine sehr gute Lösung zu sein, immer mindestens eine Großpackung Tampons im Gepäck zu haben.

Doch dann kam Asien. Und spätestens in Laos bekam ich ein Problem.

Was passiert, wenn Du auf eine 8-stündige Busreise angewiesen bist, die Toilettenstops dazwischen Dich hygienetechnisch an Deine Grenzen bringen und Du eigentlich nicht einmal den Griff der Wellblechtüre anfassen möchtest, die zum Loch im Boden dahinter führt?!

Zum normalen Händewaschen reicht da gerade noch die Wasserflasche aus, die Du dabei hast (und immer dabei haben solltest), aber für viel mehr, fehlen einfach die Möglichkeiten.

Da bliebe Dir, dank einiger Tamponhersteller, nun noch die XXL-Variante, aber jede vernünftige Frau, die schon mal von TSS (Toxisches Schocksyndrom) gehört hat, weiß, dass das nicht die Lösung sein kann.

Fernab im Hinterland und wenn absehbar war, dass meine Regel und eben genannte Busfahrt sich treffen würden, habe ich mich dann durch Schummelei vor der Frage gedrückt, wie ich denn in Plumpsklos und ohne Toilettenpapier meine benutzten Tampons umweltfreundlich (oder überhaupt) wieder los werde:

Schaff Dir einen endlosen Vorrat deiner Pille an!

So kannst Du im Notfall Deine Regel einfach abwenden, indem Du Deine Pille zwei Zyklen lang ohne Pause durchnimmst.

Ich weiß, dieses Thema ist ungefähr so umstritten, wie das Thema Frauenhygiene totgeschwiegen wird, aber ich habe in meinem beruflichen Umgang schon so einige Frauenärzte dazu befragt und nie hat mir jemand davon abgeraten.

Natürlich gibt es Einzelfälle, in denen medizinisch gesehen davon abgeraten wird, aber ich spreche hier nur von der Allgemeinheit. Bei Unsicherheiten, frag den Gynäkologen oder die Gynäkologin Deines Vertrauens!

Trotzdem solltest Du in diesem Fall auch kurz die Packungsbeilage deiner Pille durchlesen, denn manche haben leichte Nebenwirkungen, wenn Du eine Zykluspause auslässt.

Nichts Dramatisches, aber damit Du nicht plötzlich anfängst, Dir unterwegs Sorgen zu machen, solltest Du Dich einfach darauf vorbereiten. (Auch hier ist Dein Gynäkologe oder Deine Gynäkologin der Ansprechpartner der Wahl)

Zu der Frage, wie Du einen größeren Vorrat der Pille bekommst, kann ich nur sagen, dass auch in diesem Punkt die meisten Frauenärzte sehr umgänglich sind und bei Auslandsabsichten durchaus auch mal einen Jahresvorrat verschreiben. Ebenso kann man bei Onlineapotheken auch mit einem einmaligen Rezept einen Jahresvorrat der Pille bestellen.

Andernfalls oder im Fall einer Reise über einem Jahr, solltest Du Dich vorher gut informieren ob es Deine Pille im Land deiner Reise gibt oder welches

Generikum (Ersatzpräparat) es vielleicht gibt.

Falls Dir unterwegs dann doch Tampons und Pillen ausgehen oder Du Dich von vornherein gegen diese beiden Möglichkeiten entscheiden solltest, gäbe es da noch eine dritte Möglichkeit:

Moon Cup, Diva Cup & Lunette

Ich bin ganz ehrlich mit Dir, ich habe sie selbst noch nicht ausprobiert! Aber ich habe mittlerweile so viel Gutes darüber gelesen und gehört, dass ich diese Möglichkeit auf keinen Fall unter den Tisch fallen lassen wollte!

Was ich Dir sicher dazu berichten kann, sind die Fakten:

Der Menstruationsbecher (ein furchtbares Wort, da bevorzuge ich doch die englischen Varianten) besteht aus einer kleinen Silikonschale, geformt eben wie ein kleiner ovaler Becher.

Er funktioniert im Prinzip wie ein Tampon. Dass war gar nicht so leicht herauszufinden, nachdem im Internet alle immer schön um den heißen Brei herumreden.

Er wird gefaltet eingeführt und setzt sich wie ein Tampon in den Scheideneingang, um dort sämtliches Blut aufzufangen. Angeblich saugt er sich dabei so fest, dass ein Vorbeilaufen bei richtiger Anpassung nicht möglich ist (Übung macht die Meisterin).

Die Vorteile dabei springen Dich förmlich an:

Zum Einen ist diese Art der Regelhygiene unschlagbar in Sachen Umweltfreundlichkeit. Der Becher ist wiederverwendbar (während der Regel einfach mit einer milden Seife auswaschen, zwischen den Monaten auskochen und/oder desinfiziert aufbewahren) und produziert somit keinen Müll, den man auf längeren Trekking-Touren oder langen Busfahrten verzweifelt im Wald verbuddeln oder in Plastiktüten verknotet bis zum nächsten Mülleimer mit sich herumtragen muss.

Ausserdem ist das Risiko eines TSS enorm geringer, die Scheidenflora wir nicht ausgetrocknet, die Haltbarkeit mit bis zu 12 Stunden toppt jeden Tampon und ist daher eigentlich für jede Frau auf Reisen die eierlegende Wollmilchsau!

Für alle offen gebliebene Fragen (und wenn es Dir jetzt so geht wie mir bei der Recherche, sind das einige) hat die Diva Cup Website auch auf Deutsch die wichtigsten zusammengefasst!

Begeisterte Anhängerinnen habe ich im englischen Reisebloggerinnen-Umfeld ein paar gefunden, also vielleicht möchtest Du Dir Shannons Artikel auf A little Adrift oder Brookes begeisterte Rückmeldung auf ihrem Blog Her Packing List auch gleich durchlesen!

In einem Punkt sind sich alle einig: Nämlich, dass Du ein offenes und gesundes Verhältnis zu Deinem Körper brauchst, um Dich mit der Diva Cup, der Lunette oder der Mooncup anzufreunden!

Falls Du eines dieser Produkte einmal testen möchtest, empfiehlt sich das übrigens eher vor einer langen Reise, denn ähnlich wie im zarten Alter von 13 Jahren und den Tampons braucht es auch hier mit Sicherheit erstmal wieder ein wenig Übung!

Verhütung & Schwangerschaft auf Reisen

Sex ist eigentlich nicht unbedingt ein Thema, das sich heutzutage noch lohnt zu diskutieren. Verhütung hingegen kann man nicht oft genug ansprechen. Und besonders Verhütungsmittel bei Langzeiteisen werden gern vergessen!

Du fragst mich, was auf Reisen daran so besonders ist? Warum es erwähnenswerter ist, als Zuhause auf sicherem Terrain, mit Männern (oder Frauen), die Du kennst und vielleicht sogar in einer festen Beziehung?

Ganz einfach: Aus irgendeinem Grund scheint man auf Reisen leicht mal sämtliche Hemmungen über Board zu schmeißen und einfach mal alle Erfahrungen mitzunehmen, die da eben kommen.

Man schmeißt sich mit einem Fallschirm aus Flugzeugen, steigt in Käfige, um den weißen Hai zu besichtigen und vergisst alle Vernunft samt der Verhütung.

Ist ja nichts Besonderes. Bei Fallschirmsprüngen ist doch schon ewig keiner mehr gestorben, der weiße Hai ist eh nur ein Mythos und einmal (ohne Kondom) ist keinmal.

Die häufigste Devise auf Reisen ist "mir passiert schon nichts". Und in 99% der Fälle hast Du sogar Recht damit.

Aber. (Jetzt kommt's.) Auch wenn ich mich selbst auf meinen Reisen dazu erzogen habe, meine Ängste zu überwinden und mehr Erfahrungen als Versäumnisse zu sammeln, möchte ich trotzdem dieses eine Mal den Moralapostel spielen!

Verhütungsmittel bei Langzeitreisen sind in etwa so wichtig wie die Malariaprophylaxe bei Reisen in Afrika.

Ob auf Vollmondpartys im Alkoholüberfluss, beim flüchtigen Flirt den Du vermutlich nie wieder sehen wirst oder dem süßesten Typen, dem Du jemals begegnet bist und bei dem Du doch sonst nie eine Chance hättest als hier auf Reisen, wo alles vergänglich ist.

Ja, vielleicht gehörst Du zu den 99% bei denen es dieses eine Mal gut geht.

Und vielleicht passiert Dir ja wirklich nie etwas. Aber möchtest Du wirklich darauf wetten? Wofür?

Nenn mir einen guten Grund, der wichtiger ist als deine gesundheitliche Sicherheit und ich erteile Dir sofort die Absolution, ohne Verhütungsmittel bei Langzeitreisen unterwegs zu sein. Als Moralapostel der Stunde darf ich das.

Falls Dir nach 5 Minuten festem Nachdenken keiner eingefallen ist, lies weiter!

Kondome, Kondome, Kondome.

Nachdem wir nun also das durchgekaut haben, lass mich Dir einen Rat geben:

Egal ob Du die Jungfrau vom Lande, die Monogamistin seit schon immer oder ein Gegner von One-Night-Stands bist, hab immer immer immer ein Kondom dabei! Wenn Du gerade schon dabei bist, dürfen es auch gerne vier oder fünf sein.

Und wenn auch nur mir zuliebe oder um mal einer Freundin auszuhelfen. Verhütungsmittel sind bei ungefähr 50% aller Reisenden, die ich kennengelernt habe, nämlich auf der Packliste hinten runter gefallen.

Auch wenn ich immer wieder denke, es ist so 1985 zu denken, Verhütung sei Sache der Männer, lerne ich immer wieder Frauen kennen, die anscheinend aus eben diesen 80ern noch nicht rausgekommen sind.

Nein, Verhütung ist nicht Männersache! Es ist ja auch nicht Sache des Piloten, dich im Flugzeug anzuschnallen.

Auch wenn Du Dir vielleicht Sorgen um Deinen Ruf machst, weil Du immer und überall Kondome dabei hast und befürchtest, den Stempel einer Schlampe abzubekommen, obwohl so ziemlich jeder Typ eins im Portemonnaie mit sich herum trägt (ausser natürlich ausgerechnet der süßeste Typ den Du jemals getroffen hast), dann lass sie so gut verschwinden, dass sie niemand ausser Dir und ihm sieht, bis Du sie brauchst.

Und ihn sollte das sowieso nicht stören, denn schließlich sollte es ihm die Sicherheit vermitteln, dass Du eben keine Schlampe bist und ihn mit was-weiß-ich-nicht-was ansteckst.

Was haben wir nun gelernt? Sex auf Reisen ist völlig ok.

Ob Kurzzeitbeziehung, One-Night-Stand oder Friends with benefits, dass alles sollst Du ausprobieren können, wenn Dir der Sinn danach steht. Vor allem, wenn Du in einer Umgebung bist, die dir Anonymität, ein neues Image oder den Wagemut verleiht, den Du früher nie hattest. Wenn Du das willst.

Unter einer Bedingung: Kondome sind unsere neuen besten Freunde auf Reisen! Und selbst wenn Du nie die Gelegenheit bekommst (oder bekommen möchtest), sie zu benutzen, so nehmen sie doch so gut wie keinen Platz im Rucksack weg und verfallen vermutlich erst, wenn Du schon Kinder bekommen hast und Dein Rucksack vielleicht schon wieder ungenutzt in der Ecke liegt.

Kleiner Tipp am Rande: Trotzdem immer mal checken ob Deine Reise nicht doch schon ganz schön lang dauert und das Verfallsdatum vielleicht doch schon überschritten ist!

Nun noch das letzte Kleingedruckte auf der Moraltüte: Alleine Kondome schützen Dich leider nicht 100%ig vor allem. Deshalb lass Dich regelmässig auf STDs (sexuell übertragbare Krankheiten) testen, wenn Du wechselnde Partner hast, pass auf,, dass Dein Herz nicht Deinen Verstand ausschaltet (was übrigens auch ausserhalb von Reisen gilt) und tu nichts was Du nicht willst!

Die Reiseapotheke

Natürlich denkt niemand gerne schon im Voraus darüber nach, auf einer Reise krank zu werden. Auf die gängigsten Leiden und Wehwehchen solltest Du aber vorbereitet sein, damit Du im Akutfall wenigstens zunächst versorgt bist.

Für Deine Reiseapotheke gilt ganz generell: Was auch immer du zu Hause ab und an brauchst, es wird Dir wahrscheinlich auch auf Reisen immer mal fehlen. Von Medikamenten, die Du generell regelmäßig einnimmst ganz abgesehen.

Davon abgesehen kann ich folgende Liste empfehlen, natürlich immer dabei berücksichtigt, dass ich als Krankenschwester den Hang habe, für alles abgedeckt sein zu wollen.

Trotzdem bin ich kein Freund von "Ich nehme mal ein Antibiotikum, nur mal so zur Sicherheit", daher hatte ich auch nie systemische (in Tablettenform) Antibiotika dabei.

Das bleibt aber jedem selbst überlassen, denn ich habe natürlich den Vorteil, dass ich selbst im Ausland die Wirkstoffe meist entschlüsseln und schon abschätzen kann, was mir ein Arzt da geben möchte.

Wenn du also einen Hang zu Blasenentzündungen oder Ähnlichem hast, würde ich für diesen Fall schon prophylaktisch etwas mit auf längere Reisen nehmen!

Die Mengen sollten allerdings realistisch sein! Pack einen Vorrat für max. 2-3 Tage ein. Darüber hinaus solltest Du entweder einen Arzt besuchen oder kannst Dich mit Nachschub versorgen. Also nicht eine komplette Packung einpacken, nur weil es so schön bequem ist. Such Dir eine kleine Plastiktüte mit Zipper und pack ein was Du benötigst. Nicht mehr!

Antiemetika (Medikamente gegen Übelkeit)

Hier solltest du das einpacken, was dir auch zu Hause am besten hilft. Ob bei starken Kopfschmerzen, über Magen-Darm-Grippe, bis zur Reiseübelkeit.

Bedenke bei Medikamenten wie Vomex, dass es Dich unter Umständen sehr müde macht und dann damit Deine weiteren Pläne vielleicht zerstört. Ich hatte das nur für Notfälle dabei.

Paspertin ist da die leichtere Variante und auch als Tropfen zu haben, was mir allein deswegen schon sympathisch ist. Ich habe mir aber sagen lassen, dass es nicht jedem hilft.

Solltest Du unter Reiseübelkeit leiden, pack entweder Medikamente dafür ein, die nicht müde machen, oder versuch es mit natürlichen Mitteln. Ingwerstückchen sollen zum Beispiel sehr gut helfen!

Elektrolyte

Ein absolutes Muss!

In vielen Ländern ist es für manchen empfindlichen Magen quasi unmöglich, keine Probleme zu bekommen. Solltest Du Dir also mal eben diesen verdorben haben, ist neben dem fleißigen Trinken von Wasser oder Tee eine Elektrolyt-Lösung das Beste, was Du Deinem Körper gönnen kannst.

Schon nach wenigen Stunden wirst Du Dich damit deutlich besser fühlen, das verspreche ich Dir!

Es gibt sie als Pulver in kleinen Beutelchen (wie zum Beispiel Elotrans®). Da Du im Ernstfall schon dreimal pro Tag eines davon in einem großen Glas Wasser auflösen und trinken solltest, würde ich in jedem Fall einen Vorrat für mindestens zwei Tage mitnehmen.

Kohletabletten

Ich würde ihnen jederzeit den Vorzug zu Imodium akut und all seinen Freunden geben. Egal, was davon Du jedoch bei Durchfall verwendest, sei sparsam!

Bedenke, was auch immer da in dir tobt, es sollte besser raus und nicht zwanghaft in dir gehalten werden. Deshalb nehme ich solche Mittelchen nur vor langen Busfahrten oder wenn die Situation es einfach nicht zulässt, dass ich ständig auf Toilette renne. Zwei oder drei Tabletten für den Notfall sind für die Erstversorgung also vollkommen ausreichend.

Buscopan (Krampflöser)

Ebenfalls Gold wert, wenn Dein Bauch aus welchem Grund auch immer (Deinen Tagen, einer Lebensmittelvergiftung, etc.) gefühlt zum Kriegsgebiet mutiert. Und da diese Mini-Dragees so gut wie keinen Platz einnehmen, aber das Beste sind, was ich an Krampflösern kenne, packe ich auch immer ein paar davon ein.

Malaria-Prophylaxe/Stand-By Produkte

Das ist eine Entscheidung, die Du nach einer Beratung mit einem Tropenmediziner treffen solltest, angepasst an Deine Reiseroute und die Wahrscheinlichkeit und Dauer, sich in gefährdeten Gebieten aufzuhalten.

In jedem(!) Fall solltest Du mindestens ein sogenanntes Stand-By Produkt im Gepäck haben. Das sind Antibiotikum-Tabletten für in der Regel drei Tage, die Du nehmen solltest, sobald Du Symptome oder den Verdacht hast, Dich infiziert zu haben.

Vielleicht eine teure und (hoffentlich) unnötige Investition, aber sie kann lebensrettend sein, je nachdem, wo Du Dich befindest. Im besten Fall kannst Du sie am Ende Deiner Reise an Reisende, die gerade erst starten, abtreten.

Schmerzmittel

Auch hier gilt, was auch immer dir zu Hause hilft, das solltest du (in Maßen) auch auf Reisen dabei haben. Zumindest einen kleinen Vorrat.

Ibuprofen oder Paracetamol dürften so gut wie in allen Ländern der Welt vertreten sein (teilweise sogar in den Supermärkten), so kannst Du sie also zur Not auch unterwegs auffüllen.

Wundsalbe

Ob für die wunde Nase beim Schnupfen, kleine Kratzer nach einer Busch-Tour oder misslungene Kletteraktionen, die ist immer gut zu haben!

Pflaster

Nicht viele, aber ein paar sind schon sehr praktisch, denn wer weiß, wann du dir den ersten Kratzer einfängst oder auf den ersten Blutegel triffst. Am besten auch ein paar wasserfeste einpacken. Und Pflaster von qualitativ hochwertigen Marken bringen in diesem Fall tatsächlich mehr.

Antibiotikum-Puder

Das mag jetzt komisch klingen, aber ich war überglücklich, als ich davon bei Jodi auf ihrem Reiseblog LegalNomads gelesen habe und in Thailand tatsächlich mal in die Verlegenheit kam, es zu benötigen.

Da hatten sich Mückenstiche so infiziert, dass sie in der tropischen Hitze... Naja... Näheres willst Du gar nicht wissen. Jedenfalls ist es perfekt für Infektionen, die eigentlich stetig feucht sind, gerade wenn Du konstant schwitzt.

Trotzdem empfehle ich nicht, alles was über eine lokale (also auf eine kleine

Fläche begrenzte) Infektion hinaus geht, selbst zu behandeln!

Sobald Rötungen, Schmerzen, Druckempfindlichkeit oder Fieber dazu kommen (das gilt auch für Schnittwunden, Kratzer und ähnliches), solltest Du einen Arzt besuchen! Das muss Dir Deine Gesundheit wert sein und ein Krankenhausaufenthalt in einem fremden Land wegen einer Blutvergiftung ist mit Sicherheit deutlich weniger spaßig!

Zum Schluss noch eine kleine, vorsichtige Warnung: Bei allen Medikamenten, die ich unterwegs kaufen konnte, wurde ich misstrauischer, je günstiger sie zu haben waren. Denn nicht selten werden Medikamente gestreckt, um sie so billiger zu verkaufen! Also auch das immer mal bedenken! Andere Länder, andere Sitten.

Mit dieser Bestückung Deiner Reiseapotheke bist Du bestens ausgestattet und musst Dir erst wieder Sorgen machen, solltest Du Dein Notfallpäckchen ausgraben müssen. Aber im schönsten Fall bist Du einfach gut vorbereitet oder die Retterin in der Not für Mitreisende!

Die richtige Auslandskrankenversicherung

Dieses Kapitel bezieht sich leider nur auf reisende Deutsche. Solltest Du in Österreich oder der Schweiz leben, ist es in jedem Fall gut, zunächst Deine normale Krankenversicherung anzusprechen und Dir dort Tipps zu holen!

Egal, in welches Land Du reist, die Frage nach Deiner Krankenversicherung solltest Du zumindest kurz beleuchtet haben! Falls Du in Europa unterwegs sein wirst, besteht eine gute Chance, dass Deine deutsche Krankenversicherung greift.

Ein kurzer Anruf genügt schon, um ganz sicher zu gehen! Vor allem solltest Du klären, wie lange Du im europäischen Ausland versichert bist (bei einer Reise von mehreren Wochen oder Monaten) und ob auch die Kostenübernahme eines Rücktransportes abgesichert ist.

Solltest Du also verletzt in einem Krankenhaus in wer-weiß-wo sein und Deine Behandlung doch länger als ein paar Tage dauern, kannst Du so ohne, dass Dir Kosten entstehen, nach Hause gebracht werden. Ein wichtiger Punkt, oder?

Solltest Du aussereuropäisch und länger als ein paar Wochen verreisen, wird es schon kniffliger.

Was musst Du mit Deiner deutschen Krankenversicherung regeln?

Seit Kurzem gilt in Deutschland ein Gesetz, das es Dir verbietet in Deutschland gemeldet zu sein und Dich trotzdem von der normalen Krankenversicherung abzumelden.

Das bedeutet also, wenn Du mehrere Monate ins Ausland möchtest, musst Du Dich aus Deutschland abmelden und kannst danach auch Deine

Krankenversicherung abmelden. Andernfalls bist Du verpflichtet, die monatlichen Beiträge selbst zu zahlen.

Aber auch hier scheint das eine eher schwammige Regel zu sein, denn ich weiß, dass intern in den verschiedenen Krankenversicherungen auch schon mal andere Regelungen getroffen wurden.

Fakt ist, hundertprozentige Sicherheit hast Du nur, wenn Du Dich mit Deiner eigenen zusammensetzt und Deine spezielle Situation besprichst.

Gut überlegen solltest du Dir allerdings, ob es wirklich sinnvoll ist, eine sogenannte Anwartschaft einzugehen.

Viele Krankenversicherungen bieten diese in solchen Fällen an: Es ist eine kleine Gebühr, meist um die 50€ im Monat, mit der Du Dir deinen Platz in der Krankenversicherung in der Zeit, in der Du im Ausland bist, bewahrst und trotzdem nicht den vollen Beitrag zahlen musst.

Vorsicht! Das muss nicht sein!

Solltest Du Dir sämtliche Beiträge sparen wollen (was ich Dir nur empfehlen kann, denn jede Extraausgabe frisst an Deinem Reisebudget), melde Dich lieber aus Deutschland ab und lass Dir keine Anwartschaft andrehen.

Die ist lediglich in privaten Krankenversicherungen von Nöten, denn seit 2007 ist Deine letzte Krankenversicherung gesetzlich verpflichtet, Dich bei Deiner Rückkehr sofort wieder aufzunehmen. Eine Anwartschaft darauf ist also nicht nötig!

Wie findest Du die richtige Auslandskrankenversicherung für Dich?

Nachdem Du nun alles rund um Deine gesetzliche Krankenversicherung geregelt und herausgefunden hast, dass Du definitiv eine Auslandskrankenversicherung benötigst, wird es Zeit sich da ein wenig zu informieren.

Sofern ich nicht eine gute Empfehlung von Freunden oder Bekannten habe, fällt es mir immer furchtbar schwer, mich bei Versicherungen zu entscheiden.

Bei meiner Auslandsversicherung ging es mir da anfangs ähnlich, da ich gar nicht genau wusste, worauf ich eigentlich achten sollte.

Mittlerweile habe ich mich, nach einem Vergleich der gängigsten Versicherungen, rückhaltlos für die HanseMerkur Auslandskrankenversicherung entschieden und habe es bisher nicht bereut.

Sie passt perfekt zu meinen Bedürfnissen und meiner Person, aber das muss nicht zwangsläufig auch für Dich so sein.

Damit Du weißt, worauf Du achten solltest, hier mal eine kleine Checkliste, die Du bei den jeweiligen Versicherungen durchgehen und anschließend die passendste auswählen kannst:

- Dein Alter - Viele Versicherungen steigen im Beitrag ab einem gewissen Alter und das kann durchaus schon ab 35 anfangen.

- Dein Reiseziel - Kanada und USA sind häufig deutlich teurer zu versichern und manchmal sogar komplett ausgeschlossen! Schau genau nach, ob das vielleicht auch monateweise regelbar ist, sodass Du wirklich nur für die Zeit den Mehrwert zahlst, die Du tatsächlich in diesen Ländern verbringst.

- Deine Reisedauer - Die meisten Auslandskrankenversicherungen haben zeitliche Begrenzungen: Sie gelten nur für eine bestimmte Anzahl an Jahren oder werden nach dem ersten Jahr teurer.

  Versuch abzuschätzen, für welchen Zeitraum Du versichert sein musst und kläre vor allem ab, ob Du die Versicherung auch von unterwegs verlängern kannst, solltest Du Dich dazu entscheiden, länger zu reisen als geplant.

- Deine Aktivitäten - Viele Sportarten, Fahrzeuge und sogar manche Jobs werden ausgeschlossen. Stell sicher, dass da nichts dabei ist, was für Dich schon definitiv in Deiner Reise inbegriffen ist. Sei vorsichtig mit den Risiken die Du eingehst!

Bei einem Unfall, der unversichert passiert, bist Du auch nicht für Langzeitschäden versichert und dass kann Dir im schlimmsten Fall Dein Leben ruinieren. Investiere lieber die paar Euro mehr im Monat, um Dir darüber keine Sorgen machen zu müssen!

- Deine Arztbesuche - Brauchst Du regelmäßige Medikamente? Musst Du in jedem Fall unterwegs Kontrolluntersuchungen oder Arztbesuche planen? Dann klär das vorab im Detail ab, denn in der Regel ist das nicht inbegriffen. Lediglich Akutfälle werden unterwegs übernommen.

- Der mögliche Rücktransport - Wie eben schon erwähnt ist das etwas, auf das ich nicht verzichten möchte! Selbst ein komplizierter Beinbruch, der ja nicht das Ende der Welt ist, kann schon mal mehrere Wochen Krankenhausaufenthalt bedeuten. Den würde ich lieber in gewohnter Umgebung verbringen, Du nicht auch?

- Die Deckungssummen - Ich selbst habe dabei auch nicht genug Ahnung, um abschätzen zu können, was davon realistisch ist. Aber wenn im Vergleich die Summen deutlich unter dem Durchschnitt liegen, würde diese Versicherung für mich schon nicht in Frage kommen.

- Deine Extras - Deine Impfung ist abgelaufen, Du brauchst die Pille danach oder möchtest Deine Vorsorge-Untersuchungen machen lassen?

Alles nicht inbegriffen! Hierbei geht es gar nicht so sehr darum, das vorher abzuklären, denn das ist in so gut wie keiner Auslandskrankenversicherung inbegriffen.

Viel wichtiger ist, herauszufinden was alles nicht inbegriffen ist, was Du vielleicht nicht bedacht hast und worauf Du Dich zu Hause noch vorbereiten kannst (Impfungen zum Beispiel in Deutschland noch einmal auffrischen lassen)

- Du kommst früher nach Hause - Bekommst Du Deine bereits gezahlten Beträge zurückerstattet oder kannst Du vorzeitig kündigen?

  Auch wenn Du es nicht geplant hast, Du weißt nie, was kommt und falls Du die gesamte Versicherungssumme auf einmal zahlen musst oder möchtest, kläre vorher ab, was passiert, wenn die Vertragsdauer nicht eingehalten wird.

- Weihnachten zu Hause - Du bist ein oder zwei Jahre unterwegs, aber Weihnachten möchtest Du auf jeden Fall zu Hause verbringen? Manche Auslandskrankenversicherungen gewähren Dir bis zu 6 Wochen auch in Deutschland Versicherungsschutz (allerdings nur zu den gleichen Bedingungen wie im Ausland, also nur für akute Arzt- und Krankenhausbesuche). Etwas, das Du vorab auch bedenken solltest!

Anhand dieser Punkte kannst Du gut die passendste Versicherung ausfiltern. Es wird vermutlich keine perfekte geben, entweder sind die Preise oder die Leistungen ideal. In jedem Fall solltest Du den goldenen Mittelweg für Dich finden und so das meiste für Dich herausholen!

Sei allerdings nicht zu knauserig. Den Preis, an dem Du monatlich sparst, könntest Du später bitter doppelt und dreifach zahlen.

Die notwendigen Impfungen

Der Rucksack ist gepackt, die Reiseapotheke steht. An alles hast Du gedacht! Außer an die Impfungen!

Ist es Dir auch schon mal so gegangen?

Ich kann mich da leider nicht ausschließen, ich bin chronisch zu spät dran! Damit es Dir bei der nächsten Reise anders geht, geht es hier von Grund auf um dieses Thema.

Das Wichtigste zuerst:

Mindestens sechs Wochen vor Deiner Reise solltest Du Dich darüber informieren, welche Impfungen für Dich nötig sein könnten und wie Du sie bekommst!

Ich sehe Dich jetzt quasi vor mir sitzen, wie Du eifrig rechnest, wann dieser Zeitpunkt vor Deiner nächsten Reise sein wird oder ob er vielleicht sogar schon vorbei ist.

Sehr gut! Sich einen Plan zu machen, wann Du Dich darum kümmerst, ist schon der erste und wichtigste Schritt!

Aber mindestens genauso wichtig: Zum Informieren ist es nie zu spät!
Es ist immer besser genau zu wissen, was auf Dich zukommt!

Also selbst dann, wenn Du die sechs Wochen schon unterschritten hast, lohnt sich der Gang zum Hausarzt, um seine Meinung einzuholen. Manche Impfungen sind auch kurzfristig möglich.

Nun widmen wir uns mal der umfassenden Frage, welche Impfungen denn überhaupt möglich sind. Denn nicht gegen jede Krankheit kann man sich impfen lassen! (bestes Beispiel: Die Malaria, Thema des nächsten Abschnitts!)

Welche gängigen Impfungen gibt es eigentlich?

Zur ganz allgemeinen Impfempfehlung in Deutschland gehören folgende:

- Polio (Kinderlähmung)
- Tetanus (Wundstarrkrampf)
- und Diphtherie (Krupp-Husten)

Diese Impfungen sind dadurch, dass sie zu den empfohlenen Impfungen gehören, kostenlos, auch was die Auffrischung angeht. Mindestens alle zehn Jahre solltest Du sie erneuern lassen, also ist allein dafür schon der Besuch beim Hausarzt vor Deiner Reise wichtig.

Mir ist es in Australien beim Check-Up für meine Reise nach Südostasien so ergangen, dass bei der Kontrolle mein Tetanusschutz abgelaufen war. Natürlich wollte ich kein Risiko eingehen, musste aber, da ich ja "nur" auslandskrankenversichert war, die Nachimpfung selbst zahlen. Sehr ärgerlich und schmerzhaft für Deine Reisekasse, wenn so etwas passiert!

Zu den Impfungen, die in speziellen Reiseländern anfallen, gehören:

- Gelbfieber
- Tollwut
- Cholera
- Japanische B Enzephalitis
- Hepatitis A und B
- Typhus

Welche Impfungen sind bei Reisen in Südostasien empfohlen?

Hier sind vor allem Hepatitis und Tollwut ein Thema! Gelbfieber kommt in Asien dagegen nicht vor.

Meine persönliche Meinung zur Tollwutimpfung, da man über die Nebenwirkungen sehr viel Unterschiedliches liest und ich häufig danach gefragt werde: Ich bin nicht geimpft, auch wenn ich nun gerade schon das zweite Mal im Risikogebiet Südostasien reise.

Solltest Du Dich von Tieren fern halten (nicht streicheln oder anfassen, nicht ablecken lassen, auch wenn die Katze oder der Hund noch so süß und harmlos wirkt - es gibt auch eine stille Form der Tollwut!) und nicht in ländlichen Gebieten wohnen wollen, ist die Gefahr einer Infektion relativ abschätzbar. Wie gesagt, das ist meine Meinung, nicht die eines Arztes!

Zusätzlich wird in Südostasien noch zur Impfung der Japanischen Enzephalitis geraten. Das kommt aber auch sehr darauf an, welchen Reisestil Du pflegst. Je ländlicher und länger, desto eher würde diese Impfung Sinn machen!

Welche Impfungen sind für Reisen in Südamerika notwendig?

Am wichtigsten sind Hepatitis-, Gelbfieber und Tollwut-Impfungen! Du musst Dich natürlich nicht gegen alle auch tatsächlich vor deiner Reise impfen lassen, aber Du solltest Dich kurz darüber informieren und entscheiden, ob Du das Risiko ohne Impfung eingehen möchtest!

Gelbfieberimpfungen werden vor allem empfohlen, wenn Du durch das Amazonasgebiet reist. (Großstädte sind seltener ein Problem)

In manchen Fällen wird bei der Ausreise von südamerikanischen Ländern in andere Gegenden eine Gelbfieberimpfung verlangt, das würde ich an Deiner Stelle genauer nachprüfen, wenn Du eine feste Route geplant hast!

Malaria-Prophylaxe

Jeder redet davon, jeder hat eine Meinung dazu, aber mal ganz ehrlich: Weißt Du, was Malaria genau ist? Wie und von wem es übertragen werden kann und was eigentlich passiert, wenn Du daran erkrankst?

Selbst ich als Krankenschwester hatte nur einen groben Umriss und viel zu viel Halbwissen zur Malaria.

Dieser Abschnitt soll Dich vorbereiten, damit Du viel besser verstehst, was Dich vor Malaria am besten schützt.

Trotz allem ersetzt das natürlich nicht den Besuch und ein ausführliches Aufklärungsgespräch beim (Tropen-)Arzt vor deiner Reise!!

Was ist Malaria eigentlich?

Malaria ist eine Tropenkrankheit, die daher vor allem in den Tropen und Subtropen vorkommt und im schlimmsten Fall tödlich verlaufen kann.

Sie wird von den (weiblichen) Stechmücken der Anopheles Gattung übertragen. Gut als Klugscheiß-Material zu wissen, aber letztendlich ist für Dich der wichtige Punkt, dass Malaria einzig über Stechmücken übertragen werden kann.

Sie ist nicht von Mensch zu Mensch ansteckend!

Woher weiß ich, ob ich mit Malaria infiziert bin?

Das ist das kniffligel! Malaria kann sich in so vielen Erscheinungen äußern, dass es schwer ist, bei sich selbst eine Erkrankung definitiv auszuschließen oder zu bestätigen.

Die Symptome gehen von eher typischen Fieberschüben bis hin zu epileptischen Krämpfen oder Bewusstseinsstörungen (Ohnmachten, schummerig oder benommen sein).

Aber eine Infektion kann auch wie eine Grippe, ein Magen-Darm-Infekt oder eine Lebensmittelvergiftung wirken.

Selbst wenn eines der Symptome komplett fehlt, Du also zum Beispiel kein Fieber hast, schließt das eine Infektion nicht aus!

Die Malaria ist wie ein Chamäleon und kann alle möglichen Symptome verursachen!

Daher ist es wichtig, gut auf den eigenen Körper zu hören und bei Krankheitssymptomen bei einem Aufenthalt in einem Malaria-Gebiet oder bei einer Erkrankung nach der Reise so bald wie möglich einen Arzt zu besuchen.

Selbst wenn Du ein Stand-by Produkt dabei und genutzt hast, schließt das auf keinen Fall den Arztbesuch aus!!

Er kann durch eine Blutprobe feststellen, ob Du Malaria-Erreger im Körper hast und somit als Einziger eine definitive Diagnose stellen.

Ganz wichtig dabei zu wissen: Die Erreger können über Jahrzehnte in Deinem Kreislauf bleiben, ohne Beschwerden zu verursachen. Es ist zwar selten, dass die Krankheit nach 50 Jahren noch ausbricht, aber es ist vorgekommen.

Deshalb ist es besonders ratsam, auch nach ein paar Monaten nach Deiner Reise durch das Malaria-Gebiet noch auf der Hut zu sein, solltest Du plötzlich Fieberschübe bekommen oder ernsthaft krank werden. Die Malaria als Möglichkeit einfach immer im Hinterkopf behalten!

Ich will Dir hier keine übermäßige Angst machen, ganz im Gegenteil! Du wirst gleich sehen, dass es genügend Möglichkeiten gibt, sich vor Malaria-Infektionen zu schützen, aber es ist immer gut und wichtig, für den eventuellen Fall vorbereitet und gut informiert zu sein!

Was kannst Du denn tun, um Dich zu schützen?

Zunächst einmal solltest Du Dich vor Deiner Reise schon informieren, ob Dein Reiseziel in einem möglichen Malaria-Gebiet liegt oder Dich Deine Reiseroute vielleicht durch eines führt. Dafür ist die Grafik der DTG (Deutschen Tropengesellschaft) der beste Anhaltspunkt, die Du auf deren Website findest!

Falls ja, geh zu einem Tropenarzt, um Dich beraten zu lassen, was Du eventuell an Medikamenten brauchen könntest.

Malaria – Medikamente

Je nach Reiseziel und der Länge der Zeit, die Du im gefährdeten Gebiet verbringst, gibt es da zwei Möglichkeiten:

Du kannst schon, bevor Du einreist, mit einer Medikamententherapie beginnen, die Dich vor einer Erkrankung schützen soll. Dafür nimmst Du regelmäßig Tabletten ein, schon vor der Ankunft, währenddessen und eine gewisse Zeit danach.

Oder Du lässt Dir Medikamente mitgeben, die als sogenannte Stand-By-Produkte gelten. Das bedeutet, Du benutzt sie nur dann, wenn Du vermutest, infiziert zu sein.

Damit sind die Tabletten zwar prophylaktisch in Deiner Reiseapotheke, aber tatsächlich eine Therapie, wenn Du Fieber bekommst oder Symptome hast, die sich evtl. auch als Malaria herausstellen könnte.

Bei diesen Medikamenten gibt es so viele Aspekte abzuwägen (Wie lange bist Du im gefährdeten Gebiet? Wie oft reist Du auf Deiner Route durch Malaria-

Zonen? Welche Antibiotika-Resistenzen gibt es dort, also Erreger, die schon gar nicht mehr auf die gängigen Prophylaxen reagieren?), dass sich die Absprache mit Deinem Arzt in jedem Fall lohnt, egal, wie gut Du Dich vielleicht schon informiert hast.

Ausführliche Informationen zur Malaria-Prophylaxe und den Medikamenten findest Du auch auf den Internetseiten des Auswärtigen Amtes!

Was kannst Du abgesehen von Tabletten noch als Prophylaxe tun?

Medikamente sind nicht das einzige, was Dich vor einer Malaria-Infektion schützen kann. Ganz im Gegenteil!

Oft ist der direkte Weg der einfachste und sicherste: Nicht von den übertragenden Mücken gestochen zu werden!

Die Moskitos sind gar nicht so schwer zu durchschauen und daher auch leicht zu überlisten: Sie kommen gern im Dunkeln und an warme Körperstellen. Was natürlich in den Tropen oft Deinen ganzen Körper betrifft. Deshalb gilt es, vor allem abends und nachts Deine nicht bedeckte Haut vor ihnen zu schützen!

Moskito-Netze

Solltest Du wissen, dass Dich Deine Reise in Malaria-Gebiete führt, lohnt es sich vielleicht, ein eigenes Moskitonetz zu kaufen und mitzunehmen.

Ich habe vor Laos und Kambodscha eines für knapp 10€ in einer thailändischen Apotheke in Chiang Mai erstanden und war froh, es dabeizuhaben. Immer wenn ich das Gefühl hatte, von Stechmücken verfolgt zu werden, habe ich es in den Nächten über mein Bett gespannt.

Lange Kleidung

Das ist bei Hitze natürlich nicht gerade einfach, aber versuch langärmelige Tops und Hosen zu tragen, die aus dünnen, luftigen Stoffen sind und am besten Bündchen an den Händen und Füßen haben.

Die klassischen Thai-Hosen eignen sich dafür zum Beispiel perfekt! Sie sind günstig, in allen Farben und Formen zu haben und fühlen sich durch ihre dünnen Stoffe an wie Luft auf der Haut. Der perfekte Moskito-Schutz!

Insektenschutz

Hier wird es nochmal etwas knifflig. Viele schwören auf Sprays oder Lotionen mit dem sogenannten DEET (Diethyltoluamid) und auch die DTG (Deutsche Gesellschaft für Tropenmedizin) empfiehlt die Nutzung von DEET-haltigen Präparaten.

Trotzdem solltest Du Dir dabei auch mal das Kleingedruckte durchlesen, denn DEET kann bei längerem und hochkonzentriertem Gebrauch teilweise schwere Nebenwirkungen verursachen.

Daher sollten eher geringe DEET-Anteile (allerdings wird unter 20% nicht empfohlen) gewählt und lieber alle 1-3 Stunden nachgeschmiert werden. Wem das zu aufwändig ist, der hat mit Produkten mit 50% Anteil auch bis zu 12 Stunden Ruhe vor den fiesen Biestern.

Meine persönliche Meinung?

In Australien sind mir Sprays und Lotions mit bis zu 80% DEET-Anteil untergekommen und davon würde ich absolut abraten!

In Thailand hingegen bin ich notgedrungen über eine kleine weiß/rosa Flasche gestolpert (Soffell Mosquito Repellent).

Eine Lotion mit lediglich 13% DEET, also weniger als die DTG empfiehlt! Trotzdem war ich sogar an Abenden, an denen ich im Licht saß damit absolut frei von Moskitostichen.

Natürlich habe ich auch brav alle 2 Stunden eine neue Lage aufgetragen. Ein netter Bonus: Entgegen anderer Produkte, roch dieses wirklich angenehm und ist sehr schnell eingezogen.

Da wir Menschen sehr verschieden sind und vor allem unsere Haut und unser Duft, rate ich Dir, verschiedene Produkte mit den empfohlenen Richtlinien der DTG auszuprobieren und für Dich das Beste zu finden. Manche Menschen werden generell kaum gestochen, aber auch das ist keine Garantie! Andere Länder, andere (Moskito-)Geschmäcker!

Technik auf Reisen: Was brauchst Du wirklich?

„Es braucht keine Magie, um zu verschwinden. Alles was Du brauchst, ist ein Ziel.“

Was soll mit?
Was muss mit?

Die Packliste mit meinen technischen Utensilien ist für mich persönlich fast die Wichtigste!

Natürlich sind die Dokumente unersetzlich, aber ohne mein Technik-Gear würde ich vermutlich vereinsamen und an manchen langweiligen Orten eingehen.

Hier also nun die wichtigsten technischen Spielsachen, die bei mir niemals zu Hause bleiben und die Du (besonders als Alleinreisende) zur Unterhaltung in Erwägung ziehen kannst:

eBook-Reader

Anfangs habe ich noch regelmäßig 3-5kg Lesestoff mit mir herumgetragen. In manchen Ländern kann dich ein einfaches Taschenbuch schon 15-17€ kosten und wer hat auf Reisen schon wirklich so viel Geld übrig?

Wenn Du dann die Second Hand Shops in Asien und die Tauschregale in Hostels auf der ganzen Welt für Dich entdeckst, wirst Du jedes Buch, das deinen Geschmack deckt, einpacken. Und bildet dann hübsche Ballaststeine in Deinem Rucksack.

Ich bin nach einem halben Jahr dann auf den Geschmack eines eBook-Readers gekommen.

Nicht günstig (vor allem, wenn man einen solchen Verschleiß hat wie ich, sich auf den ersten setzt und den zweiten in einer Bibliothek liegen lässt), aber absolut sein Geld wert!

Hat Du erst einmal einen gewissen Bestand an Büchern, trägst Du mit geringem Gewicht (und das sollte beim Backpacking das wichtigste sein) immer Deine eigene kleine Bibliothek mit Dir herum und kannst sogar im Dunkeln auf einer späten Busreise noch gemütlich lesen.

Der Nachteil? Der Akku hält nur eine begrenzte Zeit, bevor Du ihn wieder aufladen musst und damit bist Du von Stromquellen abhängig. Allerdings ist dieser Punkt vor allem beim Kindle kein Argument mehr.

Und je nachdem, wo du dich befindest, kannst du online eben nicht die deutschen eBooks von deutschen Anbietern herunterladen, da der Zugriff nur auf die nationalen Portale möglich ist.

Kamera & Kameratasche

Auf diesen Punkt gehe ich im nachfolgenden Abschnitt tiefer ein, daher hier nur ein grober Überblick:

Ich habe mit einer simplen Canon PowerShot gestartet und musste sie dann leider in Western Australia gegen eine neue austauschen.

Meine zweite Canon PowerShot hat ebenfalls sehr gute Dienste geleistet, obwohl sie mich in Australien nur knapp 80€ gekostet hat.

Anschließend bin ich mit einer Nikon L120 gereist und war auch mit ihr zufrieden.

Sie zählt zur Kategorie Semi-Pro und hat einige nützliche Einstellungen, die die normalen Kompaktkameras nicht bieten. Trotzdem kommt sie natürlich an eine DSLR nicht heran.

Daher habe ich nun endlich der Sucht nach einer DSLR nachgegeben und mir eine Canon 600D mit einem 18-135mm Objektiv zugelegt.

Auch wenn die Nachteile der Größe und des Gewichts sehr nachteilig für einen Backpacker sind, der auf jedes Gramm achtet, sind die Bilder, die ich nun damit zaubern kann, einfach unschlagbar.

SD-Karten nicht vergessen! Auch wenn es sinnvoll ist, jeden Abend die Photos auf den Laptop zu archivieren, habe ich immer auch eine Ersatz-SD-Karte dabei. Better safe than sorry! (Gibt es übrigens viel günstiger bei Amazon als in den gängigen Technik-Märkten.)

Bei den meisten anderen Kameras kommen eigene Akkus dazu, daher nicht vergessen, die entsprechenden Ladekabel einzupacken und eventuell zu überlegen, ob sich ein zweiter Akku lohnt.

Handy, Handyhülle & Ladegerät

Seit einer Weile nutze ich ein High-End-Smartphone, das HTC One S und bin (bis auf wenige Update-Probleme am Anfang) auch ziemlich zufrieden.

Im Ausland als Backpacker ist so ein Handy schon praktisch, wenn man mobiles Internet nutzen möchte, ohne gleich den kompletten Laptop auspacken zu müssen. Ausserdem ersetzt es mit einer eBook App für Sparsame auch den eBook-Reader!

Eine gute Hülle sollte in jedem Fall mit, denn gerade auf Reisen muss Dein Handy schon mal einiges aushalten können.

Auch als Taschenlampen-Ersatz sind die neusten Handys perfekte Begleiter! Ob nachts im Hostel oder auf einer Bushtour in der Wüste.

Selbstredend: Ladekabel nicht vergessen!

Laptop, Laptoptasche & Ladekabel

Hier habe ich mich vor meiner ersten langen Reise für den Lenovo S12 entschieden und hätte nicht besser wählen können. Gerade noch klein genug um überall hineinzupassen, ist er doch nicht zu klein, um noch angenehm einen Film schauen zu können. Mit 1,5kg auch als Backpacker absolut tragbar.

Für meine nächste Reise bin ich dann nochmal eine Stufe kleiner geworden und habe den Lenovo ThinkPad Edge E130 (ganz klar ein Lenovo-Fan hier zu erkennen) genutzt.

Nun ist trotz aller Liebe zu Lenovo zum ersten Mal in meinem Leben ein Apple Produkt mein Begleiter: Das MacBook Air 11"

Ich muss leider zugeben, ich weiß nicht mehr warum ich mich so lange gesträubt habe! Wahrscheinlich wegen dem hohen Preis.

In Kuala Lumpur wurde dieses Argument zunichte gemacht, denn hier bekommst Du im Shopping Center Lot 10 und im Geschäft Machines, Apple Produkte zum Spottpreis.

Eine Überlegung wert, solltest Du auf Reisen dort mal vorbeikommen!

Dreier-Stecker - Das wertvollste Utensil!

Gerade in Hostels sind die Steckdosen rar. Nachdem ich einmal in einem 8-Bed-Dorm mit einer einzigen Steckdose übernachten musste, wusste ich, was ich daran hatte. Mit Handy, Laptop und Akkuladegerät ist alles abgedeckt und auch mit einer einzigen Steckdose machbar!

Steckdosen-Weltadapter

Ich habe mir in Asien einen Weltadapter gekauft. Du könntest ihn natürlich auch vorher schon besorgen, das ist aber je nach Reiseziel einfach unnötig weil sie zum Beispiel in asiatischen Ländern sehr billig zu erstehen sind.

Externe Festplatte & Tasche

Auch etwas, das ich mir auf Reisen zugelegt und sogar noch einmal gegen eine größere ausgetauscht habe. Auf Reisen tauscht man sich unter Reisenden gerne mit allen möglichen digitalen Medien aus und dabei platzt die interne Laptop-Festplatte schnell aus den Fugen. Für mich absolut unverzichtbar!

Der wichtigste Tipp neben all dem ist natürlich, wirklich doppelt zu checken, ob Du für alle Geräte das passende Ladekabel eingepackt hast!

Nichts ist ärgerlicher als eines davon zu vergessen. Als Spartipp gilt, generell technische Geräte aller Art falls möglich erst in Reisegebieten wie Australien oder natürlich Asien zu kaufen.

Geschäftstipp für Technik aller Art und Backpacker in Australien: Die Dick Smith-Kette!

Die richtige Kamera auf Reisen

Kompaktkamera? Spiegelreflex? Semi-Pro oder GoPro? Oder reicht Deine Handykamera?

Mittlerweile ist die Auswahl einer Kamera allein schon ein kleines Abenteuer, hat doch jede ihre Vor- und Nachteile. Um Dir die Entscheidung vor einer Reise ein wenig zu erleichtern, hier mal eine grobe Übersicht. Sie beinhaltet nicht alle Optionen, das würde zu weit gehen, aber zumindest die, die ich aus eigener Erfahrung beurteilen kann:

Die Kompaktkamera

Wohl das gängigste Modell heutzutage. Es gibt sie in allen Ausführungen und Preisklassen. Ab 100€ kannst Du schon eine einigermaßen gute Kompaktkamera erstehen, allerdings darfst Du von ihr dann keine Wunder erwarten.

Wichtig ist bei Kompaktkameras, die Gebrauchsanleitung gründlich durchzulesen und viel auszuprobieren, sodass Du das Beste aus ihr herausholen kannst!

Ich hatte die ersten zwei Jahre nur Kompaktkameras auf meiner Reise dabei und war mit der Canon PowerShot Serie sehr glücklich. Sie ist einfach in der Handhabung und lässt Dir ein bisschen Spielraum, wenn Du experimentierfreudig bist.

Letztendlich ist das aber Geschmacksache, also nimm Dir ein wenig Zeit, geh in das nächste Mediafachgeschäft und probier mal mit den Modellen ein wenig aus. Dann findest Du am ehesten, was Dir liegt.

Die Semi-Pro

Mittlerweile gibt es eine Klasse von Kompaktkameras, mit denen deutlich mehr Einstellungen möglich sind als mit der gewöhnlichen Kompaktkamera. Daher steigt natürlich auch der Preis!

Sie sind aber eine gute Alternative, falls Du langsam genug von den normalen Kameras hast, aber nicht so ein Schwergewicht wie die Spiegelreflexkamera mitschleppen möchtest.

Ich habe auf einer meiner Reisen vor ein paar Jahren zu einem dieser Modelle gewechselt, der Nikon Coolpix L120 und war zufrieden mit ihr. Endlich konnte ich ein wenig mehr mit den Einstellungen spielen, hatte eine bessere Auflösung und ein großes Zoomspektrum mit 21fachem optischem Zoom.

Sie war schwerer als eine Kompaktkamera und hat auch deutlich mehr Platz eingenommen, aber das war es mir wert!

Digitale Spiegelreflexkameras

Nun bin ich seit einer Weile stolze Besitzerin eine Spiegelreflexkamera. Allerdings gibt es deutliche Vor- und Nachteile, die mich vor dem Kauf hin und her gerissen haben:

Sie ist schwer! Das lässt sich nicht leugnen. Vor allem je nachdem, welches Objektiv Du auswählst. Für einen 2-3 Wochen Urlaub mag das keine so große Rolle spielen, aber für das Backpacking über mehrere Monate ist das auf jeden Fall ein Manko.

Die Gefahr, sie zu verlieren, dass sie gestohlen oder beschädigt wird, liegt mir schwer auf der Seele. Auch das ist bei einem Kurzurlaub kein großes Problem, denn es gibt dafür gute Reisegepäckversicherungen.

Leider ist das auch wieder ein Problem für Langzeitreisende. Da steigen die Preise für die Versicherung in Höhen über 60€ monatlich und ganz ehrlich, welcher Backpacker schüttelt das mal so eben aus dem Ärmel?

Die Vorteile? Für mich ganz offensichtlich unschlagbar: Ich kann endlich die Art von Photos machen, von denen ich seit Jahren träume.

Ich kann mit der Schärfentiefe und Belichtungszeit spielen, kann hochwertige Videos filmen und sobald ich das Monster Gebrauchsanleitung gelesen und endlich kapiert habe wahrscheinlich noch viel mehr.

Beim Kauf meiner Canon 600D gab es einen entscheidenden Grund, der mich letztendlich überzeugt hat: Ich reise nun dauerhaft und vermutlich an noch überwältigendere Orte als ich bisher schon besuchen durfte und ich vermute stark, dass ich an viele dieser Orte nie wieder kommen werde.

Ich möchte daher Bilder mit zurückbringen, die qualitativ auf meinem höchsten Anspruch sind. Damit lässt sich dann auch viel besser angeben.

Die GoPro-Serie

Bisher habe ich mich noch vor dem Kaufrausch schützen können, der mich mit einer GoPro ausgestattet hätte. Aber auch nur knapp.

Je nach Anspruch gibt es die GoPro in 3 verschiedenen Ausführungen, der white, silver und black Edition und je nach Stufe sind ihre Auflösungs- und Filmqualitäten.

Eigentlich ist sie mehr für das Filmen und ganz besonders für Action- und Adventureaufnahmen geeignet (schau Dir bloß nicht die Werbevideos auf YouTube dazu an, ich sage Dir, Du willst danach sofort losrennen und mit einer GoPro Wellen und Skipisten erobern).

Generell würde ich sogar soweit gehen und behaupten, dass sich die Anschaffung dieser Kamera wirklich nur dafür lohnt und darauf größtenteils beschränkt. Ich bin trotzdem ein riesiger Fan und werde mir wohl, sobald ich mal etwas wirklich Aktives in Angriff nehmen werde (wie zum Beispiel meinen Traum der Rollertour nach Afrika), eine GoPro Silver zulegen.

Dies sind die großen Gruppen an Kameras, die es zur Zeit auf dem deutschen Markt gibt und die Du in Erwägung ziehen solltest. Bei allen gilt: Gute Beratung ist Gold wert.

Egal, ob vom Fachhändler oder von Freunden, die sich auskennen. Und selbst in die Hand nehmen und ein wenig damit spielen! Manche fühlen sich auf den ersten Griff schon falsch oder richtig an.

Soll ich einen Reiseblog anfangen?

Wenn Du auf eine große Reise gehst, gibt es viele Menschen, die mit Dir in Kontakt bleiben möchten. Sie möchten an Deinem Abenteuer teilhaben, denn Du lebst gerade einen Traum, den viele vielleicht mit Dir teilen, aber noch nicht den Weg gefunden haben, ihn auch Wirklichkeit werden zu lassen.

Du hast nun also die Möglichkeit, Massenmails zu verfassen und regelmäßig an alle Deine Freunde und Familie zu verschicken.

Oder Du kannst einen Reiseblog eröffnen und die ganze Welt an Deiner Reise teilhaben zu lassen.

Das klingt für manche, sehr privaten Menschen vielleicht eher abschreckend, aber lass Dir eines gesagt sein: Kaum jemand findet Dich, nur weil Du einen Reiseblog besitzt.

Als ich meinen Reiseblog gestartet habe, hatte ich im ersten Jahr täglich in etwa 20 Seitenaufrufe. Das entspricht auch in etwa der Anzahl an Freunden und Bekannten, denen ich die Adresse zu meinem Blog gegeben habe.

Wenn Du also überlegst, einen Reiseblog für Deine Reise, eine Art digitales Tagebuch für Dich und Fotoalbum für Deine Freunde zu erstellen, dann lass Dich von diesem Punkt nicht abschrecken.

Die Vorteile

Ganz klar: Es ist einfacher, einen Reiseblog zu aktualisieren, als darauf zu hoffen, dass 25 oder mehr verschiedene E-Mails auch tatsächlich ankommen.

Du kannst Dich auch deutlich kreativer ausleben in einem Reiseblog, als es E-Mails zulassen würden und deutlich mehr Fotos zur Verfügung stellen, als eine E-Mail packen würde.

Es ist optisch ein absolutes Highlight, Deine eigenen Reiseberichte und Deine wunderschönen Fotos auf einer digitalen Plattform in einem schönen Design zu sehen.

Nicht zu vergessen: Wenn Du gefunden werden möchtest, kannst du vielen anderen Reisesüchtigen Inspiration, Motivation und haufenweise Ideen liefern für Ihre eigenen Träume und Reisepläne!

Die Nachteile

Ganz klar: Einen Reiseblog aktuell zu halten fordert vor allem eine Internetverbindung. Wenn Du Fotos hochladen und einbinden möchtest sogar eine stabile und schnelle.

Das heißt, Du bist je nachdem, wie aktuell Du bleiben möchtest und wie oft Du schreibst, mehrmals pro Woche oder mehrmals im Monat auf der Suche nach einer guten Internetverbindung.

Falls Du nicht auf die PCs in Hostels und Internet-Cafés angewiesen sein möchtest, brauchst Du zusätzlich mindestens ein Tablet, besser noch einen Laptop im Gepäck.

Einen Laptop dabeizuhaben kann so viele Vorteile mit sich bringen: Du kannst Filme und Serien schauen, wenn Du einsame Abende überbrücken möchtest, kannst all Deine Fotos regelmäßig sichern und noch so viel mehr.

Aber lass Dich nicht nur von den Vorteilen blenden, sondern bedenke, dass er auch ein Extra an Gewicht in Deinem Rucksack bildet.

Deinen eigenen Reiseblog aufbauen

Nehmen wir also einmal an, Du hast Dich für einen Reiseblog entschieden!

Wo fängst Du an?

Einem absoluten Neuling kann ich nur empfehlen, es so schlicht wie möglich zu halten. Wenn Du Gefallen daran findest, kannst Du Deinen Blog dann nach und nach immer noch ausfeilen und erweitern.

Such Dir eine Plattform, die Dir vorinstallierte Designs bietet, bei denen Du nur auswählen musst, welches Dir gefällt. Dafür gibt es Anbieter wie Blogger, Tumblr (der mehr auf Fotos konzentriert ist) oder WordPress.

Bei jeder dieser Plattformen richtest Du Dir schlicht einen Account ein, wählst ein Design und kannst sofort loslegen.

Um Dich ein wenig damit vertraut zu machen, wie Deine gewählte Plattform funktioniert, wie Du Fotos einbindest und Texte gestaltest, würde ich Dir raten, schon vor Reisebeginn Deinen Blog zu starten.

Experimentiere mit ein paar Artikeln zu Deiner Reisevorbereitung, um dann unterwegs fit zu sein für die tatsächliche Action!

Handy, SIM-Karten und Internet unterwegs

Hier wird es wirklich schwierig, allgemeine Tipps zu geben. Ob Du eine SIM-Karte brauchst, wie viel Guthaben oder ob ein Internet Stick sinnvoll für Dich wäre, ist von vielen Faktoren abhängig.

Wie lange und wo bist Du unterwegs? Gibt es günstige Anbieter in Deinem Zielland? Wie leicht kommst Du an freies WiFi (kabelloses Internet)?

Eine neue SIM-Karte - ja oder nein?

Der wichtigste Punkt zuerst: Roaming, also Deine eigene SIM-Karte im Ausland zu benutzen, kann furchtbar teuer werden!

Daher solltest Du ausser für Kurztrips bis zu maximal zwei Wochen, diese Möglichkeit ausser Acht lassen.

Bei Reisen über zwei Wochen lohnt es sich schon manchmal, sich nach günstigen Anbietern umzuschauen. Das kannst Du am besten vor Ort. Frag in Deiner ersten Unterkunft nach, ob sie Dir günstige PrePaid Anbieter nennen können und schau Dich in der ersten Stadt, in der Du landest, nach dieser SIM-Karte um.

In Australien werden SIM-Karten als Werbeaktion in fast jedem Supermarkt umsonst angeboten. Du kannst Dir dort einfach eine oder mehrere verschiedener Anbieter mitnehmen und dann deren Tarife vergleichen.

Zu allererst solltest Du aber überlegen, wofür Du überhaupt eine SIM-Karte brauchst. Wir sind heutzutage so daran gewöhnt, einen festen Anbieter zu haben, dass es uns gar nicht in den Sinn kommt, auf Reisen vielleicht nur eine SIM-Karte für Notfälle zu haben.

SIM-Karten & Telefonieren im Ausland

Anfangs habe ich in Australien noch häufiger telefoniert, wahrscheinlich einfach deshalb, weil ich es so gewohnt war. Nach einer Zeit bin ich mehr und mehr auf Skype umgestiegen.

Du zahlst dabei nichts, wenn Du Deinen eigenen Laptop oder ein Tablet nutzt und kannst Deine Freunde und Deine Familie sogar sehen.

Der Nachteil ist natürlich, dass Du auf eine stabile und starke Internetverbindung angewiesen bist. Noch dazu kann es vorkommen, dass Du im Hostel oder Internetcafé für die Internetverbindung zahlen musst, wenn Du eben keinen eigenen PC dabei hast.

Überleg Dir also hierbei, was für Dich das bequemste ist: Unabhängigkeit, aber eventuell teurere Kosten, oder Sparsamkeit und vielleicht ein wenig mehr Umstände.

Australien-Tipp

Anbieter in Australien gibt es immer mehr, das Problem hier ist nur meist die Abdeckung: Im Outback und in sehr ländlichen Gegenden wirst Du mit den meisten Anbietern schon Probleme beim Empfang haben. Telstra ist da die beste, leider aber auch die teuerste Wahl.

Ich habe einige Anbieter ausprobiert und bin dann bei Lebara geblieben. Die Telefonverbindungen waren meist sehr stabil, wurden nicht unterbrochen (bei manchen Anbietern wird nach einer gewissen Zeit die Verbindung unterbrochen und Du musst neu anrufen) und die Verbindungskosten nach Deutschland waren sehr günstig.

SIM-Karten rund um die Welt

Eine sehr gute englische Website zum Recherchieren und Tipps einholen ist die Seite Too Many Adapters von Dave, einem Dauerreisenden, der unendlich viele Tipps nicht nur zu SIM-Karten, sondern zu Technik auf Reisen ganz allgemein gibt.

Internet rund um die Welt

Wenn Du Deinen eigenen Laptop oder Tablet dabei hast und völlig unabhängig sein möchtest, lohnt sich bei einem längeren Aufenthalt in einem westlichen Reiseland, in dem die Preise für das Internet und WiFi sicherlich Dein Reisebudget auffressen, ein Internet-Stick.

Dabei kaufst Du bei dem Anbieter Deiner Wahl (am besten andere Reisende nach Tipps und günstigen Anbietern fragen) einen Stick, der wie ein USB-Stick aussieht und mit einer SIM-Karte bestückt wird.

Zusätzlich lädst Du diese SIM-Karte nun mit Guthaben auf, aber anders als beim Telefonieren kannst Du hier Datenspeicher statt Minuten kaufen.

Du kaufst also PrePaid eine angegebene Datenmenge (500MB, 1GB, etc.) und verbrauchst es nach und nach. Der Vorteil daran ist, dass Du eine komplette Kostenkontrolle besitzt, wie viel Du ausgibst und auch selbst regulieren kannst, wie lange Dein Guthaben hält.

Dabei solltest Du bedenken, dass E-Mails, Facebook und das Suchen und Recherchieren im Internet kein großes Problem sind. Seiten wie YouTube hingegen, auf denen Du Filme und Musik streamst oder Programme wie Skype sind allerdings wahre Datenfresser und lassen Dein Guthaben schnell schrumpfen.

Diese Art von Internet ist zwar sehr komfortabel, aber auch im Verhältnis eventuell teurer. Und gerade in der heutigen Zeit, in der jedes zweite Café, fast jedes Hostel und jede Bibliothek Free WiFi anbietet, solltest Du Dir gut überlegen, ob Du Dir das Geld sparst und eher ein wenig Zeit auf die Suche danach investierst.

Hast Du an alles gedacht?

Egal ob Deine Reise drei Wochen, drei Monate oder drei Jahre dauert, es gibt unglaublich viel zu bedenken, zu organisieren und zu erledigen!

Damit Dir nichts durch die Lappen geht, hier die ultimative Reisecheckliste für die Zeit bis zum Abflug:

Ein paar Monate vor Reisebeginn solltest Du...

- Ein Ziel finden!
- Deine Ausgaben einschränken: Ab sofort heißt es sparen, sparen, sparen!
- Deine Wohnung kündigen, vermieten oder für die Abwesenheit vorbereiten!
- Dir gründlich überlegen, wie das mit Deinem Job laufen soll! Kündigen? Sabbatical? Unbezahlter Urlaub?
- Einen Termin beim Arbeitsamt und der Krankenkasse zum Informieren machen!
- Über Wwoofing, helpX etc. nach Jobs oder Gelegenheiten zum Volunteering Ausschau halten!
- Überflüssige Verträge kündigen!
- Dein Visum beantragen! Je nachdem, wohin es geht, kann das schon mal ein wenig länger dauern.
- Dir einen (Langstrecken-)Flug buchen! Oder zumindest langsam

anfangen, danach Ausschau zu halten und die Preise zu beobachten.

- Rezeptpflichtige Medikamente und/oder Pille auf Vorrat besorgen! Lieber ein wenig früher damit anfangen, damit Du keine Probleme mit Deiner Krankenkasse bekommst, weil Du Medikamente anhäufst!

Ein paar Wochen davor solltest Du dann...

- Deinen Besitz verkaufen oder einlagern!
- Alle gewünschten technische Gadgets besorgen, die Dir noch fehlen!
- Passende Kleidung besorgen, die Dir für Dein Reiseziel vielleicht noch fehlt!
- Dir einen guten Rucksack besorgen!
- Bei Couchsurfing und WomenWelcomeWomen anmelden und ein Profil erstellen!
- Eine Unterkunft für die ersten Tage buchen, je nachdem, wo es hingeht!
- Deinen Reisepass auf Gültigkeit prüfen!
- Deine Kreditkarten auf Gültigkeit prüfen oder Dir eine besorgen (und Online-Banking einrichten!) und Deine TAN Listen checken (zu ärgerlich, wenn Du nur noch 5 TANs übrig hast und die neue Liste nach Hause geschickt wird)
- Bei Bedarf einen internationalen Führerschein beantragen!
- Schon ein wenig Geld wechseln, falls nötig! Früh genug bei Deiner Bank anfragen, wie lange sie brauchen, um Dir die entsprechende Währung zu besorgen.

- Deine Haftpflichtversicherung prüfen: Ist sie weltweit gültig?

- Einen Crashkurs in der Sprache des Landes machen oder zumindest die grundsätzlichsten Begriffe (Bitte, Danke, Nein-Danke!) lernen!

- Ganz viele Reiseblogs zur Einstimmung lesen!

- Jemandem die Vollmacht für Dein Konto geben! Das kann im Unglücksfall sehr hilfreich sein.

- Regeln, was mit Deiner Post passieren soll. Nachsendeauftrag? Digitaler Öffnungs- und Scannservice?

- Nochmal alle Ärzte besuchen (Zahnarzt, Gynäkologe, Hausarzt-Check-Up)

- Einen Termin beim Tropenmediziner vereinbaren, Dich evtl. impfen lassen oder Dir eine Malaria Prophylaxe besorgen! (Schau Dir mein eBook zum Thema Gesundheit auf Reisen an! Alle Infos, die Du brauchst!)

- Falls Du Sorge hast, allein zu bleiben: Mitreisende finden und Foren besuchen! (Zum Beispiel in der Facebook Gruppe "Frauen reisen solo!")

- Eine Auslandskrankenversicherung abschließen!

- Evtl. deutschsprachige Ärzte in Deinem Zielort ausfindig machen (nur wirklich nötig, wenn Dein Englisch sehr schlecht sein sollte, Du chronische Erkrankungen hast und Du länger an einem Ort wohnst)

Ein paar Tage davor musst Du daran denken...

- Telefon, Strom, Gas und Wasser abstellen zu lassen (je nachdem, wie lange Du weg bist und ob Deine Wohnung leer steht)

- Sicherheitskopien aller wichtigen Dokumente zu erstellen!
- Deine PINs (Handy, Geldkarte, Kreditkarte) sicherheitshalber irgendwo zu vermerken. Vor allem auch für zu Hause gelassene Karten, denn wenn Du monatelang unterwegs bist, kannst Du Dich sicher nicht mehr daran erinnern.
- Deine neuen Schuhe einzulaufen!
- Einen Reiseblog für Freunde & Familie zu erstellen!
- Deine Reiseapotheke aufzustocken!
- Reiseführer oder Landkarten zu besorgen (falls Du welche möchtest oder brauchst, ist jetzt noch Zeit dafür!)
- Deine Freunde noch einmal zu besuchen und ihre aktuellen Adressen zu sammeln! Postkarten sind die beste Art, Daheimgebliebene gleichermaßen neidisch und ihnen eine Freude zu machen!
- Dich bei der Stadt abzumelden oder auf einen anderen Wohnsitz umzumelden, wenn Du Dein eigenes Zuhause aufgegeben hast!
- Deinen Flug zu bestätigen und evtl. den Online-Check-In zu nutzen! Buchungsnummern notieren und merken!
- Den Rucksack mal grob zu packen, um zu sehen, ob Du irgendetwas vergessen hast und noch besorgen musst, um das Gewicht zu testen und evtl. etwas wieder auszusortieren!

Ein paar Stunden davor fehlt dann nur noch...

- Alle Akkus (Handy, Laptop, Kamera) nochmal vollständig aufzuladen!
- Den Rucksack mit den letzten Kleinigkeiten zu bestücken!

- Diese Reisecheckliste durchzugehen, ob Du alles erledigt hast!
- ...und allen Mut zusammen zu nehmen und Dich ins Abenteuer zu stürzen!

Das "Danach"

"Manchmal sehe ich hinauf zu den Vögeln auf den Bäumen und frage mich, warum sie an einem Ort bleiben, wo sie doch Flügel haben.
Und dann frage ich mich genau dasselbe."

- Harun Yahya -

Das Finanzpolster

Wem geht es nicht so: Du planst eine Reise, bist voller Vorfreude, Erwartungen und Neugier und vergisst dabei leider total, darüber nachzudenken, was eigentlich danach kommt?!

Besonders bei einer Reise über mehrere Monate ist es unglaublich wichtig, sich darüber Gedanken zu machen und ein paar Groschen, so schmerzhaft es auch ist, für die Zeit danach beiseite zu legen.

Denn "Danach" kann teuer werden und Dich ganz schön Nerven kosten. Vor allem wenn Du die Finanzspritzen davor genossen hast und all Dein Hab & Gut aufgegeben hast. Damit Du nicht nur entspannt reisen, sondern auch entspannt zurückkommen kannst, schauen wir uns mal die Bausteine an, aus denen sich Dein finanzieller Backup zusammensetzen sollte:

Alt oder neu? - Dein Zuhause

Wohnung aufgegeben? WG-Zimmer gekündigt?

Super, dann hattest Du zumindest keine laufenden Kosten während Du unterwegs warst. Aber was nun?

Es gibt viele Möglichkeiten, nach der Rückkehr wieder Unterschlupf zu finden, ob bei Familie & Freunden, in kurzfristig mietbaren möblierten WG-Zimmern oder im schlimmsten Fall in den deutschen Jugendherbergen. Da wird es dann aber auch schon teuer.

Welche Kosten solltest Du also für die Zeit nach der Reise einplanen?

- Mietkosten für zumindest 1-2 Monate (je nach Unterkunft, zwischen 300-500€/Monat für eine WG, bei Wohnungen ist die Zahl nach oben offen)

- Kautionskosten (je nach Größe und Art der Wohnung zwischen 500-1500€)

Alt oder neu? - Deine Möbel

Wenn Deine alte Wohnung auf Dich wartet, brauchst Du Dir um diesen Punkt keine Sorgen zu machen. Und auch in möblierten Unterkünften unterzukommen streckt die Sorge darum ein wenig.

Solltest Du Dir aber sofort wieder ein neues und gemütliches Heim schaffen wollen, musst Du schon ein paar Rücklagen nutzen können:

- Bett & Schrank als Minimum (kostengünstig schon für knapp 300€ und weniger zu bekommen, aber über Qualität lässt sich dann streiten)

- Küchenausstattung (Geschirr, Besteck, Töpfe etc. ca. 100€)

- In einer eigenen Wohnung: Evtl. Küchenmöbel, Wohnzimmermöbel, etc. - da ist das Limit nach oben offen und kann teuer werden!

Alt oder neu? - Dein Job

Nicht alle Jobs sind so flexibel, Dich für eine längere Zeit freizustellen. Oder Du hattest Deinen Job sowieso satt und hast den Moment genutzt, um auszusteigen. Dann kommt nun eine kurze oder lange Phase der Jobsuche.

Unterschätz das nicht! Ich hatte einen sehr flexiblen und heiß begehrten Job und brauchte trotzdem zwei Monate, um wieder fest einsteigen zu können.

Dringend zu bedenken und einzukalkulieren sind:

- Ein Puffer um 1-2 Monate über die Runden zu kommen (egal wo Du wohnst, essen musst Du immer)

- Bewerbungsmappen/Unterlagen (Ja, auch die kosten Geld! Und wenn Du einen guten Eindruck hinterlassen möchtest, rechne sicherheitshalber 100€ für Mappen, Umschläge, Drucke, Porto etc. ein)

- Bewerbungsgespräche (Kleidung? Fahrtkosten?)

All das läppert sich zusammen und frisst ganz schnell das wenige Geld auf, das Du noch übrig hast. Glaub mir, ich spreche aus bitterer Erfahrung.

Freunde wiedersehen - Die Deutschlandreise

Egal, wie lange Du unterwegs warst, Du wirst Deine Freunde wiedersehen und von Deinen Abenteuern und Erlebnissen erzählen wollen. Falls es Dir nur ein wenig wie mir geht, sind Deine Freunde über ganz Deutschland verteilt.

Natürlich hast Du bei ihnen eine kostenlose Unterkunft und sparst Dir vielleicht mit einer Tour bei allen die Suche nach einem WG-Zimmer, aber auch dann musst Du von A nach B kommen und wirst mit ihnen mit Sicherheit auch ausgehen.

Schon verschwinden die nächsten Groschen und Dein Budget schrumpft.

Unvorhergesehenes - Die Zeit "Dazwischen"

Das Blöde an Unvorhergesehenem ist - wer hätte das gedacht - dass es unvorhergesehen kommt!

Ich stand plötzlich ohne Krankenversicherung da und eine private hätte mich gut 150€ im Monat gekostet. Ich hatte Glück und habe eine Lücke im System gefunden, aber da kann immer wieder etwas um die Ecke kommen, dass Du nicht eingeplant hast.

Ein Auto, eine Monatskarte für die öffentlichen Verkehrsmittel, ein Event, das Du unbedingt besuchen möchtest. Die Liste ist unendlich und natürlich kannst Du Dich nicht für jeden Fall absichern.

Aber wenn Du Deinen Notgroschen kalkuliert hast, leg einfach noch ein wenig drauf. Denn ähnlich wie bei einer Reise kommt es doch immer anders als Du denkst!

All diese Rücklagen sind natürlich optional, grob angesetzt und müssen an Deine Bedürfnisse angepasst werden. Du solltest nun auch nicht in Panik verfallen und Deine Reise abblasen, weil Du nicht genug Puffer angespart hast.

Wenn Du bei Deinen Eltern unterkommen kannst, oder Deine Wohnung und Dein Job sogar auf Dich warten, wird ein Notgroschen nicht unbedingt nötig sein, aber zumindest solltest Du vor einer längeren Reise diese Liste einmal durchgecheckt haben, um sicher sein zu können, dass auf Deine Traumreise nicht das böse Erwachen folgt!

Denn ähnlich gefährlich wie einfach aufzubrechen, ohne genügend Geld zu haben, um überhaupt etwas von der Welt sehen zu können, ist es eben, mit leeren Taschen nach Hause zurückzukommen, wenn Du nicht wenigstens einen Plan B in der Tasche hast!

Dem neuen Chef die Lücke im Lebenslauf verkaufen

Wir neigen alle dazu, uns viele Gedanken um die Zukunft zu machen. Du und ich sind da höchstwahrscheinlich keine Ausnahme.

Wenn es dann an die Umsetzung eines lang gehegten Traums und die Realisierung einer großen Reise geht, hören wir immer wieder die Frage: Hast Du keine Angst, dass Dich dann keiner mehr einstellt wenn Du einfach "nichts" machst für 1 Jahr? 6 Monate? 3 Monate? (Passendes bitte einsetzen!)

Völlig falscher Gedanke! Heutzutage kommen wir langsam an einen Punkt, an dem viele Arbeitgeber durchaus die Vorteile einer Langzeitreise erkennen und die, die sie (noch) nicht sehen, kannst Du mit diesen Argumenten ganz leicht überzeugen:

Deine neuen Stärken: Organisationstalent

Wer lernt bitte mehr darüber, sich selbst zu organisieren als ein Reisender? Flüge, Unterkünfte, Transporte, Einkäufe... all das will gut überlegt und arrangiert sein, sonst würdest Du ja einfach monatelang an einem Fleck sitzenbleiben. Noch dazu die ganze Vor- und Nachbereitung zu Hause. Unschlagbares Argument!

Flexibilität

Schon mal einen Bus oder einen Zug verpasst oder musstest Du auf Deiner Reise vielleicht mit dezenten (2 Stunden aufwärts...) Verspätungen zurechtkommen? Niemand muss so schnell umdenken oder umplanen wie ein Reisender. Dein Hostel erwartet Dich ja schließlich um 5 Uhr nachmittags und eigentlich nicht um 11 Uhr abends.

Krisenmanagement

Dein Flug wird gestrichen, Dein Laptop geklaut oder die Kreditkarte steckt im Automaten fest. Da ist Panik schieben einfach. Aber Du hast gelernt, mit dem Unmöglichen klar zu kommen und Lösungen für jedes Problem zu finden. Das soll Dir erstmal jemand nachmachen!

Kulturoffenheit

Gerade in multikulturellen Ländern wie unserem ist so etwas oft Grundvoraussetzung, aber leider noch lange nicht Jedem gegeben. Vorbehalte und Intoleranz spielen überall immer noch eine große Rolle.

Du hast auf Reisen so viele verschiedene Menschen kennen und respektieren gelernt. Mach Dir das zum Sternchen in Deinem Lebenslauf! Auch wenn - sind wir ehrlich - das tatsächlich selbstverständlich sein sollte.

Zeitmanagement

Um 5 Uhr aufstehen, um Dich um 5.30 Uhr mit dem Bus zum Bahnhof fahren zu lassen, um den Zug kurz nach 6 Uhr zu erwischen, der Dich zum Flughafen bringt.

Dort genügend Zeit eingeplant um einzuchecken, Wasser aufzufüllen und einen Happen zu essen? Gut, denn Dein Flug wird lang und anstrengend und Deine Reise ist mit der Ankunft am Flughafen des Zielortes noch nicht komplett.

Eine Reise in verschiedene Länder mit häufigem Ortswechsel ersetzt jeden Kurs, den Du über Zeitmanagement belegen kannst. Das wette ich mit Dir!

Stressresistenz

Ich weiß nicht, wie es Dir geht, aber nichts hat mich geduldiger werden lassen, als immer wieder an Bootsanlegestellen warten zu müssen, bis das Boot gefüllt ist (Abfahrtszeiten? So ein Käse!). Oder mich tolerant werden lassen Bussen gegenüber, die bis zur Decke mit Menschen, Taschen, Tüten oder Hühnern gefüllt wurden. Stress? Kein Problem für Dich!

Finanzwesen

Du hast 3000€ gespart, willst etwa drei Monate reisen und musst Dein Budget entsprechend anpassen. Kein Problem für Dich, die richtigen Unterkünfte und Länder zu planen. Nirgendwo lernst Du, so selbständig (Deine) Finanzen zu regeln. Und wirst das auch nie wieder verlernen, soviel ist sicher!

Dies sind nur einige Punkte, die Du nicht nur als Gegenargument für die Vorurteile nutzen kannst, die vielleicht noch am Image des Nichtsnutzes kleben. Und ich bin sicher, Dir fallen spezifisch auf den Job, auf den Du Dich bewirbst, noch einige mehr ein.

Wichtig ist vor allem, dass Du selbst an Deine Fähigkeiten glaubst! Denn wenn Du das tust, strahlst Du es auch aus und überzeugst allein damit schon Deinen neuen Chef davon, Dich unbedingt einstellen zu müssen!

Zurück in den Alltag: Schwerer als man denkt!

Ich bin vermutlich die letzte Person, die Dir zur erfolgreichen Reintegration Tipps geben sollte. Ich habe es nach meiner ersten Langzeitreise weniger als 1,5 Jahre in Deutschland ausgehalten, bevor es mich wieder zurück in die Welt gezogen hat.

Aber ich habe auch nicht gewusst, was mich zu Hause erwartet und wie ich mich fühlen würde. Damit Du vorab zumindest mal einen Eindruck davon bekommst, wollte ich dieses Thema nicht ganz unter den Tisch fallen lassen.

Er betrifft mehr Langzeitreisende, als ich gedacht hätte und ich treffe immer wieder Seelenverwandte, denen es genauso schwer gefallen ist wie mir, sich wieder zu integrieren.

Wieder auf deutschem Boden

Auch wenn Du wahrscheinlich voller Vorfreude auf Deine Familie und Freunde sein wirst, auf deutsches Essen (deutsches Brot!) und vielleicht die erste, anständige Dusche und Waschmaschine nach Monaten, solltest Du den Wiedereintritt nicht unterschätzen.

Nimm Dir einige Tage Zeit, um anzukommen und verplan nicht gleich jede Deiner Minuten.

Ähnlich wie bei der Einreise in ein neues Land könnte Dich ein fieser Kulturschock, in diesem Fall Re-Entry-Schock, erwischen.

Es mag abstrakt klingen und vielleicht verstehst Du erst ganz, was ich meine, wenn Du es selbst erlebt hast, aber Deine Augen und Dein Kopf haben sich an die Fremde gewöhnt und brauchen nach einer langen Reise auch ein paar Tage, um sich wieder auf das Gewohnte einzustellen.

Als ich am Tag nach meiner Rückkehr begeistert in den Supermarkt stürzen wollte, weil es mich nach meinen gewohnten Leckereien verzehrt hat, bin ich fast auf dem Weg dorthin schon gescheitert.

Den Umgang mit der Kreditkarte gewohnt, hatte ich die PIN meiner EC-Karte vergessen und das nicht bedacht.

Die Straßen wirkten vertraut und seltsam fremd zugleich. Die vielen Straßenschilder und Linien auf der Straße überforderten mich.

Es war nicht so, dass ich nicht mehr wusste, was sie bedeuten, aber nach 14 Monaten in Australien und Asien wirkten sie einfach sehr befremdlich und unnatürlich. Die typische Ordnung, für die wir Deutschen so berühmt sind, war zuviel für meinen, nun Chaos gewohnten Kopf.

Endlich im Supermarkt angekommen, ging es mir ähnlich. Die vielen Regale, die endlose Auswahl und überall meine Muttersprache zu hören, all das stürzte auf mich herein. Nur mit dem Nötigsten bestückt fuhr ich wieder zurück, um mich erst einmal zwei Tage abzukapseln und zu mir zu finden.

Ich sage nicht, dass es Dir genauso gehen muss. Manche haben kein Problem mit dem Kulturschock in fremden Ländern, warum sollten sie also einen mit dem Re-Entry-Schock haben.

Trotzdem, zieh es in Erwägung, dass Du ein paar Tage brauchen wirst, um anzukommen. Geh es langsam an und gib Dir Zeit, Dich wieder an alles zu gewöhnen.

Die Monate danach...

Nach der anfänglichen Freude zurück bei Freunden, Familie und dem geliebten Nutella zu sein, kommt das schlimmste auf Dich zu: Der Alltag.

Für alle, die nun Blut geleckt haben, die dem Reisefieber erlegen sind und sich nicht mehr wie ein Bewohner Deutschlands, sondern als ein Bewohner der

Welt ansehen, ist die Phase, nachdem die Normalität wieder eintritt, die grausamste.

Die rosarote Phase der Wiedersehensfreude und Rückkehr zu allem Geliebten lässt langsam nach und die Erinnerungen an die unglaublichen Erlebnisse der Reise prasseln immer häufiger auf Dich ein.

Du wünschtest Dir, Du hättest hier und dort etwas mehr Zeit verbracht, träumst von Deinen Highlights und Honigkuchenpferd-Grinse-Momenten (ob wach oder schlafend) und fängst vielleicht an, Dein neues altes Leben in Frage zu stellen.

Dagegen gibt es wenig, das in diesen Momenten tatsächlich hilft. Daher gebe ich Dir einen gut gemeinten Rat: Überleg Dir vor Deiner Rückkehr schon, was Du dagegen tun kannst, wenn Du weißt, dass die Routine ab jetzt Dein natürlicher Feind werden wird.

Überleg Dir, ob Du Dich vielleicht in Deinem Job noch einmal ganz neu orientieren möchtest, endlich das Studium angehen willst, oder einfach nur in eine ganz neue Stadt ziehst.

Alles, was die Routine und den alten Alltag ausbremst, wird Dir in den nächsten Monaten helfen, in Dein altes Leben zurückzufinden. Alles, was neu und unbekannt ist, hält Dich beschäftigt und abgelenkt.

Vielleicht macht Dir ja auch die Rückkehr gar nicht so viel aus und Du hast Dich genügend ausgelebt.

Aber falls nicht und alle guten Ratschläge nichts helfen, nun, dann gibt es immer noch die Möglichkeit, von vorne zu beginnen: Bei Kapitel 4 und dem Füllen Deiner Reisekasse!

Und vielleicht begegnen wir uns ja auf Deiner nächsten Reise, irgendwo auf der Welt...

Spezielle Tipps zu einzelnen Ländern & dem Budget

„Du wirst nie wieder irgendwo komplett zu Hause sein, weil ein Teil Deines Herzens immer irgendwo anders sein wird.
Das ist der Preis den Du dafür zahlst, dass Du nun Menschen in vielen verschiedenen Orten kennen und lieben wirst!"

Was kostet das Reisen in Australien?

Australien - der Traum und das Ziel von etwa zwei Millionen deutschen Backpackern jährlich! Aber was kostet Dich dieser Traum eigentlich?

Ich war fast ein ganzes Jahr Down Under und habe so ziemlich alle Lebensweisen ausgetestet:

- Als pure "Touristin" bin ich anfangs die Westküste entlang, habe Touren und Attraktionen gebucht und in Hostels gelebt. Habe Busse, Mitfahrgelegenheiten und Züge genutzt und bin geflogen, wo es sinnvoller war.

- Als jobbende Reisende war ich mit einer australischen Company unterwegs, die mir die Unterkunft, Reisekosten, ein Auto und ein Gehalt gezahlt hat. Der Traum einer jeden Working Holiday Reisenden!

- Als jobbende Bewohnerin Adelaides war ich mit einem festen Arbeitsplatz einer Nursing Agency in einem sehr gefragten Beruf drei Monate an einem Ort mit fester (Hostel-)Adresse, Steuernummer, Gehalt und einem Freundeskreis.

All diese verschiedenen Lebensweisen auf einer Langzeitreise durch Australien machen es schwer, die Standardausgaben einer Reisenden in Australien festzulegen, wie ich das zum Beispiel für Thailand und Kambodscha getan habe.

Deshalb habe ich hier versucht, Dir für alle Bereiche Anhaltspunkte zu geben, aus denen Du hoffentlich nützliche Informationen für Deine Australien-Reise ziehen kannst und so Deine Reisekasse schonst!

Übernachtungen

Solltest Du nicht das Glück haben die Übernachtungen bezahlt zu bekommen (bei einem Job zum Beispiel), kannst Du für 4-6-Bett Schlafräume in Hostels etwa 25-35$/Nacht einplanen. In Großstädten eher >30$, in kleineren Städten <30$ und in abgelegenen Gegenden auch mal <25$.

Frauen-Schlafräume kosten im Schnitt etwa 2-3$ mehr pro Nacht.

Du kannst also Geld für Unterkünfte sparen, je größer Du den Schlafsaal wählst und wenn Du in gemischten Hostelzimmern übernachtest. Schau auch immer nach Angeboten mit freien Übernachtungen, wenn Du gleich mehrere Nächte am Stück oder eine ganze Woche in einem Hostel buchst!

Tolle Recherche-Quellen dafür, welche Hostels wie ausgestattet sind und ob das Frühstück oder Internet inklusive ist, findest Du bei Hostelbookers oder bei Reisebine!

Mahlzeiten, Getränke & Snacks

Verpflegung in Australien ist teuer! Da brauchen wir nichts schön reden. Trotzdem gibt es kleine Kniffe, mit denen Du Dir die eine oder andere Mahlzeit günstiger gestalten kannst:

- Koche selbst, statt Essen zu gehen!

- Geh auf Märkte und kauf Gemüse und Obst zu günstigeren Preisen! Oft ist beides genauso gut wie frisches, aber den Verkäufern bleibt einfach zu vieles übrig.

- Geh lieber in Supermärkte wie Coles oder Woolworths als in die kleineren, denn die grossen sind oft um einiges günstiger.

- Schau auch in den Supermärkten nach den Tagesangeboten oder vergünstigten Produkten, weil sie vielleicht nur noch wenige Tage haltbar sind. Als Reisender kaufst Du ja sowieso meist zum Sofortverzehr, wozu also lange Haltbarkeitsdaten?

- Wenn Dich der Süßigkeitenschmacht erwischt, schau mal in die größeren Märkte, wie Big W oder K-Mart. Sie haben oft günstigere Süßigkeiten als die normalen Supermärkte! (Und übrigens nebenbei oft auch sehr günstige Kleidung, Campingausrüstung, und mehr)

Aktivitäten, Touren & Specials

Touren sind oft das, was die größten Löcher in Dein Reisebudget reißt! Deshalb wähle sorgfältig, was Du unbedingt sehen möchtest und auf was Du zu Gunsten eines längeren Aufenthalts verzichten möchtest.

Hier ein paar Beispiele:

- Eine 1-Tagestour nach Kangaroo Island hat mich in Adelaide 199$ gekostet

- Eine 3 Tagestour mit Unterkunft im Hostel & Fähre nach Magnetic Island an der Ostküste hingegen nur 99$

- Eine 3 Tagestour nach Fraser Island incl. Zelten und Verpflegung hat mich nach Handeln und mit einem Last-Minute-Preis am Abend vorher nur knappe 350$ gekostet

- Ein Scenic Flight über das Great Barrier Reef, den ich mir statt eines Segeltrips durch die Whitsundays gegönnt habe (2 Stunden Flugübelkeit sind leichter zu ertragen als 3 Tage Seekrankheit) hat mich in etwa das gleiche gekostet, was mich der Segeltrip gekostet hätte: ca. 250$

- Eine 5 Tages-Tour durch Western Australia incl. Attraktionen (Aborigine Führung durch den National Park, Delfine füttern, geliehene Schnorchelausrüstung), Unterkunft und Verpflegung kostete ca. 650$

- Ein Bungee Jump kostet je nach Ort und Unternehmen zwischen 60-100$

Du bekommst also mal einen Eindruck dafür, was verschiedene Touren kosten und was Du für dein Geld in verschiedenen Ecken geboten bekommst.

Deshalb such Dir aus, was Dir am Wichtigsten ist, dann wird Dir das Geld hinterher bestimmt nicht wehtun, denn Du bekommst unbezahlbare Erinnerungen dafür geschenkt!

250$ für 2 Stunden Fliegerei scheinen auf den ersten Blick viel Geld zu sein. Aber das Heart Reef und die Whitsundays von oben zu sehen war unbezahlbar!

Von hier nach da

- Buspreise sind relativ günstig, wenn man ein wenig plant. Schau Dir verschiedene Tage und Uhrzeiten an, vergleiche Busanbieter (Greyhound & Premier Motor Service z.B.) und kauf Dir evtl. Kilometerpässe.

- Züge können günstig werden (besonders die berühmten wie der Ghan), wenn Du Dir einen Railway Pass extra für Backpacker kaufst. Diese Zugfahrten können ein absolutes Erlebnis werden!

  Mich hat der 6-Monats-Pass für eine unbegrenzte Anzahl an Zugfahrten in ganz Australien nur 550$ gekostet und die Investition hat sich mehr als ausgezahlt!

  Die Zeiten dabei allerdings nicht unterschätzen, Australien ist riesig groß! Da kann die Fahrt von Adelaide nach Perth locker 48h schlucken!

- Camper Vans sind fast ein Muss in Australien! Wer sich gut mit Autos auskennt, kann sich ab 1500$ aufwärts schon ein Auto kaufen und am Ende der Reise mit ein wenig Zeitpuffer leicht wieder verkaufen!

Ich habe die Faustregel mitbekommen, am günstigsten klappt das, wenn man es im Norden kauft und im Süden wieder verkauft, denn die Meisten reisen eben genau andersherum durch Australien.

- Benzin ist nicht viel billiger als bei uns und kann ein Manko eines fahrbaren Untersatzes sein. Wenn Du allerdings damit die Unterkünfte sparst, lohnt es sich auf jeden Fall!

  Unterwegs braucht man oft nicht mal für Zeltplätze zahlen, es gibt eine Menge kostenlose Stehplätze und die passenden Campingführer dazu! (Oft bekommst Du sie vom Vorbesitzer gleich mit dem Auto verkauft...)

- Sogenannte "Lifts", also Mitfahrgelegenheiten für eine längere Zeit sind sehr beliebt und dank der vielen, vielen Reisenden, die sich gern Benzin und Co. teilen möchten, leicht zu finden. Noch einfacher geht das mit der Website Gumtree! (Dort findest Du übrigens auch Jobs, Autos und vieles mehr)

Visum

Das Working Holiday Visum (Subclass 417) ist ab Eintritt zwölf Monate gültig und Du hast ab der Genehmigung zwölf Monate Zeit, nach Australien einzureisen. Du darfst so oft ein und ausfliegen in dieser Zeit wie Du möchtest und bis zu sechs Monate bei ein und demselben Arbeitgeber jobben.

Wichtig ist: Du darfst bei der Beantragung Deinen 30. Geburtstag noch nicht hinter Dir haben und bei Eintritt Deinen 31. noch nicht. (Stand März 2014: 420$)
Meine Erfahrung als Bus-Zug-Hostel-Billig-Supermarkt-Reisende hat gezeigt, dass ich als alleinreisende (das macht finanziell auch einiges aus, da Du nun einmal keine Kosten teilen kannst) "Touristin" schon gute 1500€ pro Monat gebraucht habe.

Dann konnte ich mir immer mal wieder die eine oder andere größere Tour oder ein Extra leisten. Mit Job senken sich die Ausgaben natürlich enorm, bzw. werden eben durch die Einnahmen begrenzt!

Du selbst kannst am ehesten regulieren, wie viel Geld Du ausgibst, durch die Wahl Deiner Unterkünfte, der Einkaufsmöglichkeiten, Deiner Transportart. Aber pass dabei immer auf, dass der Spaß nicht vor lauter Sparerei auf der Strecke bleibt!

Was kosten 4 Wochen in Thailand?

Ich möchte behaupten, dass jede Reisende, die in Südostasien herumkommt auch mindestens einmal über die thailändische Grenze hüpft. Falls Du also einmal dort landen solltest, kannst Du hoffentlich die folgenden Infos nutzen, um grob abzuschätzen, was Dich Dein Aufenthalt kosten wird und wo Du Geld auf der Reise sparen kannst:

Übernachtungen

- Günstigste Übernachtung: 2€ (Hostel in Chiang Rai)
- Teuerste Übernachtung: 12,50€ (Einzelzimmer im Guesthouse mit eigenem Bad in Banglamphoo)
- *Durchschnittliche Übernachtungskosten: ~8€/Nacht*

Mahlzeiten, Getränke & Snacks

Hier ist alles enthalten! Schokoriegel, Restaurantbesuche, Wasser, Säfte... alles was in den Magen passt und darüber hinaus!

- Durchschnittliche Kosten für Essen, Getränke & Snacks: ~7€/Tag

Aktivitäten

Meine Aktivitäten haben sich in Thailand in Grenzen gehalten. Der Royal Palace in Bangkok kostet um die 5€ Eintritt und ist es auch wert, meiner Meinung nach. Der White Temple in Chiang Rai war günstiger und noch spektakulärer! Ein absolutes Muss!

Eine Schnorchel-Tages-Tour habe ich für 25€ auf Koh Tao mitgemacht und es nicht bereut. Wir wurden an fünf verschiedene Stellen zum Schnorcheln gebracht und anschließend zum Relaxen auf Koh Nangyuan abgesetzt und später wieder eingesammelt. Ich hätte sogar Haie sehen können, wenn ich mir nicht aus Angst ins Bikinihöschen gemacht hätte.

Von hier nach da: Zug & Bustickets:

- Nachtzug, 2. Klasse, ohne A/C (nicht zu empfehlen) von Bangkok nach Chiang Mai, ca. 12 Stunden: ~14€
- Zug 2. Klasse von Chiang Mai nach Chiang Rai: ~7€
- Bus & Schnellboot tagsüber (nachts nicht zu empfehlen) von Bangkok nach Koh Tao oder zurück, ca. 12 Std.: ~25€

Visum

- Kostenlos für Deutsche! (Dauer bei Landeinreise neuerdings ebenso wie bei Flughafeneintritt 30 Tage)

Fazit

Generell gilt: Schnäppchen für Kleidung kannst Du auf dem Wochenendmarkt Chatuchak in Bangkok in Massen finden. Und das ist noch dazu einer der schönsten und größten Märkte für einfach alles, den ich je gesehen habe!

Kleider für 2€, Ballerinas für 5€ (billiger geht immer), Taschen für 4€ und und und!

Alles, was sonst aus der "westlichen" Welt stammt, nimmt dann auch westliche Preise und teilweise darüber an. Batterien sind nicht unbedingt günstig und Medikamente je nach Art entweder supergünstig (Ibuprofen etc.) oder eben teuer, weil selten.

Überleg Dir also vor Deiner Reise gut, was Du einpackst und woran Du sparen kannst, weil Du es in Thailand sehr viel günstiger bekommst.

Ausser in Apotheken das Handeln nicht vergessen! Sei nicht schüchtern, die Thailänder sind das gewohnt und setzen ihre Preise grundsätzlich höher an, als sie beabsichtigen, dafür einzunehmen.

Aber ganz wichtig: Wenn Du einmal mit dem Handeln angefangen hast, solltest Du auch wirklich kaufen wollen! Thailänder empfinden es nämlich als höchst unhöflich, wenn Du nach einem Handel dann doch beschließt, ohne den Fund davonzugehen. Nach dem Preis fragen ist völlig in Ordnung, aber sobald der Handel wirklich los geht, bleib dabei!

Wieder gilt bei dieser Aufstellung: Geschmäcker sind verschieden! Bevorzugst Du Guesthouses und Einzelzimmer mit Bad, dann rechne pro Nacht etwa 15€ ein und Du solltest gut zurechtkommen.

Auf den Inseln kann das schon mal etwas mehr werden. Bist Du aber auch mal mit schlichteren Unterkünften zufrieden, kannst Du leicht 5€ davon pro Nacht sparen! Und in manchen Gegenden, wie ich ja oben gezeigt habe, kannst Du auch mal mit 2€ davonkommen.

Essen ist sehr, sehr lecker und ebenso günstig! Interessanterweise steigt der Genuss beim Fallen des Preises, also halte lieber nach den günstigen Food Stalls Ausschau, die ihr Essen frisch vor Deiner Nase kochen und es Dir, auf Plastikstühlen sitzend, servieren! Es ist das Beste, glaub mir!

Was kosten 3 Wochen in Kambodscha?

Dank der fleißigen Buchführung mit meiner Ausgaben-App bekommst Du hier eine Auflistung der Ausgaben, die in einem 3 wöchigen Trip durch Kambodscha (Phnom Penh - Kampot - Siem Reap - Battambang - Sihanoukville - Phnom Penh) anfallen.

Diese lassen sich leicht an Deine Reise anpassen, wenn Du den Durchschnittswert mit der Tagesanzahl Deiner Reise multipliziert!

Natürlich darfst Du nicht vergessen, dass ich eine Budget-Reisende bin und diese Angaben natürlich sehr subjektiv sind.

Ich habe günstige Unterkünfte, günstige Transportarten und günstige Restaurants oder Street Food Stalls gesucht und generell nur Attraktionen besucht, die für mich wirklich interessant waren und nicht über-touristisch besucht waren. Angkor Wat natürlich ausgenommen.

Übernachtungen

- Günstigste Übernachtung: 4€
- Teuerste Übernachtung: 8€ (14€, Ausnahmefall)
- *Durchschnittliche Übernachtungskosten: 5,50€*

Mahlzeiten, Getränke & Snacks

Hier ist wirklich alles enthalten! Schokoriegel, Restaurantbesuche, Wasser, Säfte... alles was in den Magen passt und darüber hinaus!

- Durchschnittliches Budget pro Tag: 6€

Aktivitäten & Specials

- Budget für Aktivitäten, Eintritte: 45€
  (Davon 30€ für einen 3-Tages-Pass Angkor Wat)

Von hier nach da

- Budget für Transporte (Lokale Busse, TukTuks): 30€

Visum

- für 30 Tage: 20€

Sonstiges

- Postkarten, Apotheke(!), Wäsche waschen, Souvenirs: 65€

Fazit

- Gesamtbudget: 465€/24 Tage
- Durchschnitt/Tag: ~20€

Vermutlich hätte ich mich noch weiter einschränken können, aber dann wäre der Fun-Faktor irgendwann auf der Strecke geblieben! Natürlich geht es umgekehrt unbegrenzt aufwärts, aber im Generellen ist Kambodscha einfach und sehr billig zu bereisen.

Touristenattraktionen wie die Floating Villages werden recht hoch verkauft und das eine oder andere schnieke Hotel gibt es natürlich auch (vor allem in Siem Reap).

Hier noch ein etwas unabhängiger Einwurf, der allerdings auch als Spartipp für Dich durchgeht: ein kostenloser Cello Abend in Siem Reap oder Phnom Penh mit Dr. Beat Richner: Ein Schweizer Kinderarzt, der in Kambodscha Kinderhospitäle aufgebaut hat und an Cello-Abenden davon und darüber erzählt. Sehr zu empfehlen!

Tipps und Tricks für Deinen ersten Vietnam Besuch!

Vietnam hat einen sehr zwiegespaltenen Ruf. Es gibt Menschen, die lieben es und Menschen, die schon nach einem einmaligen Besuch nie wieder dorthin zurückkommen würden.

Es kommt also vor Deinem ersten Besuch vor allem darauf an, ob Du Dich von den Vorurteilen abschrecken lässt oder ob Du Dir Dein eigenes Bild machen möchtest!

In jedem Fall ist Vietnam meiner Meinung nach kein Land für Asien-oder Reise-Neulinge.

Es gibt ein paar Dinge und Eigenheiten dieses Landes und vor allem seiner Menschen, die definitiv gewöhnungsbedürftig sind und es Dir anfangs schwer machen können, dieses Land sofort in Dein Herz zu schließen.

Hier findest Du ein paar Tipps und Hinweise, die Dir den Einstieg erleichtern und Dich etwas auf das, was Dich dort erwartet, vorbereiten können. Dabei zielen diese hauptsächlich auf Budget-Backpacker ab, denn es zeigt sich schnell, je mehr Du bereit bist auszugeben, desto milder fallen diese Punkte für Dich aus.

Englisch ist keine Selbstverständlichkeit

Je günstiger Deine Unterkunft oder das Restaurant, das Du Dir ausgesucht hast, desto schlechter wird das Englisch der Besitzer, Vermieter oder Kellner sein.

Wenn Du also Schwierigkeiten damit hast, Dich mit Deinem Zeigefinger, Gestik und Mimik zu verständigen oder noch nicht allzu geübt darin bist, empfehle ich Dir westlichere Restaurants für den Anfang und eine

Unterkunft, die durch bekannte Plattformen wie Hostelbookers oder Hostelworld angeboten werden, zu besuchen.

Hier sind die Menschen auf Touristen gut eingestellt und die Angestellten sprechen ausreichend Englisch, um auch Änderungen (wie zum Beispiel vegetarisches Essen) annehmen zu können.

Die Großstädte können Fluch und Segen zugleich sein

Besonders Hanoi fällt den meisten als ersten Ankunftspunkt etwas schwer. Die Stadt hat ihren ganz eigenen, nun ja, Charme. Hier hat es nichts Westliches, kaum moderne Architektur und es kommt einem schnell ein wenig schroff vor. Trotzdem sollte man diese Stadt nicht sofort abhaken.

Besonders rund um den See hat die Stadt ihre ganz eigene Schönheit.

Lass Dir also Zeit beim Ankommen und versuch Dich langsam an sie zu gewöhnen. Schnapp Dir deine Kamera und lauf ziellos durch die Straßen.

Saug die Atmosphäre ein und nimm die Stadt so, wie sie ist. Und wenn Dir alles zu viel wird, dann findest Du im Buena Vista Social Club Café einen wunderbar kuschligen Rückzugsort!

Saigon hingegen hat schon deutlich mehr westliche Einflüsse. Ganz stark in der französischen Kolonialarchitektur und den vielen, vielen Cafés, die hier ein absolutes Muss sind.

Trotzdem können Dir nach ein paar Tagen der ständige Geräuschpegel und die unglaublichen Menschen (und vor allem Motorrad-)Massen kräftig zusetzen.

Du solltest also nicht allzu viel Zeit in den Großstädten verbringen, sondern sie eher als Ergänzung ansehen, in denen Du Dich mit den kategorischen Nike-Turnschuhen in der "Schuh-Strasse" und der besonderen Café-Kultur verwöhnen kannst.

Die Freundlichkeit hier ist anders

Wenn Du direkt nach Thailand oder Laos nach Vietnam reist, wirst Du eine ganz andere Art der Freundlichkeit gewohnt sein und es kann etwas schwerfallen, sich hier neu einzugewöhnen.

Die Vietnamesen sind kein von Natur aus lächelndes Volk. Sie sind ein wenig ruppig und manchmal sogar abweisend.

Meist tauen sie erst in einem Gespräch etwas auf oder sind zugänglicher, je mehr sie mit dem Tourismus in Verbindung stehen. So wurde ich zum Beispiel von so gut wie jedem Motorroller-Taxifahrer mit einem Lächeln begrüßt, aber kein einziges Mal von meinem Vermieter!

Der Schlüssel zu einem angenehmeren Tag und Aufenthalt ist hier ganz klar folgender: Je mehr Du lächelst, desto mehr kommt es zu Dir zurück! Gerade wenn Du in Thailand gewohnt warst, von allen Menschen völlig selbstverständlich freundlich aufgenommen zu werden, ist es hier oft umgekehrt.

Begegnest Du den Menschen von Anfang an mit Freundlichkeit, hast Du es sehr viel leichter! Leider scheinen gerade westliche Touristen sehr oft die Höflichkeit zu vergessen, die sie zu Hause doch eigentlich völlig selbstverständlich leben. Naja, oder eben auch nicht.

Jeder Preis ist Verhandlungssache

Grundsätzlich jeder Preis ist in Vietnam verhandelbar, daher kannst Du Dir sicher sein, dass der erste Preis, den Du genannt bekommst, grundsätzlich überteuert ist.

Wenn Du es noch nicht aus anderen südostasiatischen Ländern gewohnt bist, solltest Du spätestens hier anfangen, das Feilschen zu lernen!

Dabei ist es wichtig zu verstehen, dass die Vietnamesen das nicht als Betrug ansehen, was viele Westler leicht missdeuten. Es liegt einfach in deren Natur zu handeln.

Daher ist es ganz und gar keine Beleidigung, wenn Du den ersten Betrag der Dir genannt wird, nicht annimmst, sondern erstmal kräftig abwinkst. Das wird sogar von Dir erwartet, daher keine Schüchternheit zeigen!

Luxus und Armut können Nachbarn sein

Besonders in den Großstädten kannst Du innerhalb von fünf Minuten, modernste Gebäude und simple Straßenstände mit den markanten Plastikstühlen sehen.

Wenn Du Dich dann noch einmal in den kaum einen Meter breiten, kleinen Seitengassen verlierst und ihnen um ein paar Ecken folgst, kann es Dir passieren, dass Du mitten im Wohnzimmer der Menschen stehst, die hier leben und arbeiten.

Die Einzimmerwohnungen, die oft ganzen Familien als Zuhause dienen, haben nämlich auch genauso oft keine Aussenwände, sodass das Leben dieser Menschen auf den Gassen stattfindet, durch die Du gerade läufst. Dort wird gewaschen, gekocht und gelebt.

Du solltest Dir ein ganzheitliches Bild der Menschen und des Landes machen, also geh mindestens einmal mehr in diesen Straßen und Gassen verloren als nötig. Dort bietet sich Dir noch einmal eine ganz andere Seite der Realität. Aber sei respektvoll und fotografiere hier nicht wild umher.

Vegetarier werden es sehr, sehr schwer haben

Vielleicht habe ich mich nur zu dumm angestellt, aber in keinem Land wie Vietnam ist es mir so schwer gefallen, als Vegetarier durchzukommen. Anders als in Thailand (Pad Thai) oder Indonesien (Gado-Gado) zum Beispiel gibt es hier kein klassisch vegetarisches Gericht.

An den üblichen Straßenständen, an denen ich sonst in Südostasien so gerne schlemme, ist ein Durchkommen mit dem Wort Vegetarisch unmöglich. So gut wie jede Suppe und jedes Gericht beinhaltet Fleisch oder Fisch und die Verständigung ist über den Namen eines Gerichtes hinaus unmöglich.

Du solltest Dir also entweder die westlicheren Restaurants suchen und dort versuchen, vietnamesische Gerichte ohne Fisch und Fleisch zu bestellen oder Dir bei Google, TripAdvisor oder HappyCow rein vegetarische/vegane Restaurants suchen. Ausserhalb der Großstädte wird das allerdings noch mal eine Stufe schwieriger.

Das Risiko, bestohlen zu werden, ist leider hoch!

Ich habe unzählige Geschichten gehört und gelesen von Reisenden, die bestohlen wurden. Es ist kein Vorurteil, dass hier die Diebstahlrate deutlich höher ist als in anderen südostasiatischen Ländern. Deshalb gilt es, hier doppelt vorsichtig zu sein!

Nutze Safes oder Schließfächer, wo sie Dir angeboten werden, aber achte darauf, dass niemand anderes darauf Zugriff hat!
(Ein Hotel bot in den Zimmern Safes an, deren Codes vorgegeben wurden. Sei nicht so naiv, Dich auf die Sicherheit dessen zu verlassen!)

Lass Deine Tasche und Deine Wertsachen niemals und auch nicht nur für eine Minute aus den Augen! Wenn Du Fahrrad fährst, leg Deine Tasche nicht ohne Sicherung in den Fahrradkorb. Trag Deine Umhängetasche oder Deinen Rucksack entweder vorn oder seitlich, abgewendet von der Strasse und den Motorroller-Fahrern mit den flinken Händen.

Vietnam ist nicht unbedingt mein Favorit für alleinreisende Frauen!

Das mag jetzt weit aus dem Fenster gelehnt sein, aber ich stehe zu dieser Ansicht.

Es geht dabei gar nicht klassisch darum, dass Vietnam für alleinreisende Frauen gefährlicher wäre oder dass wir dort mit Männern Probleme bekommen könnten. Ganz und gar nicht.

Ich bin mir aber sicher, dass es generell als Alleinreisende dort schwerer ist, als zusammen mit einer Freundin oder dem Freund. Wenn Du all diese neuen Eindrücke verarbeiten musst, Dich ständig damit beschäftigen musst, Deine Habseligkeiten sicher zu wissen und mit der teils extremen Sprachbarriere kämpfst, ist es dort oft sehr, sehr einsam.

Vietnam ist kein Land, dem ich in allzu naher Zukunft noch einmal einen Besuch abstatten möchte (nicht mal in allzu ferner Zukunft), aber trotzdem fühle ich mich gerade weil ich so einen schlechten Eindruck bekommen habe, irgendwie verpflichtet, diesem Land irgendwann noch einmal eine zweite Chance zu geben.

Für mich steht dann allerdings ausser Frage: Definitiv nicht alleine!

Vietnam hat seine Hürden und Stolpersteine und auch wenn es kein Land für mich war, bin ich überzeugt davon, dass es reine Geschmacks- und Erfahrungssache ist, ob Du dieses Land liebst oder hasst.

Lass Dich also nicht nur von dem, was Du hörst, abschrecken, sondern stell Dich auf die Situationen und Gegebenheiten ein und finde selbst heraus, wie es Dir gefällt!

Wie ist es eigentlich wirklich, Israel zu bereisen?

Als ich dieses Mal vor meiner Abreise von meiner geplanten Reiseroute erzählt habe, blieb die Aufmerksamkeit meist bei Israel hängen. So gut wie jeder hat eine Meinung zu diesem Land und sie gehen vom einen bis zum anderen Extrem. Kaum ein Land wird so kontrovers diskutiert wie dieses.

Um meine Eindrücke von Israel verstehen zu können, solltest Du ein wenig von meiner Vorgeschichte mit Israel wissen...

Vor 13 Jahren war ich das erste Mal in Israel. In unserer Schule gab es ein Projekt, eine Art Austauschprogramm, an der zwei Leipziger Schulen, drei israelische Schulen und unsere aus Wiesbaden teilnehmen durften.

Hierbei ging es nicht nur darum (mal wieder) den Nationalsozialismus zu diskutieren, sondern die Sichtweise der Gegenwart:

Wie sehr identifizieren wir uns mit unserem Heimatland?

Israel war und ist immer noch ein sehr junges Land. Deutschland hat einen riesigen Sack an Geschichte mit sich zu schleppen und ist noch dazu lange geteilt gewesen. Wie identifizieren wir uns nun als ein Land?

Ganz ehrlich, ich hatte mit Politik nie viel am Hut und damals mit knapp 20 noch weniger als heute. Ich bin nicht stolz darauf, aber ich stehe dazu. Manche interessieren sich nicht für Kunst und Kultur, ich kann mich schwer dazu motivieren, mich für Politik und Nachrichten zu begeistern.

Der Austausch für mich ging damals also vielmehr um den kulturellen Austausch. Aber ob ich wollte oder nicht, mich haben die folgenden Wochen damals schwer beeindruckt, meinen Blickwinkel verändert und mir gezeigt, wie verdammt naiv ich war.

Im Herbst 1999 besuchten uns also knapp 20 Schüler aus Israel. Und im Gegenzug dazu besuchten wir im Januar 2000 für zehn Tage Israel.

Die Tage waren lang und mit zwölf Stunden Programm gefüllt. Jeder einzelne davon. Ich kann mich nur noch an Weniges erinnern.

Ich kann mir das heute nur so erklären, dass die Flut an Eindrücken einfach zuviel war. Aber etwas ist geblieben: Selbst nach 13 Jahren wusste ich noch mit welchem Gefühl ich zurück nach Deutschland gekommen bin:

Dass ich selten so freundliche, hilfsbereite Menschen getroffen habe. Das ich nicht eine Minute ängstlich oder besorgt um meine Sicherheit war und vor allem einem hervorstechenden Gefühl: Dem Gefühl der absoluten Verwirrung.

Ich war mir plötzlich nicht mehr so sicher, was wahr ist und was nicht.

Dieses Land verändert Dich. Es verändert so viele Deiner Ansichten, Deiner Vorurteile und von dem was Du geglaubt hast.

Das war der Grund, warum ich unbedingt noch einmal zurückkommen wollte. Ich wollte die Erinnerung dieser Gefühle aufleben lassen. Wollte sehen, ob das damals nur das Resultat von zehn sehr anstrengenden Tagen oder jugendlicher Naivität war.

Ob ich mich nur deshalb so sicher und wohl gefühlt habe, weil ich mich in der Blase einer geschützten Gruppe von einheimischen Schülern und Lehrern befunden habe oder weil es sich hier tatsächlich so anfühlt.

Aber das tut es.

Die Menschen sind mehr als freundlich. Die Straßen sind sicher und die Bilder von Gewalt, die man regelmäßig in den Medien vorgehalten bekommt, finden sich hier im Alltag nicht. Was natürlich nicht heißt, dass sie nicht existieren.

In den wenigen Nachrichten und Diskussionsrunden, zu denen ich mich hin und wieder zwinge, höre ich davon, dass Israel uns bezahlen lässt, für etwas, das Generationen vor uns angerichtet haben. Und ich höre die Stimmen der Deutschen, die sagen, dass unsere Generation nichts mehr damit zu tun hat. Dass damit langsam mal Schluss sein müsste.

Ich höre von Konflikten. Von Israel und Palästina. Israel und Syrien. Kriege, Gewalt, Waffen. Bilder von Straßenkämpfen und Bomben. Von Selbstmordattentätern und Anschlägen.

Die Liste erstreckt sich ins unendliche.

Als ich erzählt habe, dass ich Israel bereisen möchte, habe ich auch entsetzte und tatsächlich abwertende Meinungen zu hören bekommen. Von schlechten Erfahrungen und negativen Bekanntschaften mit den Israelis.

Auf einer Konferenz in Dublin war ich in einem sehr spannenden Vortrag über das Reisen und das Schreiben von Reiseberichten. Und ein Zitat hat mich ganz besonders berührt und sofort an Israel denken lassen:

Tourismus ist das Geschäft der Menschen. Nicht der Politik.

Wir bekommen von Politikern gesagt, welche Länder wir meiden sollen und aus welchen Gründen. Dass wir dieses und jenes Regime nicht unterstützen sollen.

Fakt ist, wenn Du es richtig anstellst, unterstützt Du mit einer Reise nicht das Regime, die Politiker oder Regierung des Landes.

Sondern seine Menschen.

Wenn ich eines von diesem zweiten Besuch in Israel mitgenommen habe, dann dass ich mit 20 nicht von Naivität und falscher Sicherheit getäuscht war.

Dieses Land lohnt einen Besuch. Mehr als einmal.

Und wenn es nur dafür gut ist, Dir eine eigene Meinung darüber zu bilden!

Was kostet eine Woche in Jerusalem?

Wenn Du nach Israel reist, wirst Du ähnliche Preise wie in Europa wiederfinden. Hier und da gibt es günstige Schnäppchen und wenn Du etwas länger dort bist, findest Du auch heraus, woran Du sparen kannst und was einfach seinen festen Preis hat.

Viel gehandelt wird nicht, dafür aber auch nicht viel gemogelt, wenn es an diese festen Preise geht.

In dieser Aufstellung geht es daher eher darum, grob aufzustellen, was eine Woche in Jerusalem an Kosten mit sich bringt. Das ist auch in etwa die Zeit, die ich für diese unglaubliche Stadt empfehlen würde, um wirklich alle Facetten zu sehen zu bekommen.

Übernachtung

Wie in allen Ländern ist hier nach oben hin alles offen. Da die Unterkunft aber meist den größten Bissen vom Budget nimmt, ist ein Hostel wahrscheinlich noch die beste Wahl der Unterkunft.

Ich war im Abraham Hostel zu Gast, eine Hostelkette, die sich über ganz Israel erstreckt und in der ich so gut wie alle Nationalitäten und Altersklassen getroffen habe, die man sich vorstellen kann.

Familien, ältere Menschen, Singles, klassische Backpacker, sie finden sich hier alle wieder.

Noch dazu ist es von der Inneneinrichtung her wirklich absolut genial eingerichtet: Coole Sprüche an den Wänden, Hängematten im Aufenthaltsraum teilen sich den Platz mit großen langen Tischen, einem Klavier, Kickertisch, Billardtisch und einer kleinen Bar, die abends noch dazu leckere Snacks anbietet, wie Blätterteigtaschen, die mit Feta, Gurken, Salat und einer leckeren Marinade gefüllt sind.

WiFi ist kostenlos und das großzügige Frühstücksbuffet ebenfalls inklusive! Was will das Backpacker-Herz mehr?!

- gemischter 4-er Schlafraum, Bad und separate Toilette im Zimmer = 98 Shekel (~19,50€)

- 6er Frauenzimmer, Bad und separate Toilette im Zimmer = 93 Shekel (~18,50€)

Mahlzeiten, Getränke & Snacks

Zugegeben, hier wird es nicht günstig.

Restaurants und Fast Food Ketten haben europäische Preise, Supermärkte gibt es nicht und Obst und Gemüse auf dem Mahane Yehuda Markt (2 Minuten Gehweg vom Abraham Hostel aus, Tram Station Mahane Yehuda) ist nicht günstig, aber lohnt sich absolut.

Daher mein Tipp: Am besten gemeinsam mit anderen einkaufen und im Hostel kochen!

Es gibt auf dem Markt neben Obst und Gemüse auch alles andere, was Du dafür brauchst: Gewürze, Brotsorten, Käse, Wurst... im Prinzip ersetzt er komplett den Supermarkt!

Wasser und Snacks gibt es in den vielen kleinen 7/11 Shops, die überall zu finden sind. Eine große Flasche Wasser kostet meist ~1€.

Spartipps:

- Wenn Du länger in Jerusalem bist, kauf einen Sixpack Wasser, den verkaufen die Shops dann auch deutlich günstiger!

- Warte bis Freitagnachmittag (kurz bevor der Shabbat beginnt) und kauf die "Reste" der Bäckereien. Sind genauso frisch und oft um die Hälfte günstiger!

Transport

Hier gibt es einen ganz wichtigen Punkt zu beachten: Ab Freitagnachmittag, etwa 16/17 Uhr, beginnt in Israel der Shabbat und endet erst wieder samstags zu Sonnenuntergang.

In dieser Zeit ist das öffentliche Verkehrssystem so gut wie lahmgelegt. Normale Busse und die Tram sind eingestellt. Langstreckenbusse und Züge eingeschränkt und Taxis haben einen Shabbatzuschlag.

Reisen am Shabbat kann dann also teurer und sehr umständlich sein.

Normalpreise (So-Fr):

- Zug vom Airport in die Innenstadt von Tel Aviv: 15 Shekel (~3€)
- Bus von Tel Aviv nach Jerusalem: 78 Shekel (~15€)
- Tram innerhalb von Jerusalem, Einzelfahrt: 6,60 Shekel (~1,30€)
- Lokaler Bus, z.B. Nr. 75 vom Damaskus Tor zum Mount of Olives, Westbank: 7 Shekel (~1,40€)

Aktivitäten & Eintritte

Sehr zu empfehlen (wie eigentlich in jeder Stadt in der ich bisher teilgenommen habe) sind die Touren von New Sandemans.

In Jerusalem habe ich die Old City Tour mitgemacht, die durch alle vier (eigentlich fünf, aber das erfährst Du dann dort...) Viertel der alten Stadt geführt hat und genau die richtige Mischung abgibt: Geschichte, interessanten Fakten (Wohnungen von muslimischen Besitzern sind unverkäuflich, sie werden nur weitervererbt, aber für ein paar Millionen Dollar bekommst Du ein Appartement im jüdischen Viertel. Sogar mit Blick auf die Klagemauer.) und unnützes Wissen (Wusstest Du, dass Kim Kardashian armenisch ist?).

Wie immer basiert die Tour auf Trinkgeldbasis, empfohlen werden 50 Shekel (~10€).

Der Ausblick vom Mount of Olives ist kostenlos (und unbezahlbar), sehr bei Sonnenuntergang zu empfehlen (vielleicht nicht unbedingt alleine) und kostet Dich lediglich die 7 Shekel für den Bus 75 (siehe weiter oben).

Das Museum Yad Vashem, das eigentlich eine Gedenkstätte des Shoah (der hebräische Name des Holocaust) ist, kostet ebenfalls keinen Eintritt. Dafür allerdings gute Nerven und viel, viel Zeit... Der Besuch ist absolut empfehlenswert und fast obligat wenn Du in Jerusalem bist!

Über die Autorin: Die kleine Verrückte hinter Frauen Reisen Solo!

„Die meisten denken, ich reise, um vor dem Leben davonzulaufen. Dabei reise doch andauernd, damit mir das Leben nicht davonläuft!"

- Anonym -

In Hessen geboren und aufgewachsen, verbrachte Carina nach ihrer Ausbildung zur Kinderkrankenschwester fast 6 Jahre im Fachgebiet der Kinderonkologie.

Schon zu dieser Zeit hat sie mit vielen Mitteln versucht aus dem 08/15 Leben auszubrechen, dem sie sich irgendwie nicht beugen wollte. Aber weder der Versuch Medizin in Frankfurt zu studieren, noch alle zwei Jahre die Stadt zu wechseln, hat sie richtig zufrieden gestellt.

Erst als sie 2011 dann zu ihrer allerersten großen Reise nach Australien und Südostasien aufgebrochen ist, hat sie entdeckt was sie gesucht hat: den vollkommenen Glückszustand!

Etwas das bei uns jeden Tag gefühlte 90% der Menschen suchen und doch nie richtig finden. Seitdem ist sie vollkommen davon überzeugt:

Reisen macht glücklich!

Ob eine Woche, einen Monat oder ein Jahr spielt ihrer Meinung nach keine Rolle. Wichtig ist nur, dass Du einmal damit anfängst!

Der Rest kommt dann ganz von selbst…

Deshalb hat sie dieser Leidenschaft auch nachgegeben und nach einem kurzen Stop im Alltag und einem Vollzeitjob diesen schon nach Kurzem wieder gekündigt, all ihren Besitz verkauft und ist seit September 2013 nun Dauerreisende.

Ihren Reiseblog Pink Compass hat sie ursprünglich erstellt, weil sie andere Frauen wie Dich inspirieren, motivieren und Dir zeigen will, dass das Reisen durch die Welt weder teuer, gefährlich und schon gar nicht unmöglich ist, wenn Du nur gut vorbereitet bist & die richtige Einstellung dazu hast!

Dafür und in dieser Mission entstand nun auch dieses Buch!

Deshalb schreibt sie neben ihren Reiseberichten von unterwegs (jeden

Sonntag) auf ihrem Blog Pink Compass über Tipps, Erfahrungen und Ratschlägen zum Reisen (jeden Dienstag) und im speziellen mit dem Fokus auf Frauen (jeden Freitag)!

Wenn Du mehr über Carina und ihr Leben auf Reisen erfahren möchtest, dann besuch sie doch mal auf www.pinkcompass.de und melde Dich dort zum Newsletter an! (Darin gibt es meist die besten Hintergrundgeschichten und viele Tipps zum Reisen!)

Wenn Carina nicht reist, auf ihrem Reiseblog Pink Compass oder an einem Buch schreibt, isst sie heimlich Nutella aus dem Glas, wartet darauf, dass ihr in einem Bus durch den Dschungel der Mann fürs Leben über den Weg läuft und hasst es über sich in der dritten Person schreiben zu müssen. Zum Glück hat sie das ja nun erfolgreich hinter sich gebracht.

Bis zum Tag, an dem auf der Welt das Nutella ausgeht, findest Du sie auf den Wegen dieser Welt, mit einem breiten, zufriedenen Grinsen auf dem Gesicht.

Vielen Dank für Deinen Buchkauf und dem Durchhalten bis zu diesen letzten Zeilen! Falls irgendwelche Fragen (wirklich egal welche) offengeblieben sind, einfach an Carina@pinkcompass.de schreiben! Sie freut sich über jede nette Nachricht.

(Wer Rechtschreib- oder Kommafehler in diesem Buch gefunden hat, darf sie behalten oder verschenken!)

Ressourcen

Hier findest Du sämtliche Ressourcen, die ich in Frauen Reisen Solo erwähnt habe! Die aktuellste Version aller Links und Tipps findest Du jederzeit auf www.pinkcompass.de/frauenreisensolo/ressourcen und ist für jeden frei zugänglich.

Kapitel 2 - Deine Art des Reisens:

Websites zum Kontakte suchen & finden:
www.couchsurfing.org, www.womenwelcomewomen.org.uk

Kapitel 3 - Vorbereitung:

Websites die beim Auflösen des Besitzes helfen:
www.ebay.de, www.momox.de, www.maedchenflohmarkt.de, www.kleiderkreisel.de, www.facebook.de (Verkaufe, verschenke Gruppen)

Aufstellung der durchschnittlichen Reisekosten pro Land:
World Budget Travel Table (www.myfunkytravel.com/budgettraveltable.html)

Kapitel 4 - Die Reisekasse:

Reiseblogs die Kostenaufstellungen für Länder bieten:
www.off-the-path.com, www.travelrunplay.de, www.pinkcompass.de

Tool zur Kostenkontrolle:
Excel-Tabelle von www.alittleadrift.com

Ausgaben App: den Ausgaben Manager (PlayStore)

Überweisungen ins Ausland / Bargeld im Ausland: www.westernunion.com

Kapitel 5 - Packen:

Ausrüstungs-Empfehlungen:
Deuter Traveller 55+10 SL (Frauen Rucksack)
Tropicare Reisehandtücher
Jack Wolfskin Paradise Hill Regenparka
Damen Wandersocken von Falke TK1
Sandalen von Ipanema
Rucksack Regencape Meru
Drybags

Kapitel 6 - Transporte & Unterkünfte:

Gutes Tun auf Reisen: Die White Bicycles in Kambodscha (www.thewhitebicycles.org)

Günstige Alternativen zu den teuren Greyhound Bussen
in Australien: Premier Motorservice www.premierms.com.au
in den USA: Boltbus www.boltbus.com, Megabus us.megabus.com

Zugpässe für Backpacker und die großen australischen Züge (z.B. den Gahn) www.railaustralia.com.au

Nützliche Tipps zu Round the World-Tickets und deren Vor- und Nachteilen findest Du bei Patrick von www.101places.de

CO2-Ausgleich von Flügen:
www.atmosfair.de, www.myclimate.org, www.GoforClimate.com

Fluglinien-Empfehlungen:
AirAsia, Malaysian Airlines, Gulf Air, Thai Airways, Quantas, JetStar

Meine Flugsuchmaschienen-Empfehlung: www.momondo.de

Rechtsexperte bei Flugverspätungen und Ausfällen (EU): www.flightright.de

Unterkunftsarten auf Reisen & Recherchetools:
www.hostelbookers.de
www.HostelWorld.de
www.couchsurfing.org
www.womenwelcomewomen.org.uk
www.trustedhousesitters.com
www.mindmyhouse.com
www.airbnb.de
www.gowithoh.de
www.wwoofinternational.org

Blogger die über Housesitting schreiben (Englisch):
Nora auf www.theprofessionalhobo.com
Dalene & Pete Heck auf www.hecktictravels.com

Unterkünfte für Frauen: Serie PinkHostels (www.pinkcompass.de/unterkunfte-fur-frauen-pink-compass-testet)

Kapitel 7 - Sicherheit auf Reisen:

Online-Tools zur Foto- und Datensicherung: www.smugmug.com, www.flickr.com, www.dropbox.com

Kapitel 8 - Jobs & Arbeiten auf Reisen:

Arbeitsagentur für Krankenpflege in Australien:
www.healthcareaustralia.com.au
Arbeitsagentur für Jobs auf Schiffen: www.connectjobs.de/index.php?art=20
Infos zum Arbeiten als Tauchlehrer gibt es bei Conni auf www.PlanetBackpack.de im Artikel „Schritt für Schritt zum Tauchlehrer"
Artikel zum Leben als professioneller Reiseblogger gibt es bei Kate auf www.adventurouskate.com und Sebastian auf www.off-the-path.com
Meinen Artikel zu Jobs in Hostels gibt es unter blog-de.hostelbookers.com/reisetipps/arbeiten-im-hostel

Seiten zur internationalen Job- oder Volunteersuche:
www.workaway.info
www.anyworkanywhere.com
www.helpx.net
www.idealist.org
wwoofinternational.org
www.fruitpickingjobs.com.au

Service für die Beantragung der australischen Steuernummer:
www.mojoknows.de/australien/taxfilenumber?locale=de

Jobsuchseiten für längerfristige Jobs in Australien:
www.seek.com.au
www.jobsearch.gov.au
www.carrerone.com.au

Kapitel 9 - Gesundheit & Hygiene unterwegs:

Info zu TSS bei Wikipedia: http://de.wikipedia.org/wiki/Toxisches_Schocksyndrom

FAQ zur Diva Cup auf deren Website: divacup.com/de/divacup-faqs/ihre-erste-frage
Shannons Artikel zur Diva Cup auf A little Adrift: alittleadrift.com/2009/11/go-green-diva-cup-review
Brookes Artikel zur Diva Cup auf Her Packing List: herpackinglist.com/2010/11/menstrual-cup-basics

Amazon-Empfehlungen:
Diva Cup
Lunette
Mooncup
Elotrans®

Packliste und Empfehlung des Antibiotikum Puders bei Jodi auf LegalNomads: www.legalnomads.com/wds#packing

Infos zu Malaria und der Prophylaxe: www.dtg.org (Deutsche Gesellschaft für Tropenmedizin)

Kapitel 10 - Technik auf Reisen:

Amazon-Empfehlungen:
Canon 600D
SD-Karten
HTC One S
MacBook Air 11"
GoPro Silver
GoPro White
GoPro Black

Schnäpchen-Tipp für Apple Produkte in Kuala Lumpur:
www.machines.com.my

Tipps und Infos zu Technik auf Reisen: www.toomanyadapters.com

Hinweis:

Meine Meinung ist nicht käuflich! Ich empfehle ausschließlich Produkte und Dienstleistungen, die ich selbst nutze und/oder hinter deren qualitativen Leistungen ich stehe.

Sämtliche Ressourcen entstanden aus persönlicher Erfahrung, Recherche und Nutzung.

Solltest Du Mängel oder Fehlinformationen in diesem Buch oder der Ressourcenliste entdecken, schreib mir bitte umgehend an Carina@pinkcompass.de damit ich sie so schnell wie möglich beheben oder verbessern kann. Vielen Dank für Deine Mithilfe!

3333057R00206

Printed in Germany
by Amazon Distribution
GmbH, Leipzig